CHRISTIANE PAUL
mit Peter Unfried

●● DAS LEBEN IST EINE
ÖKO
BAUSTELLE

Mein Versuch, ökologisch
bewusst zu leben

LUDWiG

Verlagsgruppe Random House FSC-DEU-0100
Das für dieses Buch verwendete
FSC®-zertifizierte Papier *EOS*
liefert Salzer Papier, St. Pölten, Austria.

Lektorat: Dr. Annette Seybold-Krüger

Copyright © 2011 by Ludwig Verlag, München,
in der Verlagsgruppe Random House GmbH
http://www.ludwig-verlag.de
Umschlaggestaltung: Eisele Grafik-Design, München
Umschlagfoto: Joachim Gern/photoselection
Satz: Leingärtner Nabburg
Druck und Bindung: Pustet, Regensburg
Printed in Germany 2011
ISBN: 978-3-453-28021-2

Inhalt

Der Traum 9
Vorwort: Manchmal möchte ich am liebsten losbrüllen 11

1. Aus dem Gleichgewicht 17

2. Der Klimawissenschaftler: »Wie fühlen Sie sich als Kassandra, Anders Levermann?« 26

3. Wie ich den Klimawandel an mich ranließ 48
   - Jugend in der DDR 50
   - Vom Model zur Schauspielerin 57
   - Wie Öko zurückkam 61

4. Essen: »Ooooh, Kinderwurst!« 63
   - Der Elefant im Wohnzimmer 66
   - Ein Nutella-Brot aus Verzweiflung 68
   - Die Gretchenfrage am Esstisch 70
   - Ärztin und Bio 74
   - Der Tod des Karpfens 80

5. Die Ernährungsmedizinerin: »Kann man Kinder vegetarisch ernähren, Frau Dr. Gola?« 83

6. Der Schriftsteller: »Soll ich kein Fleisch mehr essen, Jonathan Safran Foer?« 96

7. Haushalt: Auf der Suche nach einer
   ökologischen Heimat 112
      Ökostrom 113
      Die Energieberatung 116
      Veränderungen 126

8. Die Schwester: »Nerven dich meine Ökovorträge,
   Simone?« 131

9. Mobilität und Urlaub: Mein Traum
   von Christian Ulmens SUV 146
      Die mentale Ablösung vom Auto 148
      Angst vor dem Radfahren 153
      Urlaubsfliegen 155
      Wie man bei 250 Stundenkilometern
      zur Ruhe kommt 157
      Warum ich nicht Ski fahre 158
      Gibt es ein Menschenrecht auf Billigfliegen? 162

10. Der Fluglinien-Chef: »Was können Sie als
    Unternehmer gegen den Klimawandel tun,
    Joachim Hunold?« 166

11. Was mich auch geprägt hat:
    »What the fuck are you doing?« 174
       Ärztin oder Schauspielerin – was denn nun? ... 179
       Drei Frauen, drei Vorbilder 181
       Ach, die Ärzte sind eine Band? 183
       Wann bin ich glücklich? 185

12. Das Vorbild: »Sind Sie ein glücklicher Mensch,
    Leo Hickman?« 188

13. Beruf: Wie »öko« ist die Schauspielbranche? 208

14. Kleidung: »Die sind doch aus Biobaumwolle, oder?« 212

15. Der Politiker: »Sind Sie Teil einer neuen Öko-Generation, Boris Palmer?« 219

16. Blockaden und Selbstblockaden: »Schalten Sie den Heizpilz aus!« 238
    Die Aber-du-musst-erst-mal-Argumentation 240
    Warum machen wir es nicht einfach? 243

17. Der Sozialpsychologe: »Ist Öko nur für Reiche, Harald Welzer?« 248

18. Lösungen: Anfangen! 261
    Was ich von meinen Gesprächspartnern gelernt habe 263
    Der neue Öko-Prototyp 266
    Einfach anfangen! 272

Literatur 279

Danksagung 288

Der Traum

Als Maximilian noch nicht mal eine Woche alt ist, träume ich, dass wir am Ufer eines Flusses stehen und eine riesige Flutwelle auf uns zu kommt. Ich halte meine Kinder fest, aber die Flutwelle ist so stark, dass sie Maximilian wegreißt. Ich kann meine Tochter Mascha noch irgendwie halten, aber mein Sohn ist nach einer Sekunde schon gar nicht mehr da. Ich kann ihn nicht festhalten.

Ich weiß, es klingt ein bisschen merkwürdig, aber der Traum ging wirklich so.

Vorwort

Manchmal möchte ich am liebsten losbrüllen

Wenn ich in einem Flugzeug sitze, aus dem Fenster schaue und diese hell erleuchteten Städte sehe: Wissen Sie, was dann das Erste ist, was mir in den Kopf kommt? Ich denke daran, wie irrsinnig hoch der Energiebedarf für dieses Lichtermeer ist. Unfassbar. Das kriege ich nicht mehr aus meinem Kopf.

Seit ich weiß, dass man diesen Energiebedarf, diesen ständig wachsenden Energiehunger unserer Gesellschaft gar nicht decken kann, haben sich meine Gefühle beim Fliegen komplett verändert. Seither fliege ich ungern, es macht mir Gewissensbisse. Falls Sie jetzt denken: Ooch, die Arme! Muss quer durch Europa, nach Afrika oder sonst wohin fliegen, um einen schönen Film zu drehen, und hat Gewissensbisse, wenn sie im Flugzeug sitzt! Es ist aber so. Es belastet mich. Ich stehe am Flughafen, ich sehe die Massen, deren Teil ich bin. Ich schaue mir selbst beim Einchecken zu und denke: Wie soll sich das bloß ändern? Wie ist unser Leben ohne so eine hohe Mobilität überhaupt zu machen? Wie ist mein Beruf ohne eine solche Flexibilität überhaupt möglich?

Mit Umwelt habe ich mich schon immer beschäftigt. Das erste Buch, das ich nach der Maueröffnung gekauft habe, war ein ökologischer Haushaltsratgeber für meine Eltern. Da war ich fünfzehn. Aber seit ich mich intensiv mit dem Klimawandel auseinandersetze, sehe ich die Welt noch mal mit ganz anderen Augen. Seither versuche ich, meinen Lebensstil und meinen Konsum in Einklang mit meinem Bewusstsein zu bringen.

Ich habe regelmäßig Momente, in denen ich zweifle. Das endet bei mir aber nicht in dem Gefühl: Ach, komm mir doch nicht damit, sollen mal erst die anderen … Ich denke eher: Das Thema ist in den Medien stark vertreten, trotzdem werden die Nachrichten nicht besser, und es geht nicht wirklich in die Köpfe. Warum nicht? Dann erscheinen mir auch die Dinge, die ich tun kann, minimal im Ablauf des gesamten Weltgeschehens. Ich selbst bin ja nicht mal in der Lage, mein eigenes Leben radikal zu ändern. Dazu müsste ich komplett aus der Gesellschaft aussteigen. Nicht aus politischer, sondern aus ökologischer Motivation. Das finde ich einen ziemlich frustrierenden Gedanken.

Andererseits ist es so, dass ich mich als Teil eines Lebenszyklus begreife und einer, tja, ganz außergewöhnlichen Schöpfung. Das klingt total kitschig, aber wenn man Kinder hat, entdeckt man plötzlich in sich eine große Ehrfurcht vor dem Leben, vor jedem Lebewesen. Man möchte eigentlich nicht so gefühlig werden, aber das Bedürfnis ist eindeutig da, diese Schöpfung oder zumindest diese Geschöpfe zu bewahren. Und das steht gegen das deprimierende Gefühl, dass das Leben sukzessive zerstört wird. Von uns selbst.

Manchmal würde ich mich am liebsten auf ein Podest vor den Bundestag stellen und laut losbrüllen: »Hallooooo, es ist an der Zeit! Hört doch mal auf mit dem Gelaber!! Natürlich habt ihr schon eine Menge gemacht, aber es reicht nicht!! Ihr kennt doch die Fakten!!!« Vielleicht ist es naiv, aber ich glaube immer noch daran, dass Tatsachen und handfeste Argumente die Menschen überzeugen können.

Sicher ist: Den großen Umbau muss die Politik hinbekommen. Aber sicher ist auch: Wir können viel dazu beitragen, wenn wir dazu bereit sind, unsere Lebensgewohnheiten zu ändern. Ich bin sicher: Die kleinen individuellen Schritte, die wir in unserer Umgebung vornehmen, sind für die Gesellschaft wichtig, denn sie sind die Grundlage dafür, dass gesellschaftliche und politische Bewegung entsteht, dass ein kultureller Wandel innerhalb unserer Gesellschaft in Gang kommt, in dem der ökologische Gedanke fest verankert ist. Mein Buch handelt davon, was wir in unserem Alltag tun können, es handelt von den ökologischen Versuchen in meinem eigenen Leben und natürlich auch von den Grenzen des privaten Tuns. Es ist der Beginn einer langen Reise, mehr nicht. Da gibt es definitiv noch jede Menge Steigerungspotenzial.

Es geht in diesem Buch auch darum, wie man die eigenen Veränderungen mit denen der anderen vernetzt, die sich ebenfalls auf den Weg machen. Es geht darum, zu klären, was wirklich etwas bringt und was nicht. Es geht darum, die Gegenargumente zu hören und zu prüfen. Es geht letztlich darum, wie aus einer individuellen eine gesellschaftliche Bewegung werden kann, aus der eine neue Politik und neues Wirtschaften folgt.

Mir ist klar: Es wird darauf hinauslaufen, dass wir uns von unserer bisherigen Vorstellung eines Luxus- und Wohlstandslebens langsam verabschieden müssen. Das ist hart. Aber auch spannend. Ich verstehe natürlich gut, warum Menschen hauptsächlich darüber nachdenken, was sie haben und was sie maximal rausholen können für sich. Diese Gesellschaft, in der wir leben, hält einem ja auch ständig vor, was wir an materiellen Zielen erreichen können. Nur selten geht es um Erlebnismöglichkeiten abseits vom Konsum. Es wird uns ständig eingebläut: Du könntest endlich auch diese größere Wohnung hier, ein tolles Auto da, das atemberaubende Abendkleid dort haben.

Was mich um- und antreibt und zu diesem Buch motiviert, hat sicher damit zu tun, dass ich Mutter von zwei Kindern bin: Mascha ist neun, Maximilian ist vier. Es hat weniger damit zu tun, dass ich als Ärztin tätig war und als Schauspielerin tätig bin. Vor allem aber hat es damit zu tun, dass ich mich als Teil unserer Gesellschaft fühle, einer Wohlstandsgesellschaft, in der ich Verantwortung übernehmen möchte: gegen den Mehltau der Lethargie, gegen unsere eigenen Ausreden und die gefühlte Unmöglichkeit, sich diesem komplexen Problem zu stellen. Es geht mir darum, zu beschreiben, was man selbst ändern kann. Im persönlichen Alltag. Das ist vielleicht nicht viel, aber es ist ein Anfang und bestimmt längst nicht das Ende.

Ich erzähle, was wir jetzt anders machen als früher und wo wir an Grenzen stoßen. Wie meine Freunde und Kollegen darauf reagieren. Wer mich für eine »Ökospinnerin« hält und vor allem auch: was es in einem ändert, wenn man sich auf diese Sache einlässt. Es geht auch um das wachsende Bewusstsein dafür, dass das Thema nicht mehr zu verdrängen ist, dass es nicht von selbst aus der Welt verschwinden wird und dass es nicht irgendwo isoliert im politischen Raum gelöst werden wird, sondern nur dann, wenn wir es selbst in die Hand nehmen.

Genau das vollzieht sich im Moment. Zumindest im Ansatz. Ich merke es daran, dass wir inzwischen ernsthaft darüber reden, was aus den Meeren, den Wäldern, der Natur, was aus der Erde wird. Das war vor einigen Jahren noch nicht so. Uns wird mehr und mehr bewusst, dass die Themen, mit denen wir uns beschäftigen müssen, weniger in der Vergangenheit und mehr in der Zukunft, vor allem aber im Jetzt liegen.

In diesem Buch finden sich Gespräche mit den verschiedensten Menschen darüber, was sich wie ändern muss, ändern kann, was unsere Grenzen, aber auch unsere Chancen sind. Von dem Potsdamer Klimawissenschaftler Anders Levermann will ich mir im Detail erklären lassen, wie es um das Klima steht und was er vorschlägt. Jonathan Safran Foer hat ein Buch mit dem Titel *Tiere essen* geschrieben, in dem er die Probleme der Massentierhaltung beschreibt und Wege aus dem Dilemma sucht. Er selbst ist Vegetarier geworden, verlangt das aber nicht von anderen. Oder doch? Darüber spreche ich mit ihm. Und nachdem ich mit einer vegetarischen Woche bei meinen Kindern gescheitert bin, spreche ich mit der Ernährungsmedizinerin Ute

Gola über die Frage, wie man es richtig macht. Den langjährigen Air-Berlin-Chef Joachim Hunold kenne ich seit Längerem. Von ihm will ich wissen, wie man Wirtschaftswachstum, Arbeitsplatzsicherung und Bekämpfung des Klimawandels hinkriegen will. Was kann ein Politiker bewegen und wie kann er etwas bewegen? Das will ich von dem Tübinger Oberbürgermeister Boris Palmer wissen, der sein Amt mit einem Klimawandel-Wahlkampf gewann. Wie bekommt man es hin, dass eine ökologische Gesellschaft alle mitnimmt und niemanden ausschließt? Darüber spreche ich mit dem Soziologen und Klimakultur-Forscher Harald Welzer.

Der Autor Leo Hickman war mit seinem Buch *Fast nackt* eine Art Öko-Initiation für mich. Er beschreibt darin, wie er anfing, klimabewusst zu leben. Ich las – und versuchte, es ihm nachzumachen. Von ihm will ich wissen, wie es weiterging und ob er damit glücklich wurde. Und dann diskutiere ich mit meiner Schwester Simone. Ich spreche oft mit ihr. Aber für dieses Buch haben wir ein spezielles Gespräch geführt, weil unser Verhältnis in Sachen Ökobewusstsein vielleicht exemplarisch ist für andere Verhältnisse: Ich will sie bekehren, sie will sich natürlich nicht bekehren lassen. Wie kriegt man so eine schwierige Kommunikation richtig hin?

Es gibt da einen klugen Satz. Ich weiß nicht, von wem er ist, aber er gefällt mir. Er lautet: Wir denken nicht anders, weil die Welt sich geändert hat. Sondern: Die Welt wird sich ändern, weil wir anders denken.

Vielleicht ist genau das, anders zu denken und dadurch anders zu handeln, zwanzig Jahre nach dem Fall der Mauer der Job, die Aufgabe und die Pflicht meiner Generation.

I

Aus dem Gleichgewicht

Der vierte Bericht des Intergovernmental Panel on Climate Change der Vereinten Nationen, kurz IPCC-Klimareport genannt, erschien im Jahr 2007 und kam zu folgenden Erkenntnissen: Die steigenden Temperaturen, das Schmelzen von Gletschern und ein steigender Meeresspiegel zeigen, dass wir es zweifellos mit einer Klimaerwärmung zu tun haben. Diese Erwärmung hat bereits heute sichtbare Auswirkungen auf viele Ökosysteme.

Die Ursachen für die Klimaerwärmung sind mit einer Wahrscheinlichkeit von weit über 90 Prozent menschengemacht – hervorgerufen durch den Anstieg der Konzentration von Klimagasen in der Atmosphäre, also der Lufthülle der Erde. Kohlendioxid (CO_2) ist das wichtigste anthropogene, also von Menschen bewirkte Treibhausgas und trägt 63,5 Prozent zur weltweiten Strahlungsbilanz der vom Menschen verursachten Treibhausgase bei. Danach kommt Methangas (CH_4) und Distickstoffmonoxid (N_2O), auch Lachgas genannt.

Kohlendioxid ist ein natürlicher Bestandteil der Atmosphäre. Es entsteht durch die Verbindung von Sauerstoff und Kohlenstoff bei natürlichen Lebensprozessen, etwa beim Atmen. Wälder speichern Kohlendioxid. Waldbrände setzen Kohlendioxid wieder frei. So weit, so gut.

Das Problem ist das seit Beginn der Industrialisierung zusätzlich erzeugte CO_2 durch das Verbrennen von fossilen Stoffen wie Öl, Gas und Kohle. Fast unsere ganze Wirtschaft und Gesellschaft basiert darauf, vom Autofahren übers Fliegen, Heizen, Regenwälderabfackeln, Schnitzelessen, Lichteinschalten, Fernsehen bis zur Nutzung des Internets. Meere und Wälder können nur einen Teil dieses zusätzlichen Kohlendioxids aufnehmen. Inzwischen sind über 1100 Milliarden Tonnen CO_2 zusätzlich in die Atmosphäre gelangt.

Der Kohlendioxidanteil in der Atmosphäre wird in Teilchen pro eine Million Teilchen gemessen, parts per million oder kurz ppm. Er ist von Beginn der Industrialisierung bis 2005 von 280 ppm auf 379 ppm gestiegen. Der Methananteil ist im selben Zeitraum von 715 ppb (Teilchen pro eine Milliarde Teilchen) auf 1174 ppb gestiegen, der Anteil der Lachgas-Emissionen durch Kunstdünger in der industrialisierten Landwirtschaft von 270 ppb auf 319 ppb. Dazu kommt die Luftverschmutzung durch Verkehr und Industrie, bei der klimaschädliches Ozon entsteht.

Die Konzentration von Kohlendioxid und Methan ist nicht nur viel höher als vor Beginn des industriellen Zeitalters, sie ist auch höher als je zuvor in den letzten 650 000 Jahren. Von 1970 bis 2004, innerhalb von nur 34 Jahren, sind die CO_2-Emissionen um 80 Prozent gestiegen, die der anderen Treibhausgase um 70 Prozent. Machen wir so weiter, wird die Konzentration von Treibhausgasen weiter steigen und damit auch die Temperaturen. Das IPCC nennt eine mögliche Erwärmung bis Ende des 21. Jahrhunderts von bis zu 6,4 Grad Celsius. Ziel ist es, die Erwärmung auf maximal 2 Grad zu begrenzen. Spricht man sie direkt darauf an, sagen diverse Klimawissenschaftler offen, dass sie inzwischen nicht mehr glauben, dass das 2-Grad-Ziel erreicht werden kann. Der ganze IPCC-Bericht ist aus unterschiedlichen Gründen sehr vorsichtig formuliert. Er enthält allerdings auch einige objektive kleine Fehler, auf die sich jene sofort stürzten, die behaupten, dass das alles längst nicht so schlimm sei, wie dort dargestellt.

Die Fehler im Bericht ändern indes nichts am grundsätzlichen Dilemma: Die Erwärmung und der Anstieg des Meeresspiegels ist bereits im Gang und wird daher selbst bei einer Treibhausgas-Konzentration, die nicht weiter ansteigen, sondern die Werte von 2007 halten würde, auch nach Ende des 21. Jahrhunderts weitergehen. Es braucht Jahrhunderte, sagt das IPCC, bis ein verändertes Klimasystem ein neues Gleichgewicht findet. Weitere Entwicklungen können zunehmende Wetterextreme sein, also sehr heiße Sommer oder sehr kalte Winter, Hitze- und Kältewellen, enorme Überschwemmungen, Flutwellen und tropische Orkane hier, lebensgefährdender Wassermangel andernorts.

Ein sehr kalter und schneereicher Winter wie 2010/11 in Deutschland ist kein Zeichen dafür, dass es doch nicht so schlimm steht mit der Klimaveränderung, sondern nur ein Beleg für die zunehmenden Extreme. Das Jahr 2010 war weltweit gesehen das wärmste, seit man im 19. Jahrhundert mit den Messungen anfing. Nach Messungen der NASA und der US-amerikanischen Wetterbehörde NOAA (National Oceanic and Atmospheric Administration) liegt es 0,65 Grad Celsius über dem Mittelwert der Jahrestemperaturen seit Beginn der Temperaturaufzeichnungen. Das bisherige Rekordjahr war 2005, also auch eines aus dem 21. Jahrhundert. Dessen erstes Jahrzehnt (2001 bis 2010) ist das wärmste seit Beginn aller Messungen, und elf der letzten zwölf Jahre im Untersuchungszeitraum 1995 bis 2006 gehören zu den zwölf wärmsten Jahren seit 1850.

Um kurzfristige Ausschläge auszuschließen, misst das IPCC die Veränderungen grundsätzlich in Zeiträumen von 25 Jahren. Diese Messungen ergeben, dass die Erwärmung kontinuierlich steigt, und zwar so, wie vom IPCC prognostiziert. Nun gibt es immer wieder Leute, die sagen: Ist doch schön, wenn es ein bisschen wärmer wird! Müssen wir weniger heizen, können öfter schwimmen gehen, und der Wein wird auch besser.

Globale Erwärmung bedeutet nicht, dass es überall und jederzeit immer wärmer wird, sondern dass die Wetterlagen immer extremer werden. Denn mit zunehmender Erwärmung geht die Balance verloren. Im Jahresmittel nur fünf Grad ist der Unterschied zwischen Eiszeit und Warmzeit, den beiden Extremen der letzten zwei Millionen Jahre. Damals dauerte die Entwicklung 5000 Jahre, diesmal könnte es in nur 100 Jahren zu »schaffen« sein.

Die Gefahr besteht auch darin, dass ganz unterschiedliche Systeme zusammenbrechen. Im Meer hat dieser Zusammenbruch mit den schmelzenden Eisschilden und den Artenverlusten bereits begonnen. Im Zuge der Ökosystemveränderung ist aber auch das gesellschaftliche System vom Zusammenbruch bedroht. Eine kleine Ahnung davon brachte der Winter 2011 in Berlin, als das öffentliche Verkehrssystem teilweise zusammenbrach, bloß weil es etwas kälter war. In New Orleans herrschte nach Hurrikan Katrina Anarchie. Das Problem am Klimawandel sind nicht nur die vorhersagbaren Veränderungen, sondern auch die Katastrophen, die nicht vorauszusehen sind, wie die Zustände nach dem Hurrikan in New Orleans.

Nun kann weder Katrina noch sonst ein Einzelereignis der letzten Jahre wissenschaftlich zuverlässig auf den globalen Erwärmungstrend zurückgeführt werden. Was die Wissenschaft aber sagen kann, ist: »Wir befinden uns auf dem wärmsten der möglichen Zukunftspfade.« Und das bedeutet, dass die Wahrscheinlichkeit für das Eintreten gewisser Naturkatastrophen zunimmt. Eine Katastrophe kann ein funktionierender Staat nach einer gewissen Zeit bewältigen, bei mehreren innerhalb weniger Jahre wird man in unterschiedlichen Bereichen bereits an Grenzen stoßen. Der Potsdamer Klimawissenschaftler Anders Levermann glaubt, dass es eine »Grenze der Anpassung gibt«, das heißt einen Punkt, an dem die Zivilisation zusammenbricht, wenn wir den Klimawandel nicht in den Griff bekommen.

Eine heute bereits klar erkennbare Auswirkung des Klimawandels ist der Rückgang der Eis- und Schneedecke in den kalten Gegenden der Erde. Das führt zu mehr und größeren Gletscherseen und zu von Gletschern gespeisten Flüssen, die mehr Wasser führen. Der Frühling und die damit verbundenen Naturereignisse beginnen früher; die Verbreitungsgebiete von Tier- und Pflanzenarten verschieben sich polwärts bzw. in höhere Lagen der Berge.

Das IPCC erwartet, dass es in den polnahen Gebieten, den sogenannten hohen Breiten, und in den feuchten, tropischen Gebieten mehr Niederschläge gibt, in trockenen Regionen aber weniger. Überschwemmungen und Dürreperioden werden zunehmen. Dadurch wird die Anpassungsfähigkeit vieler Ökosysteme überfordert sein. Es können weniger Nahrungsmittel produziert werden, das bedeutet mehr Hunger.

In Bangladesch ist der Klimawandel heute schon Realität. Die Küstenregionen liegen zum Großteil kaum einen Meter über dem Meeresspiegel. Eine Million Menschen lebt durch den Meeresspiegelanstieg bereits in überfluteten Gebieten. Ironischerweise passen die überfluteten Gebiete auch wunderbar in die Pläne von Investoren, die dort inzwischen Garnelen züchten, um mit der wachsenden Nachfrage in den Industrieländern Geschäfte zu machen.

Von Fluten aufgrund des ansteigenden Meeresspiegels werden Millionen Menschen in Afrika und Asien betroffen sein, ebenso die Bewohner kleiner Inseln. Afrika wird besonders unter Nahrungsmangel leiden. 2010 wurde ein langjähriger Streit zwischen Indien und Bangladesch um eine kleine Felsinsel namens New Moore Island in der Bucht von Bengalen durch den Klimawandel gelöst: Die Insel wurde durch den Meereswasseranstieg überschwemmt und ist verschwunden.

Nur durch möglichst schnelle, breite und entschlossene Veränderung unseres Verhaltens kann diese Entwicklung gebremst werden. Die wichtigste Veränderung dafür ist erstens die Energiewende, das heißt die Gewinnung von erneuerbarer und kohlenstofffreier Energie aus Sonne, Wind und Wasser; zweitens eine deutlich effizientere Nutzung von Energie als bisher, sodass wir durch neue Technologien und Produkte erheblich weniger Strom verbrauchen, als wir es heute tun. Die dritte Veränderung ist die sogenannte Suffizienz. Das bedeutet, dass man nicht nur das Vorhandene verbessert, sondern von einem anderen Verständnis dessen ausgeht, was – so die Bedeutung des Wortes – »genug« ist. Konkret: Weniger kann auch genug sein und wird in Zukunft genug sein müssen, nicht nur für einen Menschen, sondern für eine Gesellschaft.

Weiter geht es darum, Anpassungen vorzunehmen an die Veränderungen, die nicht mehr aufzuhalten sind, etwa Dämme in Küstengebieten zu bauen. Allerdings sind die am schlimmsten betroffenen Weltgegenden jene, die am schlechtesten durch Anpassungen zu schützen sind. Von einem Meeresspiegelanstieg um einen Meter sind 90 Millionen Menschen betroffen.

Der Klimagipfel von Kopenhagen 2009 wurde in seiner Bedeutung vermutlich überschätzt und konnte die großen Erwartungen gar nicht erfüllen. Dennoch ist sein Ergebnis extrem frustrierend gewesen. Die schönen Worte, mit denen man die »Absicht« kundtat, die globale Erwärmung auf zwei Grad zu begrenzen, sind praktisch nichts wert. Es gab keinerlei handfeste Einigung über die dafür notwendige Begrenzung von Treibhausgas-Emissionen. Faktisch bedeuten die Nichtvereinbarungen von Kopenhagen, dass die Erwärmung bis Ende dieses Jahrhunderts um mindestens vier Grad Celsius zunehmen wird – wenn wir nicht schnell umsteuern.

2010 im mexikanischen Cancún bei der sechzehnten Konferenz musste man dann schon froh sein, dass immerhin weiterverhandelt wurde, wenn auch wieder kein Klimaschutz herauskam. Die Vereinten Nationen führen und leiten diesen diplomatischen Prozess, an dem 200 Länder beteiligt sind. Die UN täten es schlecht, sagen manche Kritiker. Immerhin tun sie es. Es gibt bisher keine bessere Alternative.

Das Problem: Unser Energieverbrauch und unser »ökologischer Fußabdruck« werden immer größer. Damit ist die Fläche an Natur gemeint, die ein Mensch braucht, damit seine derzeitigen Bedürfnisse an Energie und Waren produziert werden können. Ein Deutscher braucht das Zweieinhalbfache der Biokapazität, die Deutschland jedem Einwohner zur Verfügung stellen kann. Ein US-Amerikaner verbraucht das Vierfache.

Obwohl Chinesen und Inder derzeit noch relativ bescheiden konsumieren – bei vielen anderen Bewohnern dieser Erde kann von Konsum keine Rede sein –, verbraucht die Menschheit wegen uns, also der klassischen Industriestaatenbewohner wegen, inzwischen 1,25 Planeten, das heißt, wir brauchen Ressourcen, die sich nicht mehr regenerieren. Tendenz steigend. Wir haben aber nun mal nur einen Planeten.

Die Ökosysteme sind laut des Millenium Ecosystem Assessment-Berichts der UN durch uns Menschen derart belastet, dass »das Vermögen der Ökosysteme des Planeten, künftige Generationen zu erhalten, nicht mehr als gewährleistet angesehen werden kann«. Das ist so, als ob man einen Produktionsbetrieb hätte, aber für das Betreiben der Maschinen das Gebäude und das Inventar verheizte und das Grundstück vernichtete.

Um das Problem noch einigermaßen in den Griff zu bekommen, müssen wir bis 2050 unsere Emissionen um 80 Prozent senken – global. Und damit auch jeder Einzelne.

Solange wir nichts tun, geht alles weiter seinen Gang. Es wird nach den alten Strukturen gebaut und produziert, nach genau denen, die zu dieser galoppierenden Entwicklung geführt haben: Unternehmen, Energie, Autos, Lebensmittel, alles. Das ist ein doppeltes Problem, weil das erstens die Klimakrise verschärft und es zweitens immer schwerer und teurer wird, das Ganze doch noch zu ändern.

Der frühere Weltbank-Chefökonom Nicholas Stern hat 2006 in einem 700-seitigen Bericht an die britische Regierung die ökonomischen Folgen des Klimawandels beschrieben.

Er kommt zum Schluss, dass sofortiges ökologisch verantwortliches Handeln zwingende Voraussetzung für weiteren Wohlstand ist – und nicht das Ende unseres Wohlstandes. Die wirtschaftlichen Folgen steigender Meeresspiegel, sinkender landwirtschaftlicher Erträge und von Millionen Klimaflüchtlingen würden zu ökonomischen Einbrüchen führen, wie wir sie nur von den Weltkriegen oder aus den 30er-Jahren des letzten Jahrhunderts kennen. Stern nennt den unkontrollierten Ausstoß von Klimagasen »das größte bekannte Marktversagen«.

Der Bericht in seiner kühlen, ökonomischen Sprache war deshalb so wichtig, weil er nicht mit Moral argumentierte, sondern mit Geldverdienen – und damit auch bei jenen ankam, die nur diese Sprache verstehen. Konkret rät Stern den Regierungen, den Ausstoß von Treibhausgasen kostenpflichtig zu machen. Ein Unternehmen zahlt für die Nutzung und Beschädigung der Umwelt genauso wie für die Nutzung eines gemieteten Gebäudes oder eines gekauften Rohstoffes. Wer viel Umwelt verbraucht, zahlt auch viel. Das würde die Unternehmen dazu bringen, weniger Umwelt zu verbrauchen. Solange die Umwelt das Unternehmen nichts kostet, sondern nur andere Menschen bezahlen, womöglich »nur« die Menschen in Bangladesch, nimmt man so viel Umwelt in Anspruch, wie man kriegen kann.

Zwar reden wir immer davon, dass Deutschland »Klimaweltmeister« sei und Europa der Staatenverbund, der mit gutem Beispiel vorangeht, und sorgen uns, ob »wir« nicht zu viel machen und die anderen zu wenig. Faktisch aber haben die Industrienationen und Musterdemokratien die schlechtesten Umweltbilanzen, und das gilt auch für Europa. Deutschland ist als

Nationalstaat zwar nicht so weit zurück wie die USA, Australien oder Japan, aber unser realer individueller und gesellschaftlicher Lebensstil ist alles andere als vorbildlich für die Welt.

Klimaschutz und damit Zukunftssicherung: Geht das im Kapitalismus? Das ist eine der Fragen, die mich beschäftigen. Wenn ja, haben wir noch nicht wirklich versucht, herauszufinden, wie. Um die Lebensgrundlagen auch für unsere Kinder zu erhalten, müssen wir heute die Grenzen der Nutzung und Ausbeutung dieses Planeten anerkennen und damit auch die entsprechenden politischen Maßnahmen ermöglichen und mittragen.

2

Der Klimawissenschaftler: »Wie fühlen Sie sich als Kassandra, Anders Levermann?«

Anders Levermann ist Friedensnobelpreisträger. Na ja, sagt er, einer von 2 000. Das sind die Wissenschaftler, die am vierten Bericht des Weltklimarates IPCC mitgewirkt haben, das globale Gremium von Wissenschaftlern, das regelmäßig den Stand der Klimaforschung zusammenfasst, die Risiken der globalen Erwärmung beurteilt und Vermeidungs- und Anpassungsstrategien vorschlägt. 2007 wurde das IPCC zusammen mit Al Gore mit dem Friedensnobelpreis ausgezeichnet. Levermann ist promovierter Physiker und Professor für die Dynamik des Klimasystems am Potsdam-Institut für Klimafolgenforschung, kurz PIK genannt. Spezialthema: Kippprozesse im Klimasystem, die Punkte, nach deren Überschreitung eine unumkehrbare Erderwärmung in Gang gesetzt würde. Konkret ist das etwa die Frage: Ab welcher Temperaturerwärmung schmilzt der grönländische Eisschild komplett und verschwindet und was passiert, wenn das passiert?

Und was macht er, damit es nicht passiert? Wie sieht er heute die Rolle des Klimawissenschaftlers? Wie erzieht er eigentlich seine Kinder? Das will ich wissen und fahre deshalb mit dem Regionalexpress von Berlin nach Potsdam, um ihn in seinem Institut auf dem Telegrafenberg zu besuchen. Die waldige Erhebung im Südwesten Potsdams ist seit den 1870ern ein Ort der Wissenschaft. Heute heißt das Gelände »Wissenschaftspark

Albert Einstein«. Das einstige Hauptgebäude des astrophysikalischen Observatoriums heißt Michelsonhaus und ist heute das Hauptgebäude des Potsdam-Instituts.

Anders Levermann führt mich durch das Haus auf eine Aussichtsplattform, von der man direkt auf den Einsteinturm blickt; ein Observatorium, das 1922 in Abstimmung mit Albert Einstein errichtet wurde und die Gültigkeit von Einsteins Relativitätstheorie experimentell bestätigen sollte. Wir setzen uns dann drinnen in den Kuppelraum, und ich frage ihn: »Wie fühlen Sie sich als Kassandra, Herr Levermann?«

Er lacht. Das kennt er offenbar schon.

Die trojanische Königstochter sagte den Untergang Trojas voraus, aber niemand hörte auf sie. Sie galt in der Stadt als hysterisch, nicht weiter ernst zu nehmen. Am Ende ging Troja tatsächlich in Flammen auf, Kassandra wurde vom griechischen Sieger Agamemnon nach Mykene verschleppt und dort von dessen Frau Klytämnestra genauso erdolcht wie Agamemnon selbst. Sie hatte auch das vorausgesehen. Kassandra, so nennt man seltsamerweise dennoch nicht eine weise Frau, auf die man mal besser hören sollte, sondern eine Unke und Miesmacherin. Mein Eindruck ist, dass manche Menschen die Klimawissenschaftler genauso sehen.

Ja, sagt Levermann, diese Reaktion erfahre er auch.

»Aber wenn man den Kassandra-Vorwurf bekommt, kann man zumindest darauf hinweisen, dass Kassandra nichts konnte für das, was dann eingetreten ist, aber recht hatte sie doch mit dem, was sie prophezeite.«

Wenn ich schon mal mit einem Klimawissenschaftler spreche, dann möchte ich mir zunächst aus seiner Sicht die Grundlagen erklären lassen. »Wie erklären Sie in einem Satz, was Klimawandel ist, Herr Levermann?«

»Klimawandel gibt es schon immer; damit meine ich natürlichen Klimawandel. Das Neue ist der menschengemachte Klimawandel, das ist die Veränderung der globalen Mitteltemperatur und damit des ganzen Klimasystems durch den Ausstoß von Treibhausgasen, hauptsächlich und zu 60 Prozent Kohlendioxid, dann Methan und Lachgas.«

Der natürliche Treibhauseffekt ist eigentlich etwas Gutes und notwendig für das Leben auf dem Planeten Erde. Das größte und wichtigste natürliche Treibhausgas ist Wasserdampf. Aufgrund der Treibhausgase in der Atmosphäre kann die kurzwellige Sonneneinstrahlung zwar ungehindert Richtung Erdoberfläche passieren, die langwellige Wärmestrahlung der Erdoberfläche wird hingegen reflektiert. Wie im Treibhaus sorgt das für die richtige Temperatur. Ohne Treibhauseffekt wäre die Erde viel zu kalt für uns.

Was ist das Problem am steigenden CO_2-Ausstoß unserer Industriegesellschaften?

Durch die hohe Konzentration an menschengemachten Treibhausgasen in der Atmosphäre kann die Erde zu wenig Energie in den Weltraum zurückstrahlen. Teile der abgestrahlten Energie werden wieder zur Erde zurückgeworfen, wodurch sich die Erdoberfläche im Vergleich zur Situation ohne menschengemachte Treibhausgase erwärmt. In den letzten hundert Jahren hat sie sich dadurch um 0,7 bis 0,8 Grad erwärmt.

Levermann sagt: »Eine wärmere Oberfläche strahlt auch mehr ab – wie eine Heizplatte: Man stellt sie an, und sie strahlt Wärme ab. Jeder Körper strahlt Energie ab entsprechend seiner Temperatur. Das ist eine Grundeigenschaft jeder Materie. Um im Gleichgewicht zu sein, muss sie immer so viel abstrahlen, wie sie aufgenommen hat. Das kann die Erdoberfläche nur, indem sie sich erwärmt. Wenn wir weiter CO_2 ausstoßen, werden Treibhausgase in der Atmosphäre angehäuft, und die Erde wird sich entsprechend weiter erwärmen.«

Ich frage: »Vor der Industrialisierung war die Erde im Gleichgewicht?«

»Im Großen und Ganzen: ja. Die Sonneneinstrahlung wurde in der Atmosphäre ein bisschen hin- und hergeschubst, kam dann auf die Erde, die die richtige Temperatur hatte, um die gleiche Menge an Strahlung, die die Sonne hereinbrachte, wieder herauszuschicken. Durch dieses Gleichgewicht hatten wir 10 000 Jahre lang keine Erwärmung. Jetzt haben wir die Treibhausgase erhöht, jetzt sind wir aus dem Gleichgewicht, und das können wir auch tatsächlich messen.«

»Was messen Sie genau?«

»Wir sehen, dass mehr Sonnenstrahlung durch die Atmosphäre hereinkommt, als wieder hinausgeht.«

Er erklärt: Relevant für die Erwärmung ist nicht der CO_2-Ausstoß, den wir produzieren, sondern was davon in der Atmosphäre landet. Das ist etwa die Hälfte des produzierten CO_2. Die andere Hälfte übernehmen die Ozeane.

Obwohl ich im Thema bin und mich vorbereitet habe, finde ich so ein Gespräch mit einem Klimawissenschaftler nicht ganz einfach. Etwa, wenn es um die Bedeutung der Aerosole für den Klimawandel geht. Oder wenn Levermann mit großem Schwung etwas auf eines der vielen weißen Blätter malt, die er vor sich hingelegt hat.

Manchmal traue ich mich und sage: »Das verstehe ich jetzt nicht.«

Dann erklärt er es noch mal oder er sagt: »Das müssen Sie auch nicht verstehen.« Er sei abgeschweift.

Einmal sagt er: »Das ist die größte Barriere in Ihrem Kopf, dass Sie denken, dass ich denke, dass Sie dumm sind.«

Ich sehe ihn an und frage: »Und – tun Sie das?«

»Das denke ich nicht, nein«, antwortet er.

Die Weltklimakonferenz 2010 in Cancún ging mit der Übereinkunft von 190 Ländern zu Ende, ihr Handeln an dem Ziel zu orientieren, dass die Erwärmung der Erde auf maximal zwei Grad gegenüber vorindustriellem Niveau begrenzt bleiben wird.

Längst ist die Frage nicht mehr nur: Wo bleibt das Handeln? Sondern auch: Geht das überhaupt noch?

»Wenn Leute sagen, das ginge gar nicht mehr, dann stimmt das nicht«, sagt Levermann. »Es wird nicht in jedem Fall katastrophal, und auf eine gewisse Erwärmung haben wir uns definitiv festgelegt, auch wenn alle Emissionen sofort gestoppt würden. Das liegt an der Trägheit des Systems. Das Klimasystem reagiert nicht sofort auf jede Änderung, das braucht Zeit. Aber wenn wir gar kein CO_2 mehr ausstoßen, dann helfen uns Ozean und Landatmosphäre.« Laut EU-Fahrplan sollen sich die EU-Emissionen bis 2050 um bis zu 95 Prozent reduzieren.

»Es gibt allerdings bisher keine Anzeichen, dass wir drastisch reduzieren.«

»Das ist politisch argumentiert. Aber wenn wir wirklich von heute auf morgen aufhörten, würden wir unter zwei Grad kommen. Wir rechnen gerade eine Simulation durch, in der wir bei 1,5 Grad rauskommen.«

Ich sage: »Wenn wir von heute auf morgen komplett anders leben und wirtschaften?«

Er nickt. »Ich sage das nur, weil Leute sagen, lass uns nicht mehr über zwei Grad reden, lass uns gleich über drei Grad reden. Das halte ich für gefährlich: Drei Grad, das bedeutet viele ziemlich problematische Entwicklungen.«

»Darüber möchte ich reden, welche sind das genau?«

»Wir können sagen, dass in einer drei Grad wärmeren Welt der grönländische Eisschild wahrscheinlich nicht da wäre.«

»Heißt das, dass er bei drei Grad gleich verschwindet?«

»Nein, es bedeutet, er ist auf der Kippe. Das heißt, es fehlt nicht viel, dann ist er ganz verschwunden. Genauso ist es mit der Westantarktis: Die ist in der Geschichte mehrfach eisfrei gewesen zwischen zwei und drei Grad Temperaturanstieg.«

Levermann berichtet: Taut die Westantarktis, bedeutet das dreieinhalb Meter Meeresanstieg. Sie habe Eispotenzial für zusätzliche eineinhalb Meter, aber dieses Eis sei nicht direkt gefährdet. Die Ostantarktis hat ein Potenzial für 50 bis 55 Meter Meeresspiegelanstieg, sie wird aber von Wissenschaftlern im Gegensatz zur Westantarktis für stabil gehalten. Schmilzt das Eis in Grönland, bedeutet das sieben Meter Meeresspiegelanstieg, 0,15 bis 0,2 Meter habe man in den letzten 100 Jahren beobachtet. Nach seinen Modellen ist der grönländische Eisschild nie schneller als in 1 000 Jahren verschwunden, eher geht er von 10 000 Jahren aus. Trotzdem führt auch der Beginn des Schmelzens des grönländischen Eisschilds zu einem deutlichen Meeresspiegelanstieg noch im 21. Jahrhundert.

Etwa ein Zehntel der Weltbevölkerung lebt in Küstennähe. Was bedeutet denn für diese Menschen ein Meter Meeresspiegelanstieg?

»Bei einem Meter Meeresanstieg schätzt die UNO etwa 90 Millionen Klimaflüchtlinge.«

»Wer ist, zum Beispiel, betroffen?«

»Bangladesch, die Niederlande, meine Heimatstadt Bremerhaven. Die Brauerei Guinness hat einen Pachtvertrag in Dublin auf 5 000 Jahre abgeschlossen. Die können ihren Vertrag irgendwann kündigen. Dublin ist ziemlich gefährdet. Es sind aber auch, zum Beispiel, Atomkraftwerke in entsprechend gefährdeten Küstenregionen gebaut worden.«

Beim Bau des küstennahen Atomkraftwerkes Fukushima hatte man die Tsunami- und Erdbebengefahr ignoriert. Folge war die Nuklearkatastrophe vom März 2011.

Der Meeresspiegelanstieg ist aber noch nicht mal das große Problem, er kommt langsam, und man kann sich bis zu einem gewissen Grad schützen und anpassen.

Das Problem, sagt Levermann, sind die Sturmfluten.

Er zeichnet auf ein neues Blatt Papier die Umrisse von Manhattan.

»Wenn Sie den Meeresspiegel um einen Meter erhöhen, kriegen Sie in New York eine Sturmflut, die bisher alle 100 Jahre auftrat, künftig alle drei Jahre.«

Wenn der Meeresspiegel höher ist, hat die gleiche Sturmflut eine deutlich verheerendere Wirkung. Manhattan, die U-Bahn-Schächte, die meernahen Flughäfen – alles könnte unter Wasser stehen. Und wenn die nächste Flut schon droht, stellt sich irgendwann oder umgehend die Frage, ob der Wiederaufbau überhaupt Sinn hat.

Es geht nicht um Apokalypsen und Angstszenarien, das wird einem beim Gespräch mit Levermann schnell klar, es geht um »Möglichkeiten«. Es geht um Dinge, die passieren können. Und es geht ihm darum, dass ich verstehe, dass das größte Problem das »Unkalkulierbare« ist, das aber aus dem robust wissenschaftlich Ermittelbaren entsteht. Ein Beispiel: Der Auslöser für einen Waldbrand in Griechenland ist eine Zigarette. Das ist wissenschaftlich unkalkulierbar. Das Grundproblem ist jedoch, dass sich durch den Klimawandel die Extreme verstärken, es im trockenen Mittelmeerraum immer trockener wird und sich der Wald leichter entflammt.

»Das Unkalkulierbare ist das Problem. Deshalb ist es problematisch, eine Gradzahl zu nennen und genau anzugeben, was bei dieser Gradzahl passieren wird, das bei einer anderen Gradzahl nicht passieren wird.«

Levermann ist vom »Contributing Author« des letzten IPCC-Berichts nun zu einem der Hauptautoren des kommenden Berichts aufgestiegen. Davon gibt es nicht 2 000, sondern nur noch 600, die in den drei Arbeitsgruppen Grundlagen – da ist er –, Folgen und Lösungen arbeiten. Der PIK-Chefökonom Ottmar Edenhofer ist der Chef der Arbeitsgruppe Lösungen.

Das Prinzip sei, dass es sich eben nicht um einen erlauchten, sondern einen großen Kreis handle, der »alles reflektiert, was die Klimacommunity glaubt, belegen zu können.« Er gebe damit den aktuellen Stand der Klimaforschung wieder, sei aber dadurch auch »maximal abgeschmirgelt«, also sehr vorsichtig formuliert.

Levermann ist Jahrgang 1973, verheiratet, hat zwei Kinder, einen Sohn, 7 Jahre alt, und eine Tochter mit 4. Er lebte während des Studiums in der hessischen Unistadt Marburg in einem klassischen Ökoumfeld des 20. Jahrhunderts. Das Gemüse wurde direkt vom Bauern geholt, es wurde kalt geduscht, um Energie zu sparen bzw. grundsätzlich möglichst wenig zu verbrauchen. »Minimal impact« nennt er die damalige Prämisse: minimale Auswirkungen verursachen. Das galt als Ausweis eines verantwortungsbewussten Lebens und hat in gewisser Weise auch für den Umgang mit anderen Menschen gegolten: Sein Ziel war damals, sich möglichst weit zurückzunehmen, um den anderen den Raum nicht zu nehmen, sondern zu überlassen, speziell den Frauen der Gruppe, speziell auch in Diskussionen. Das sei »so eine Softiebewegung« gewesen, meint er und lächelt.

Dann ging er während des Zivildienstes nach Israel und merkte, dass es dort als Affront galt, sich derart zurückzunehmen. »Da wurde gesagt: Was willst du denn? Du nimmst dich zurück und erwartest, dass ich Rücksicht auf dich nehme? Das ist auch eine Art von Dominanz. So ist das auch nicht richtig. Jeder kämpft gleichberechtigt für sich. Rücksicht wird dann genommen, wenn einer aus Gründen schwächer ist, die nichts mit der Sache zu tun haben. Das ist vom Grundsatz eine wesentlich gerechtere Rangehensweise.«

Als er zurückkam, hatte er seine Haltung geändert – und damit auch das Denken über die persönliche Verantwortung in der Klimafrage. Lervermann will Verantwortung übernehmen, aber nicht dadurch, dass er seinen ökologischen und jede andere Art von Fußabdruck möglichst klein hält und ansonsten den lieben Gott einen guten Mann sein lässt.

»Möglichst wenig Raum einnehmen ist ein Akt gegen diese Ellbogengesellschaft. Das müssen wir im Kopf behalten, aber nicht gleichzeitig Verantwortung ablehnen. Denn das ist das Nächste, was man tut, wenn man sich wegduckt.«

Dazu gehört auch die Bejahung von Hierarchie:

»Wenn ich glaube, einen Beitrag leisten zu können, dann will ich das auch tun, und das heißt eben auch, Verantwortung zu übernehmen und eine Gruppe zu leiten.«

Oder: »Wenn ich vor 700 Wirtschaftsvertretern spreche und möglichst wenig Raum einnehmen will – das geht nicht!« Dann muss er raumfüllend auftreten, um die Kollegen, aber auch die Manager zu erreichen. Und er will möglichst viele erreichen. Deshalb fliegt er auch durch die Gegend.

Ich frage ihn: »Es ist doch gut, wenn ein Mensch aus Einsicht seinen persönlichen Energieverbrauch optimiert. Darum geht es doch – oder nicht?«

»Ja. Aber der Gedanke eines niedrigen ökologischen Fußabdrucks darf nicht dazu führen, dass man seinen Einfluss auf die richtige Sache verringert.«

»Die Entscheidung, weniger und möglichst erneuerbare Energie zu verbrauchen, entsteht doch aus dem Gedanken, damit Verantwortung zu übernehmen.«

»Ja. Aber wenn man mehr als individuelle Verantwortung übernehmen will, dann bedeutet das eben auch, Raum einzunehmen.«

Er erzählt die Geschichte eines Künstlers, der nicht fliegt, sich dem Medienbetrieb verschließt und nicht einmal materielle Zeugnisse seiner Kunst hinterlässt, sondern nur Aktionskunst macht. Dieser Künstler sei wichtig, weil er durch seinen Purismus für bestimmte Menschen ein Vorbild sei. Allerdings nur für wenige. Massenwirkung könne er als Held jenseits der Medienwelt nicht haben. Dafür brauche es andere Modelle.

Wir reden über den Friedensnobelpreisträger Al Gore, der

viele Menschen für das Klimaproblem sensibilisiert hat. Aber viele finden es auch seltsam, wenn er mit dem Privatjet in Europa einfliegt. Ich zum Beispiel.

Täte es first class, Linie, nicht auch?

Ja, sagt Levermann, in dieser Hinsicht sei Gore sicher kein Vorbild.

»Grundsätzlich aber bin ich dafür, die Helden nicht auseinanderzunehmen, weil sie irgendetwas falsch machen. Sie müssen etwas falsch machen, um etwas richtig machen zu können.«

Er erzählt von einem Vortrag, nach dem ein Automanager ihm jovial auf die Schulter klopfte: Nichts für ungut, er fliege ja jeden Tag zur Arbeit aus Süddeutschland ein.

Da habe er gedacht: Na, du machst das für etwas vollkommen Sinnloses.

»Die Menschen sind verschieden, und deshalb erreicht man sie auf verschiedenen Wegen. Manche erreicht man über Vorbilder, die eine idealistisch-perfektionistische Lebensvorstellung von sich selbst haben. Das hatte ich früher auch.«

Was heißt das?

»Ich wollte versuchen, alles richtig zu machen.«

Und?

»Das ging damals noch, weil meine Welt noch kleiner war.«

Als sie größer wurde – oder er anfing, sie größer zu machen –, sei der Ansatz nicht mehr zu halten gewesen und vor allem nicht mehr richtig.

Seinem früheren Denken entsprechend hätte er versucht, möglichst wenig oder gar nicht zu fliegen, um die Umwelt zu schützen. Nach seiner heutigen Überzeugung muss er viel fliegen, um möglichst oft zu sprechen und Einfluss zu nehmen. Solange es etwas bringt.

Levermann erzählt, dass es ihn zornig mache, wenn etwa bei den Grünen immer wieder Leute daherkämen und sagten: »Müssen wir nicht Autos verbieten?«

»Warum macht Sie das zornig?«

»Da geht es nur darum, die eigene Seele zu retten, nicht aber darum, das Problem zu lösen. Und das macht mich ärgerlich.«

Es geht ihm um die Unterscheidung zwischen Aktionen, bei denen sich der Handelnde gut oder moralisch überlegen fühlt, und Aktionen, die für sich selbst genommen nicht einen moralischen Anspruch erheben können, aber gut und sinnvoll sind in Richtung auf das Ziel.

Ich sage: »Das Klimaproblem ist ja nicht unser einziges, darunter liegen all die Dinge, die seit Jahrzehnten nicht gelöst sind, das Problem ist multifaktoriell ...«

»Es stimmt, dass die Gesellschaft in verschiedenen Bereichen nicht funktioniert und nicht nur das Klimaproblem hat. Aber die Komplexität darf nicht zu Stagnation führen.«

»Das tut sie aber.«

»Richtig. Deshalb dürfen wir nicht alles gleichzeitig anschauen und nicht alles gleichzeitig lösen wollen.«

Damit kommt er zu seiner Hauptthese.

»Wir haben beim Klimaproblem die Möglichkeit, das Ganze zu lösen. Wenn wir die Energieversorgung nachhaltig machen, haben wir einen Pfad, der noch nie beschritten wurde. Deshalb plädiere ich dafür: Fokussieren wir uns auf das Klimaproblem und schlagen diesen Pfad ein. Denken Sie an das Ozonloch. Da sagte die Industrie auch: ›Wir brauchen fünf Jahre, um von den FCKWs loszukommen, sonst sind wir am Ende.‹ Dann hat keiner mehr Produkte mit ozonschädlichen FCKW-Treibmitteln gekauft, und dann war das«, er schnalzt mit den Fingern, »so schnell erledigt. Das war ein kleiner Pfad. Wenn wir das Energieproblem lösen, haben wir einen großen Pfad geschaffen. Dieser Pfad hat zwar viele, aber eben nicht unendlich viele Stränge.«

»Welche sind das?«

»Da ist etwa der Emissionshandel. Kohlendioxid muss einen Preis haben und gehandelt werden. Momentan ist das bei den

Unternehmen noch in der Werbeabteilung, das muss aber in die Finanzabteilung. Dieses Geld brauchen wir, um es in erneuerbare Energien und in intelligente Netze zu stecken. Erneuerbare Energien haben so viele Vorteile, sie müssen aber auch billig sein. Wenn man in China sagt: Ihr könnt zum gleichen Preis statt eines Kohlekraftwerks erneuerbare Energien produzieren, nehmen sie die.«

»Glauben Sie wirklich an den Emissionshandel? Der wird doch unterlaufen, es wird gelogen und betrogen.«

Levermann winkt ab. »So what? Das ist immer so. Die UNO ist ein Zusammenschluss von vielen auch undemokratischen Ländern, trotzdem brauchen wir sie. Man muss natürlich daran arbeiten, dass der Emissionshandel funktioniert, dass er nicht unterlaufen wird. Aber im Prinzip ist es der richtige Weg.«

»Können wir unseren steigenden Energiebedarf mit erneuerbaren Energien decken?«

»Das ist nicht die Frage, denn das geht. Die entscheidende Frage ist, wie wir aus den alten Strukturen unserer Energiewirtschaft in die neuen Strukturen kommen.«

»Und was ist mit der sozialen Gerechtigkeit? Umweltschutz muss man sich leisten können, heißt es gern, Bio- und Ökoprodukte seien etwas für Besserverdienende.«

Levermann: »Auch die Kanzlerin und CDU-Vorsitzende Merkel redet im Rahmen des Klimaproblems über die Bekämpfung der Armut. Aber wenn wir den Klimapfad einschlagen, reden wir über unglaubliche Finanzströme aus der industrialisierten Welt in die Entwicklungsländer, die sich aus dem Emissionshandel ergeben. Das heißt: Wir kriegen gleichzeitig eine Umverteilung hin von den Ländern mit hohem Ausstoß und hoher Produktivität hin zu ärmeren Ländern.«

Die Klimawissenschaftler haben in den letzten Jahren ihre Rolle etwas verändert, was die Verantwortung für das von ihnen ermittelte Wissen angeht. Teils freiwillig, teils, weil Teile der Gesellschaft sie dazu gedrängt haben, haben sie sich aus ihrer Wissenschaftsecke herausgetastet. Mit dem Ergebnis, dass sie nun noch stärker in der Kritik stehen. Der Karlsruher Philosoph Peter Sloterdijk sagt, sie seien inzwischen »in die Rolle von Reformatoren« geraten. Sie forderten Verzicht, Selbstbeschränkung, einen »klimatischen Sozialismus« gar und eine »Umkehrung der bisherigen Zivilisationsrichtung«, die weiter reiche »als die Reformationen des 16. Jahrhunderts, die immerhin die Regeln des Verkehrs zwischen Himmel und Erde revidiert haben«. Für Sloterdijk sind wir in den »Anfängen einer meteorologischen Reformation«, die »illusorisch« sei und böse enden könne.

Er fürchtet, dass das 21. Jahrhundert »als ein Jahrmarkt der Erlösereitelkeiten in die Geschichte eingehen wird, an dessen Ende sich die Menschen nach Erlösung von der Erlösung und Rettung von den Rettern sehnen werden«. Dass der Mensch eine zivilisatorische Umkehr hinkriegt, scheint Sloterdijk für ausgeschlossen zu halten. Eine Lösung sei allenfalls technisch zu erreichen.

Sloterdijks Gerede von den Verzichtpredigern sei Denken des letzten Jahrhunderts, sagt Levermann. »Wir sind keine Verzichtprediger. Wir müssen das System umstellen auf ein qualitativ besseres und im Übergang Wohlstand und Lebensqualität möglichst erhalten, auch wenn sich das, was die Leute mit Wohlstand und Lebensqualität verbinden, verändern muss.«

Wie sieht Levermann die öffentliche Rolle des Wissenschaftlers?

Das sei schwer. Wissenschaftler seien in der Regel keine Kommunikationsexperten. Was Wissenschaftler aber auszeichne, sei ihre Leidenschaft dafür, Fragen zu stellen, Antworten zu suchen und dabei Neuland zu betreten. »Man wird für die Suche nach etwas Neuem ausgesucht, das macht die Wissenschaft zu einer sehr unruhigen Sache.« Wissenschaftler könnten introvertiert sein, aber Passivität sei für sie nicht vorgesehen. Keinesfalls will er sich selbst in einer passiven Rolle sehen.

Ich frage: »Was macht der Wissenschaftler, um gehört zu werden, um Wirkung zu erzielen?«

»Das ist eine gute Frage«, sagt Levermann. »Gibt man nur gesicherte Erkenntnisse raus? Relativiert man, indem man sagt: ›Das ist nur ein Klimamodell‹, oder sagt man: ›Das ist robust‹? Macht man kernige Aussagen?«

Es gebe Kollegen, die klar sagten: Ich rede nur über Dinge, für die ich Experte bin, über die ich wissenschaftlich publiziere und die als gesichert gelten.

Er selbst verlasse auch mal den wissenschaftlich fundierten Ort und begebe sich in den Meinungsbereich; das mache er dann aber kenntlich.

Das Problem für ihn ist, dass man mit dem, was wissenschaftlich gesichert ist, gerade die größten Gefahren der Zukunft nicht im Blick hat: die schnellen und drastischen Veränderungen. Das Problem ist, dass man bestimmte Sachen zwar mit guten Gründen annehmen kann, aber nicht wissenschaftlich fundiert vorhersagen. Zum Beispiel: Kein einzelnes Wetterereignis kann wissenschaftlich auf den globalen Erwärmungstrend zurückgeführt werden. Daher ist der IPCC-Bericht als Ganzes aus Wissenschaftlersicht zwar sehr seriös, aber möglicherweise dennoch unzureichend. Levermann gibt ein einfaches Beispiel: Wenn man sagt, dass bestimmte Dinge wahrscheinlich nicht passieren, nehmen das die Zuhörer als Erleichterung und Entwarnung. Wenn man sagt, dass bestimmte Dinge passieren können, rücken sie zwar in den Bereich der Gefahr, allerdings einer, die man sich in seinem Innersten vom Leib halten kann: Es könnte ja auch nicht passieren.

Reden wir über sein Fachgebiet und die Frage eines Kollapses des westantarktischen Eisschildes. Das ist in den letzten fünf Millionen Jahren ein paarmal passiert, wenn die Temperaturen zwischen zwei und drei Grad über der vorindustriellen Mitteltemperatur lagen.

»Da kann ich sagen: Das wird wahrscheinlich nicht passieren in den nächsten 100 Jahren. Gleichzeitig wissen wir praktisch nichts über den Ozean darunter, der das antreibt. Dafür gibt es keine Untersuchungsmodelle. Es ist eine definitive Möglichkeit, dass es passieren kann; es ist unwahrscheinlich, aber es ist möglich.«

Generell ist Levermann der Meinung – wir sind im Meinungsbereich hier, nicht im wissenschaftlichen Sektor –, »dass wir praktisch alles unterschätzen«.

Deshalb hat er für sich den Schluss gezogen, dass er »den moralischen Pfad« nicht verlässt, wenn er inzwischen nicht mehr fragt, was das Wahrscheinliche ist, sondern was das Mögliche ist.

Er ist Hauptautor des Kapitels »Meeresspiegel« im nächsten IPCC-Bericht und da will er entsprechend vorgehen: »Weil ich denke, darauf müssen wir uns potenziell vorbereiten, darauf müssen wir unsere Strategien ausrichten.«

Das ist für ihn »eine Sache, die wir jetzt klären müssen: Wie muss ich meine Sachen darstellen, dass das ankommt, was ich tatsächlich denke?«.

Beispiel: Er spreche inzwischen von »locker« einem Meter Meeresspiegelerhöhung.

»Die Hamburger werden dann bleich. Die sagen: Den Deich können sie noch 80 Zentimeter erhöhen, danach müssen sie das Hinterland verändern, also die ganzen Häuser verschieben.« Also wollen sie hören, dass ein Meter Erhöhung wahrscheinlich nicht passiert.

Die Niederländer dagegen sprächen über wesentlich höhere Zahlen und betrieben dadurch echte Risikoanalyse. Während das IPCC ermittle, was wahrscheinlich passiert, wollten die Niederländer wissen, was im schlimmsten Fall passiert. Ihr Denken: Es geht um eine Gefahrenabschätzung, da hilft uns der Mittelwert nichts.

Dennoch »fordern« Wissenschaftler nicht, sie ermitteln, was in der Zukunft passiert, wenn die Gesellschaft einen bestimmten Emissionspfad einschlägt. Weil das wissenschaftliche System ein völlig anderes ist als das wirtschaftliche und das politische, kommt es immer wieder zu Missverständnissen.

»Die Politiker denken, sie hätten Verhandlungsmasse«, sagt Levermann. »Sie denken: Wir ›fordern‹ zwei Grad. Dann fordern sie vier, wir treffen uns bei drei Grad in der Mitte und feiern den Kompromiss.« Das ist das Denken des politisch Handelnden.

»Wir ›fordern‹ aber nicht zwei Grad. Wir sagen: Dieser Emissionspfad bringt uns über zwei Grad und dann geschieht aller Voraussicht nach dieses und jenes. Das ist verbunden mit der Frage an die Gesellschaft: Wollen wir das in Kauf nehmen?«

Was ist der Unterschied zwischen zwei und drei Grad Erwärmung?

Das kann die Wissenschaft nicht präzise beantworten, weil es zu viel Unkalkulierbares gibt. Generell gilt: Je stärker die Erwärmung, desto feuchter werden feuchte Gebiete, desto trockener werden trockene, desto stärker werden die Extreme und die extremen Ereignisse.

»Die Argumentation für zwei Grad ist für mich: Wir können das Klima nicht feintunen auf 1,7 oder 1,6. Wir können sagen: Eins schaffen wir nicht mehr, das ist vorbei. Drei ist zu viel, drei heißt, dass große Sachen geschehen: Grönland, Westantarktis, womöglich Amazonas-Kollaps, Nordatlantikstrom. Drei ist einfach zu viel.«

Warum ist das ein GAU, wenn der Nordatlantikstrom nicht mehr funktioniert, von dem der Golfstrom ein Teil ist?

Er malt den Nordatlantikstrom auf ein weißes Papier.

»Die Zirkulation des Golfstroms transportiert Wärme von der Süd- in die Nordhemisphäre. In den hohen Breiten kühlt sich das ab und fließt wieder nach Süden als kalte Strömung, das heißt, wir haben damit eine Umwälzpumpe. Wenn wir die nicht mehr haben, wird der Süden wärmer und der Norden kälter. Dann können wir die Landwirtschaft in Teilen Europas dichtmachen. In England zum Beispiel.«

Und was ist, wenn es feuchter in Indien und trockener in Südeuropa wird?

»Das wird für bestimmte Regionen viel schlimmer als der Meeresspiegelanstieg. Wenn der mediterrane Bereich immer trockener wird, kommt das ökologische und ökonomische System in Europa durcheinander. Genauso ist es, wenn der Monsun in Indien immer stärker wird und die Überschwemmungen zunehmen.«

So etwas wie der Hurrikan Katrina in New Orleans kann Alltag werden?

»Das ist möglich.«

Was sagt er, wenn Leute sagen, das sei doch auch gut, wenn es wärmer würde. Etwa für den Weinanbau in Deutschland?

»Ich stelle dem die Probleme gegenüber, die klar überwiegen. Weinanbau ist eines der ganz wenigen Dinge, von denen man sagen kann, dass sie wahrscheinlich besser werden.«

Wenn der Anstieg der Emissionen bis 2200 so weitergeht wie bisher, bedeutet das acht Grad Erwärmung. Theoretisch. In einem Zeitungsbeitrag hat Levermann die These aufgestellt, dass acht Grad Erwärmung nicht möglich seien.

Seine These ist: Unsere Gesellschaft und Wirtschaft, unser Wohlstand und alles, was wir sind und haben, bricht vorher zusammen. Nicht, weil wir den Klimawandel bekämpfen, sondern wenn wir ihn nicht bekämpfen. Die Erderwärmung wird auch gestoppt, wenn die Industriestaaten so weitermachen wie bisher. Denn sie werden es auf die Dauer nicht können.

»Es gibt eine Grenze der Anpassung. Unser gesellschaftliches System kann sich nicht so stark anpassen.« Das heißt: Der Industriestaat funktioniert nicht mehr, die Ursache kollabiert unter ihren eigenen Folgen.

Wie kommt er darauf?

»Irgendetwas passiert dazwischen, etwas, das nicht mehr zu bewältigen ist. Aber ich kann nicht sagen, was tatsächlich passieren wird. Kann sein, dass die öffentlichen Haushalte mit dem Aufräumen nicht mehr hinterherkommen, wenn wir ständig Oderflut haben. Und die Rückversicherungen kein Geld mehr haben, weil wir letztes Jahr und vorletztes Jahr Oderflut hatten und im Sommer eine Hitzewelle Schäden und Tote gebracht hat. Dann kann der Staat irgendwann die Grundversorgung nicht mehr zahlen, auch nicht die Polizei und das Militär. Was passiert mit den Global Players, die auf Rückversicherungen angewiesen sind? Das ist so ein Primitivszenario, das meine Fantasie hergibt. Es gibt verschiedene Möglichkeiten, wie wir an diese Grenzen kommen.«

Wenn man sieht, wie in Berlin schon ein »normal« kalter und vorhersehbarer Winter Chaos auf Schienen und Straßen auslöst und wie fragil das System ist, fragt man sich schon, wie eine Gesellschaft einem unvorhersehbaren Ereignis begegnen will oder einer Katastrophe wie New Orleans oder gar mehreren in relativ kurzen Zeitabständen. Schon nach Katrina war zu erleben, wie eine scheinbar in die US-amerikanische Demokratie eingebundene Landesmetropole mit staatlichen und kommunalen Behördenstrukturen sich in kürzester Zeit zumindest aufgegeben fühlte, wenn sie es nicht sogar war – und sich in Richtung Anarchie bewegte.

Obwohl Levermann für die »Grundlagen« zuständig ist, hat er selbstverständlich auch eine Position in der Frage der »Lösungen«. Im Moment ist die Situation so, dass der CO_2-Ausstoß weiter steigt. Je länger er das tut, desto radikaler muss der Umschwung erfolgen. Wird uns eine gesellschaftliche Bewegung retten? »Ich würde gerne von der Vernunftseite kommen, aber man muss sofort an China, Indien, Brasilien denken. Und auch wir in Deutschland kriegen vielleicht zehn Prozent der Grünen-

Wähler dazu, dass sie für ihren eigenen Fußabdruck ernsthaft etwas tun. Das ist grade mal eine kleine Stadt in China.«

Also?

»In naher Zukunft muss die Wirtschaft ganz viel Geld mit diesem Umschwung verdienen. Das ist die einzige Kraft, die ich sehe, die das ansatzweise reißen könnte. Ich sehe nicht, wie das sonst gehen könnte.«

Wenn die Wirtschaft will, wird auch die entsprechende Politik gemacht?

»Sie kriegen dann die ganze Macht, auch die Lobbymacht, die die Wirtschaft zur Verfügung hat, für diesen Umschwung.«

Und wir Bürger?

»Wir haben zwei quasi demokratische Möglichkeiten als Bürger: das Wählen und das Kaufen. Das sind die Punkte, an denen es die Politik und die Wirtschaft schert, was wir denken.«

Und dann sagt er noch: »Was jeder Einzelne denkt, ist die größte Macht, die wir haben.« Pause. »Hoffe ich.«

Bei den FCKW-Sprayflaschen habe der Käufer klar signalisiert, dass er das nicht mehr wolle. Und dann war es weg. Entsprechend könne der Bürger beim Einkaufen klarmachen, dass er nachhaltige Produkte und weniger Energieverbrauch wolle. Dabei könne man vielleicht immer noch ab und zu »heimlich ins Steakhouse« gehen.

»Es ist wichtiger, dass die Entscheidungsträger aus Politik und Wirtschaft wissen, dass wir das wollen, als dass wir es tatsächlich immer tun.«

Weil sie dann ihre Strategien darauf abstimmten.

Levermann macht kein Geheimnis daraus, dass er lieber vor Managern spricht als vor Schulklassen. Wenn man zwei Stunden mit ihm gesprochen hat, weiß man, warum: Er glaubt, dass es darum geht, dass die ihre Strategien ändern und dass er dazu beitragen kann, dass sie das tun.

»Ich habe in Marburg noch gedacht, ich muss nur richtig leben und meine Kinder richtig erziehen. Das ist meine Aufgabe, und dann wird das alles gut. Aber wenn man diese Zahlen sieht«, er klopft auf ein Papier, das vor ihm auf dem Tisch liegt, »dann ist das unsere Generation, die das hinkriegen muss, und nicht die nächste. Das Entscheidende muss bis 2015, spätestens 2020 passieren.«

»Wie argumentieren Sie vor Managern?«

»Den Wirtschaftsleuten erzähle ich nicht: Ihr müsst bessere Menschen werden. Die wollen auch nicht wissen, was wir denken, sondern was die Politik über das denkt, was wir ihr erzählen. Darum sage ich den Wirtschaftsleuten: Die Politik glaubt, was wir ihnen, den Wirtschaftsleuten, sagen. Wir müssen die auch nicht zu Gutmenschen erziehen, aber die konvertieren sofort, wenn sie eine Gelddruckmaschine wittern.«

Levermann hat kein Auto. Das ist keine große Sache für ihn, für die Manager dagegen schon. »Ich habe das schon gespürt, dass man da plötzlich nicht mehr so gehört wird, weil man in eine andere Ecke gehört.« Das ist ihnen suspekt, da wittern sie den alten Öko, der ihnen das Geschäft kaputt machen will wegen irgendwelcher Kröten oder Fledermäuse, die es zu schützen gilt.

Also erzählt er ihnen nicht, dass er kein Auto hat, sondern dass Klimaschutz »nicht inkompatibel ist mit dem, was sie den ganzen Tag wollen. Nämlich Geld verdienen«. Und lässt dabei keinerlei Parteipräferenz erkennen.

»Ich will sie erreichen, nicht bekehren. Dafür muss man sie abholen, wo sie sind.«

»Früher dachten Sie, es ginge darum, die Kinder richtig zu erziehen. Und heute?«

»Das ist sicher weiterhin nicht falsch, aber wichtiger ist jetzt die Mediatorenrolle. Es geht darum, der Wirtschaft und der Politik zu erklären, dass die bessere Welt verträglich ist mit ihren Wirtschaftsinteressen und einer weiteren Erhöhung der Lebensqualität.«

Ich sage: »Wirtschaftsinteressen zu steigern halte ich für ein Problem.«

»Wir kriegen das ohne die Wirtschaft nicht hin. Ich rede von Qualitätssteigerung. Es geht um die Definition von Wirtschaftswachstum. Im Moment ist das eine Zahl, die hochgeht, wenn der Hurrikan Katrina New Orleans zerstört. Wenn etwas kaputtgeht, geht die Zahl hoch, das ist idiotisch.«

Was setzen Sie diesem Denken entgegen?

»Wir müssen nicht mehr Ressourcen verbrauchen, um das Bruttosozialprodukt zu erhöhen oder gar die Lebensqualität. Wir können das auch machen, indem wir den Ressourcenverbrauch verringern.«

Ich finde Levermanns persönliche Entwicklung spannend: von einem, der möglichst wenig in der Welt »aufträgt«, der im kleinen Kreis wirken will und hofft, dass es ein Durchdringen vom Einzelnen zum Allgemeinen gibt, zu dem, der erkennt, dass es nur andersherum eine Chance gibt; lieber mit Managern sprechen als mit Schulklassen, um über größere Einheiten zu wirken.

»Wo sind die Kinder in Ihrem Denkmodell?«

»Die muss man einfach robust machen. Die Welt wird rauer.«

»Was heißt das?«

»Man muss ihnen helfen, seelisch, geistig und körperlich robust zu werden, während man früher vielleicht eher gedacht hatte: Ich möchte, dass sie möglichst rein bleiben.«

»Kinder robust machen, das klingt nach individualistischem Überlebenskampf. Wie integriert man das globalgesellschaftliche Dilemma?«

»Das klingt unidealistisch, ist aber nicht so gemeint. Die Kinder müssen in der Zukunft zu ihrem Recht kommen: Das möchte ich. Deshalb versuche ich auf der großen Ebene so viel Klimaschutz zu betreiben wie möglich. Aber wenn mein Kleiner sagt, er will was machen, wo er wahnsinnig viel Geld verdient, dann widerspreche ich nicht, auch wenn das meinen Vorstellungen komplett widerspricht.«

»Warum nicht?«

»Ich bin da offen, was die mal machen wollen, weil ich nicht weiß, was wichtig sein wird. Die Zukunft wird anders sein, das ist klar, und wahrscheinlich rauer. Damit müssen sie umgehen können.«

Später, in der S-Bahn nach Berlin, geht mir die ganze Zeit ein Satz durch den Kopf, den ich aus dem Gespräch mitgenommen habe. Der Satz lautet: »Wer sich um die Zukunft seiner Kinder sorgt, muss jetzt dazu beitragen, dass sie eine bekommen.«

3

Wie ich den Klimawandel an mich ranließ

Ich kann nicht sagen, dass ich ein Aha- oder Erweckungserlebnis hatte im Sinne von: Ich sehe Vögel am Strand mit einem Ölfilm und von Stund an war ich ein Öko. Ich weiß aber, dass sich das irgendwann im Laufe des Jahres 2006 bei mir so weit entwickelt hatte, dass ich dachte: So geht es nicht weiter.

Richtig alarmiert haben mich dann die Zahlen und Berichte über den Klimawandel, die Ende 2006 und Anfang 2007 veröffentlicht wurden. Das war für mich die ökologische Wende. Der Bericht des ehemaligen Weltbank-Chefökonomen Nicholas Stern machte zum einen das Ausmaß der ökologischen Bedrohung klar, und er erklärte zum anderen die ökonomische Bedrohung. Mit dieser Aussage rüttelt er an den Grundfesten des kapitalistischen Systems, dem dauernden Vermehren von Profit, der Vorstellung vom unerschöpflichen Wachstum und ständiger Expansion. Sein Bericht zeigt auf, dass die ökologische Krise zu immensen Finanzverlusten und die Bekämpfung ihrer Folgen teurer als die Behebung der Ursachen sein wird. Vereinfacht gesagt: Wenn wir handeln, kommt uns das viel billiger, als wenn wir nicht handeln. Eigentlich hatte ich damit gerechnet, dass Stern mit dieser klugen, fast schon listigen Aussage die Ökonomen der Welt zur Einsicht, zum Umdenken und Handeln bewegen kann. Aber ein deutliches Signal in diese Richtung blieb aus.

Ich fing an, alles zu lesen, was ich in die Hände kriegen konnte. Darüber, welche Arten aussterben, was an den Polen passiert, wie sich die Atmosphäre seit der industriellen Revolution verändert hat. Es verfolgte mich bis in meine Träume. Ich konnte nicht mehr beim Informieren, beim Nachdenken und Reden stehen bleiben und begann, mich intensiv mit den Veränderungsmöglichkeiten meines Lebensstils, meines Konsums zu beschäftigen und zu sehen, was ich wie verändern und verbessern könnte.

»Es geht nicht darum, was die Leute in China tun, sondern erst mal darum, was wir hier tun«, sagte ich zu meiner Schwester.

Sie antwortete: »Was können wir schon tun?«

»Es geht darum, die Dinge zu tun, die wir tun können. Und das versuche ich gerade herauszubekommen.«

Wir können nicht erwarten, dass sich anderswo was tut, ehe wir etwas tun.

Manche Frauen erzählen, die Geburt des ersten Kindes habe den Wunsch ausgelöst, Dinge zu verändern. Wegen der Kinder. Meine Kinder sind eine starke Motivation. Aber noch stärker treibt mich eine andere Frage um. Ich denke weniger: Was für eine Welt hinterlasse ich denen? Ich denke: Was tun wir der Welt, was tun wir dem Planeten, was tun wir uns an?

Was ist das für ein Wunder, dass wir existieren! Das Leben hat sich entwickelt, langsam, über Jahrmillionen, und wir, der Homo sapiens des 21. Jahrhunderts, besetzen alles. Ich bin kein Naturfreak, ich liebe auch nicht die Tiere mehr als die Menschen, alles Blödsinn. Aber wenn ich bestimmte Bilder sehe, wie der Mensch alles gnadenlos abholzt und ausbeutet und nichts mehr übrig lässt, da frage ich mich dann auch: Werden meine Kinder 50, 60 Jahre alt? In welcher Welt?

Jugend in der DDR

Ich bin im Osten aufgewachsen, also in der DDR. Eigentlich habe ich immer das Bedürfnis gespürt, einen Sinn und Ziele über mein Privatleben hinaus zu haben. Das ist so geblieben, und ich glaube, das hängt mit meiner Kindheit in der DDR zusammen.

Ich wurde 1974 in Berlin geboren. Mein Vater war Chirurg, später Orthopädieprofessor an der Berliner Charité, meine Mutter Anästhesistin im Krankenhaus in Berlin-Pankow. Wir lebten in Wilhelmsruh im Nordosten von Pankow. Man kann sagen, dass meine Eltern werteorientiert sind. Sie waren von der Grundidee des Sozialismus überzeugt. Allerdings nicht von der gelebten Realität. Und obwohl wir dem System zum Teil sehr kritisch gegenüberstanden, waren wir dennoch Teil dieses Systems. Diese Widersprüche haben wir zu Hause auch offen diskutiert. Die daraus folgende Einstellung habe ich oft in die Schule mitgenommen, was sicher nicht unproblematisch war. Vor allem für meine Eltern.

Die vorherrschende Meinung ist heute, dass das DDR-System ein diktatorisches Regime war, das seine Bevölkerung unterdrückt, belogen und ihr Vertrauen missbraucht hat. Das ist sicher nicht von der Hand zu weisen. Bedauerlich ist aber, dass damit auch alle in der DDR vermittelten Werte entwertet wurden. Sie spielen so gut wie keine Rolle mehr in unserem heutigen westlichen Alltag. Gleichzeitig gibt es eine sentimentale, durchaus auch von den Medien betriebene Rückbesinnung, dass es ja doch auch viel Gutes gegeben habe: Man erinnert sich in großen Samstagabendshows an Ost-Popsongs und Konsummarken oder benutzt die DDR-Zeit als Hintergrund, um spannende, emotionale TV-Geschichten zu erzählen.

Dass den Menschen aus dem Osten etwas fehlen könnte, wird im Westen eher belächelt. Ich glaube, dass es genau diese

Werte sind, mit denen man im Osten groß geworden ist, die den Leuten fehlen, die sie vermissen. So naiv vermissen wie vielleicht diesen bestimmten Geruch aus der Kindheit von Omas Bienenstich am Sonntag; etwas, das man elementar in sich trägt, ständig sucht, aber nirgendwo wieder so findet: Solidarität, Gemeinwohl, die Bedeutung von Frieden und sozialer Gerechtigkeit. In der Gesellschaft, in der ich heute lebe, spielen diese Werte kaum noch eine Rolle, sondern vor allem die Bedürfnisse und Wünsche des Einzelnen. Das Individuum allein zählt.

Das war in der DDR anders. Sicher war vieles aufgezwungen. Böse Zungen nannten das Kellergemeinschaft. Das hieß, dass man nur zusammen gut überleben konnte. Geld war dabei ziemlich unwichtig: Aus einer Kellergemeinschaft kann man nicht raus, muss aber miteinander umgehen und sich aufeinander verlassen. Die Menschen in der DDR waren deshalb anders, und viele von ihnen sind immer noch anders.

Als die Mauer fiel, war ich erst 15 Jahre alt und musste schmerzhaft erfahren, was für ein Land mein Land war, die DDR. Dennoch hat es mich auch zu der gemacht, die ich heute bin.

Unsere Grundschule, sie hieß bei uns Polytechnische Oberschule (POS), ging von der 1. bis zur 10. Klasse. Ich habe die Schule geliebt, ja, ich bin gern in die Schule gegangen. Ich habe gern gelernt, war neugierig und fand es einfach interessant, von Dingen zu hören, von denen ich noch nichts wusste. Diese Einstellung hat nicht immer dazu geführt, dass ich bei meinen Mitschülern besonders beliebt war. Dazu war ich schon immer eher lebhaft und extrovertiert und – wenn man das für ein Kind sagen kann – auch von den Idealen überzeugt, die damals gelehrt wurden. Ich war überzeugt davon, dass die Ideen von Gleichheit und sozialer Gerechtigkeit richtig waren, als Pionier wie auch später in der FDJ. Die idealisierten Wertvorstellungen wurden in den politischen Kinderorganisationen der DDR kindgerecht formuliert und emotionalisiert. Es wurden Geschichten von Kindern in anderen Ländern erzählt, denen wir gegen Ungerechtigkeiten beistehen wollten, mit denen wir uns solidarisch fühlten. So haben wir Freiheitsbriefe für Nelson Mandela geschrieben, in der Klasse Weihnachtspäckchen für bedürftige Kinder in anderen Ländern gepackt, Solidaritätsbasare veranstaltet. Und wir zitterten alle in der Libyenkrise, als wir Angst hatten, dass die USA gegen Libyen in den Krieg zieht. Damals.

Mit Michail Gorbatschow kam plötzlich die große Veränderung. Auf einmal wurde sehr viel offener und härter diskutiert, wenn auch eher in den elitären Kreisen – so will ich sie jetzt mal nennen – der FDJ.

Im Vergleich zu den Jahrzehnten davor war die Situation für uns ja schon sehr viel offener geworden. Man hat Westfernsehen geguckt, Westradio gehört und man hat viel mutiger miteinander diskutiert. In den Theatern wurde aktuelle Politik reflektiert, klassische Operntexte wurden vom Publikum aktuell politisch interpretiert und mit Szenenapplaus begleitet. Wir waren im Vergleich zu den Sechzigern schon sehr viel weiter.

Bestand jetzt, mit Gorbatschow, nicht endlich die Möglichkeit, die DDR von innen heraus zu erneuern, die Verlogenheit abzuschaffen, konstruktive Kritik zu üben, den Filz zu durchbrechen und etwas Neues zu schaffen, dabei aber die Grundidee des Sozialismus zu erhalten? Gorbatschow machte solche Hoffnungen möglich. Es gab damals eine Reihe von Leuten, die so dachten, eine neue junge Generation, alle um die 15 bis 18 Jahre. Zu diesen Leuten gehörte ich.

Dann kamen der Sommer und Herbst 1989. Und man spürte, dass das System zerbersten würde, nichts war mehr zu halten. Ausreisewelle, Montagsdemonstrationen, Mahnwachen in Berlin, man traf sich auf der Straße, in den Kirchen, man kam ins Gespräch, auch mit der Gegenseite, der Partei oder der Armee. Der 7. Oktober mit den zahlreichen Verhaftungen und dann die große Demonstration in Berlin am 4. November: Es war eine Abrechnung der Menschen mit dem System, in dem sie lebten. Ein großes Aufbegehren und eine Sehnsucht nach Freiheit und Selbstbestimmung. Kurz danach fiel die Mauer. Und alles war anders. Das Land, in dem ich groß geworden war, verschwand immer mehr.

Ab 1990 besuchte ich dann die Erweiterte Oberschule (EOS), das Gymnasium. Dort fand ich Gleichgesinnte, Leute mit gleichen Interessen, mit dem Bestreben, ihr Leben selbst in die Hand zu nehmen. Es waren zwei Jahre voller Ungewissheit und Wechsel, in denen das Alte verschwand und etwas komplett Neues entstand. Man versuchte, sich in dem neuen Land, das nun auch unseres war, zurechtzufinden, man ging auf die Straße, um gegen den ersten Irakkrieg zu demonstrieren, veranstaltete Podiumsdiskussionen mit Möllemann als Bildungsminister, um über die Probleme in der Bildungspolitik zu diskutieren, und mühte sich im Abitur mit einer neuen Zensurengebung ab. Das war 1992. Noch im selben Jahr begann ich mein Medizinstudium.

Viele Mitschüler hielten mich für eine Streberin. Zu Recht. Ich war eine. Das hatte auch einen Grund. Ich wollte immer Medizin studieren, aber meine Eltern waren beide Ärzte. Das bedeutete: Ich musste kämpfen. Man hatte große Schwierigkeiten, als Kind eines Akademikerpaares einen Studienplatz zu bekommen oder überhaupt die Erweiterte Oberschule besuchen zu dürfen. Es blieb mir also nichts anders übrig, als zu versuchen, so gut wie möglich zu sein. Ich musste die zehnte Klasse mit 1,0 abschließen, damit sie mich überhaupt zum Abitur zuließen. Sonst hätte es sein können, dass sie ein anderes Kind nehmen, das gleich gut oder auch nicht ganz so gut war, dessen Eltern jedenfalls nicht Akademiker waren und das den Aufstieg schaffen sollte.

Ich durfte daher überhaupt keine Zweifel an mir aufkommen lassen. Sie sollten überhaupt kein Argument haben, mich abzulehnen. Ich wusste sehr früh, dass ich immer die besten Noten haben musste. Das war der Grund, warum ich so gelernt habe. Es war nicht nötig, dass meine Eltern mich motivierten. Ich wollte einfach unbedingt Ärztin werden. Ich bin mit dem Krankenhausalltag groß geworden und habe meine Eltern sehr glücklich in ihrem Beruf erlebt. Wenn ein Kind seine beiden Eltern so eins mit ihren Berufen erlebt, ist das eigentlich etwas Tolles. Dann möchte man als Kind den Beruf der Eltern haben.

Es gab und gibt natürlich auch starke Abgrenzungsbedürfnisse gegenüber meinen Eltern. Von vielen Dingen habe ich ganz andere Vorstellungen als sie. So gab es in meiner Jugend auch eine Phase der Rebellion, aber sie war nie extrem. Im Grunde verstehen meine Eltern und ich einander und schätzen, was der andere will und was ihn treibt. Ich empfinde tiefen Respekt für das, was meine Eltern geleistet haben und leisten. Und wofür sie einstanden, wie sie waren, wie sie ihren Beruf ausgeübt haben, mit wie viel Liebe und Aufopferung sie das taten: Das hat mich immer fasziniert.

Selbstverständlich haben wir in bestimmten Dingen gegensätzliche Auffassungen und Meinungen. Und so erwarte ich hinsichtlich ihrer ökologischen Einstellung und Ansprüche keine 180-Grad-Drehung meiner Eltern. Aus ihnen werden sicher auch keine Althippies mehr.

Mein Vater wurde nach Beendigung seiner Laufbahn als Chefarzt einer orthopädischen Abteilung Geschäftsführer zweier Privatkliniken. Er ging Ende 2010 in Ruhestand. Er fährt einen Mercedes. Natürlich. Das konnte ich ihm bisher auch nicht ausreden. Aber er hat sich immerhin schon einen sparsameren Diesel gekauft! Ich bin begeistert und sage ihm das. Man muss auch mit kleinen Fortschritten leben können. Früher habe ich ihm oft vorgeschlagen, er könnte doch auch mit der Bahn fahren. Das fand er keine so gute Idee. Die Bahn sei ja nie pünktlich, dann fielen durch Streiks Züge aus, man wäre total abhängig. Leider geben ihm die jüngsten Vorkommnisse recht. Ja, es ist nicht so leicht, sich auf andere Formen der Mobilität umzustellen. Man muss umdenken, sich komplett anders aufstellen. Während sie ihr Haus bauten, habe ich sie ab und zu auf solche Dinge wie Fotovoltaikanlage auf dem Dach oder ökologische Wandfarben hingewiesen. Aber: Na ja. Ich freue mich ja schon darüber, dass sie Energiesparbirnen einsetzen und mir stolz davon erzählen. Und sie haben eine Regenwasseranlage, die 5000 Liter fasst. Mit dem gewonnenen Regenwasser wird der Garten gesprengt. Ist doch schon was!

Meine Eltern haben den Übergang von der DDR zur Bundesrepublik gut geschafft. Es war eine sehr komplexe Leistung, sich auf ein anderes, vollkommen fremdes System umzustellen und zu überleben. Damit haben sie für meine Begriffe genügend in ihrem Leben geleistet. Die Herausforderungen der Zeit jetzt, der Klimawandel und alle daraus folgenden Konsequenzen, sind nicht mehr ihre Herausforderungen. Es sind die unseren. Wir müssen diese Herausforderungen annehmen und Lösungen schaffen.

In der DDR hatten wir eine Altstoffsammlung, da wurde prinzipiell alles gesammelt: Papier, Flaschen, Gläser, Altmetall, Kronkorken, alles. Als Kind konnte man ein bisschen Geld verdienen, wenn man zum Beispiel Papier hintrug. In der Schule gab es immer einen sogenannten Altstofftag. Da haben wir Schüler in den Häusern, an den Wohnungstüren geklingelt, Wertstoffe eingesammelt, zur Schule gebracht. Von dort wurde es dann abgeholt und zur Altstoffsammelstelle gebracht. Es gab auch eine Biotonne, in die man die Küchenreste reingetan hat. Das gehörte zum Müllsystem. Wir nannten sie die Schweinetonne. Es gab längst nicht so viele Plastikbehälter und kaum Verpackung. Aber über die Verschmutzung – z. B. durch Braunkohlekraftwerke und Chemieabfälle – muss man sich keine Illusionen machen: Als umweltpolitisches Vorbild taugt die DDR überhaupt nicht. Im Gegenteil. Wie anderswo auch, hat man

Raubbau betreiben und das nicht weiter thematisiert. Abgesehen von der Altstoffverwertung war das Thema Ökologie in der DDR so gut wie nicht präsent.

Zur Zeit der Maueröffnung lebte ich ja noch bei meinen Eltern in Wilhelmsruh. Im angrenzenden Westbezirk Reinickendorf entdeckte ich meinen ersten Bioladen. So habe ich angefangen, Biowaren zu kaufen und mich mit Fragen zur Umwelt auseinanderzusetzen. In den ersten Monaten nach der Maueröffnung brachte ich meinen Eltern einen ökologischen Haushaltsratgeber mit. Die Erfolge waren: überschaubar.

Was mich in diesen Bioladen trieb, weiß ich nicht mehr. Ich hatte damals den Traum, wenn ich mal Ärztin bin, zu Greenpeace zu gehen, auf eines ihrer Schiffe, um die Aktivisten dort medizinisch zu betreuen oder um selbst aktiv zu werden. Als ersten Schritt hatte ich das Greenpeace-Magazin abonniert. Und wieder abbestellt, als ich dann als Studentin kein Geld mehr hatte. Das war offenbar die jugendliche Phase der Auseinandersetzung mit der Welt, in der andere zu Amnesty International gehen. Mehr ist dann aus der jugendlichen Träumerei nicht geworden.

Vom »Frosch«-Reiniger konnte ich meine Mutter überzeugen. Beim Waschmittel war dann aber schon Schluss. Sie nimmt heute noch konventionelle Reinigungsmittel vom Feinsten, da krieg ich manchmal echt eine Krise. Ihren Putzmittelvorrat nenne ich nur: Die Drogerie da unten im Keller. Nun gut.

In dem Bioladen habe ich bis zum Anfang meines Studiums Ökopapier, Obst, Aufstriche, Joghurt und Brot gekauft. Irgendwann war der Ökogedanke plötzlich wieder komplett weg, abgesehen vom »Frosch«-Reiniger, der immer bei mir in der Wohnung stand. Als Studentin hab ich gnadenlos im Discounter eingekauft und mich von Tütensuppen und McDonald's-Schokomilch-Shake ernährt. Der Bioladen war jetzt eine Apotheke für mich.

Vom Model zur Schauspielerin

Ich wollte nie Schauspielerin werden. Ich wollte eigentlich immer nur Model werden. Im Osten war das nicht möglich. Es gab seit 1952 das »Modeinstitut Berlin«. Das war alles. Man kam da nicht wirklich ran. Mit dem Begriff »Model« verband man zu der Zeit noch etwas anderes als heute mit diesem – aus meiner Sicht – extremen Ausverkauf. Wenn ich Ende der 80er an Models dachte, dachte ich an Linda Evangelista und Cindy Crawford. An Persönlichkeiten. Also eigentlich an die, die man heute immer noch kennt. Schiffer, Campbell, Turlington, Christensen vielleicht. Es gibt ja keine Supermodels mehr, bei deren Erscheinen die Leute auf der Straße zusammenlaufen.

Das Modeln war mein Traum von der großen, weiten Welt. Etwas, das mich raus aus der schulischen Enge bringen sollte. Und aus den Gegebenheiten, in denen ich mich in meinem sozialen Umfeld befand. Ich hatte damals das Gefühl, ich passe nicht so richtig zu meiner Generation. Ich hörte keine Popmusik, ich rauchte nicht, ich ging nicht gern in die Disco. Und ich hatte noch keinen Freund. Das war alles ganz schön schrecklich mit 14, 15 und 16. Ich dachte, wenn ich Model wäre, dann würde sich das alles mit einem Schlag lösen.

Ich fügte mich einfach nicht so richtig ins Bild der anderen 16-jährigen Mädchen. Meine Haare waren nicht gefärbt, und überhaupt passte ich mit meinem ganzen Background nicht so ganz zu den anderen. Ich habe damals schon gerne gelesen und eher klassische Musik gehört. Ich war jemand, der gelernt und sich dadurch abgehoben hat. Ich hatte sicher auch eine gewisse Arroganz, wahrscheinlich eine Art Schutzmechanismus. Alles in allem war ich eine ziemliche Außenseiterin. Ich hatte natürlich versucht, mich anzupassen, so wie die anderen zu sein. Aber der Versuch war wohl nur halbherzig und so misslang er auch.

Und eines Tages gab ich auf und sagte mir: Gut, dann ist es eben so. Dann bin ich eben anders. Irgendwo werde ich schon passend sein.

Model zu werden, das war mein Fluchtplan aus dem Konformitätszwang, meinem vermeintlichen Versagen und diesem ganzen bleiernen Lebensgefühl. Die Idee wurde immer stärker, und kurz nach dem Fall der Berliner Mauer im Dezember 1989 schrieb ich einen Brief an die Redaktion der Frauenzeitschrift *Brigitte:* Ob sie mir einen Tipp geben könnten, wie man Model wird.

Und die schrieben tatsächlich zurück! Ich solle es über eine Künstleragentur versuchen. Sie gaben mir sogar eine Adresse; den »Künstlerdienst« in Westberlin.

Im Frühjahr 1990 veranstaltete dann die Zeitung *Junge Welt* zusammen mit der *Miss Vogue* – die Jungmädchenzeitschrift der *Vogue* – einen Model-Wettbewerb. Ich hatte die Anzeige gelesen und schon in den Papierkorb geworfen, als mich ein Freund namens Dirk darauf ansprach und zu mir sagte, ich solle mich doch bewerben. So habe ich diese Anzeige aus dem Müll geholt und mich dann tatsächlich dort beworben, obwohl ich eigentlich zu klein bin. Das schrieb ich auf ein Post-it und heftete es auf die Fotos: »Bin zu klein, aber bitte nicht wegschmeißen.«

Drei Tage vor dieser Miss-Vogue-Wahl riefen sie mich an und sagten, es sei jemand ausgefallen und ob ich am Wochenende Zeit hätte. Das heißt: Letztlich habe ich meine ganze Laufbahn als Schauspielerin dem Zufall oder Glück zu verdanken, dass da ein anderes Mädchen ausgefallen war und die mich drei Tage vorher angerufen hatten.

Ich kam dann unter die ersten zehn von, ich glaube, über 4000 Bewerberinnen und wurde in die Münchner Model-Agentur »Luisa-Models« aufgenommen. 1,75 Meter muss man mindestens sein. Ich bin 1,73 Meter. Wenn ich mich hochschummle. Eigentlich bin ich 1,72 Meter. Im Herbst 1990 fing ich an, Castings und Go-Sees als Model zu machen. Ich war 16 Jahre alt und Schülerin: Das war ein großes Stück Freiheit für mich. Andere, neue Städte. Andere, neue Menschen. Auf sich gestellt sein. Etwas ausprobieren. Es ging auch darum, mir zu beweisen: Vielleicht sieht mein Leben doch nicht so trübe aus. Könnte sein, ich finde sogar mal einen Freund. Bisher hatte ich beim Langsamtanzen immer alleine dagestanden. Da kommen einem die seltsamsten Gedanken: Vielleicht werde ich doch besser Nonne?

Oder Model! Modeln hat keine Inhalte, ist vollauf mit der Oberfläche beschäftigt. Du musst dich nur darum kümmern, wie du aussiehst, der Rest ist irrelevant. Aber es ist ein extrem harter Job. Man fängt früh an, hat lange, anstrengende Tage. An deren Ende ist man fertig. Und wenn man nicht ganz oben ist, wird man behandelt wie ein Stück, na ja, Vieh. Du bist fremdbestimmt, du hast kein Mitspracherecht. Du bist eine Kleiderstange.

Manchmal stritt ich während des Modelns mit anderen Models. Alles drehte sich um Konsum und Äußerlichkeiten. Wenn die mir erklärten, dass Hunger in Afrika »natürliche Auslese« sei ... Ich kam frisch aus einer anderen Welt. Das war ein heftiger Aufprall. Ich bin froh, dass ich das miterleben und Erfahrungen machen durfte. Aber ich bin in dieser Welt nicht glücklich gewesen.

Es ist so, dass auch immer wieder Regisseure in Model-Karteien nach neuen Gesichtern suchen. Das hat auch der Autorenfilmer Niklaus Schilling gemacht, als er für *Deutschfieber* jemanden suchte. Das war eine Fortsetzung seines Films *Der Willi-Busch-Report* von 1979. Thilo Brückner spielte die Hauptrolle, einen ehemaligen Zeitungsreporter im Grenzgebiet, der nach dem Mauerfall von einer 15-jährigen Tochter aus dem Osten überrascht wird. Die Rolle der Tochter bekam ich und habe sie dann auch gespielt, obwohl ich vorher nie Schauspielunterricht hatte.

Niklaus Schilling stellte mir eine Regieassistentin an die Seite, die Improvisationsübungen mit mir machte. Sie gab mir dadurch die Kraft und den Mut, aus dem Stegreif heraus, aus dem Bauch zu spielen. Das war 1991, und damit ging das Modeln in die Schauspielerei über. *Deutschfieber* verhandelte noch »Luisa-Models«, den zweiten Film zwischendurch mein Vater, dann fand ich eine Agentur.

Ich habe nach vielen Jahren in Berlin zufällig eine Frau wiedergetroffen, mit der ich damals auf diesem Modelwettbewerb war. Nadja.

Sie meinte zu mir: »Na, Christiane, bist ja doch Schauspielerin geworden. Das wolltest du doch immer.«

»Was?« Das war mir neu.

Nadja sagte: »Doch, doch, du hast bei der Model-Wahl dauernd gesagt, du willst gar nicht Model werden, du willst Schauspielerin werden.«

Ich weiß nicht, ob das stimmt. Daran kann ich mich jedenfalls nicht mehr erinnern.

Was sicher stimmt, ist, dass ich immer gern Gedichte vorgetragen habe. Und wenn es in Ferienlagern was zu inszenieren oder zu spielen gab, war ich immer ganz weit vorn und rief: »Hallo, ich mache mit!« Als Zehnjährige hatte ich mich auch mal bei einem DEFA-Film beworben. Sie nahmen mich nicht. Angeblich war ich mit zehn »schon zu erwachsen«. Es gab also immer Anknüpfungspunkte, aber eine bewusste Entscheidung fiel erst an einem Tag im Jahr 2003.

Da sagte ich: »Okay, ich gebe die Medizin auf und werde Schauspielerin.«

Wie Öko zurückkam

Als ich anfing, Filme zu drehen, kam ich mit ganz anderen Leuten in Kontakt. Ich war nun unter Menschen, die sich anders mit der Welt auseinandersetzten und kritisch ihrem eigenen System gegenüber waren, in dem sie lebten. Der Regisseur meines ersten Filmes, Niklaus Schilling, war verheiratet mit der Produzentin Elke Haltaufderheide. Beide gehörten auf eine Art noch der Rainer-Werner-Fassbinder-Generation an. Er kam Mitte der 60er nach München und entwickelte sich in der neuen Filmszene, zu der Klaus Lemke, Rudolf Thome und May Spils gehörten. Sie spielte in Lemkes *48 Stunden bis Acapulco* und Spils' *Nicht fummeln, Liebling* und Anfang der 80er in Fassbinders *Berlin Alexanderplatz*.

Wenn man mit solchen Menschen zusammen ist, setzt man sich mit Gedanken auseinander, die die eigene Weltsicht erweitern. Das war zumindest bei mir so. Es war einfach die Art, wie diese Leute lebten, dachten, redeten. Es war eine komplett andere Welt als die, die ich bisher durch meine Eltern und während meiner Schulzeit kennengelernt hatte. Diese Filmleute arbeiteten freiberuflich und manchmal in den Tag hinein, es gab keine langfristigen Planungen, keine definitiv stattfindenden Ereignisse. Da trafen verschiedenste Anschauungen aufeinander, da war politisches Bewusstsein, philosophische Auseinandersetzungen. Elke Haltaufderheide war Vegetarierin und auch Anthroposophin. Sie hat mich mit vielem in Kontakt gebracht, wovon ich bis dahin noch nichts gehört hatte. Ich begann, mich wieder und viel intensiver auch mit ökologischen Fragen zu beschäftigen. Zu der Zeit habe ich Upton Sinclairs Klassiker *The Jungle* gelesen, *Der Dschungel*, ein Roman über einen polnischen Einwanderer, der in den wahrhaft schauerlichen Schlachthöfen von Chicago arbeitet. Damit begann meine erste vegetarische Phase. Das war im letzten Abiturjahr, aber ich habe es nicht besonders gut verkraftet. Ich bekam Mangelerscheinungen und gab es wieder auf.

Während des Studiums und der parallel dazu stattfindenden Dreharbeiten hatte ich den Ökogedanken ein bisschen aus meinem Leben verbannt. Ich war einfach zu viel mit anderen Sachen beschäftigt, ich war ausgelastet.

Erst 2005 kam Öko in mein Leben zurück. Meine Tochter war drei Jahre alt, meine Tätigkeit als Ärztin lag hinter mir, mein Leben hatte sich stabilisiert. Ich drehte den Film *Reine Formsache,* und meine Maskenbildnerin hatte immer ihr eigenes Essen für zwischendurch im Mobil. An einem Tag kam sie mit Honigwaffeln, die extrem lecker waren.

Ich fragte: »Was ist das?«

Sie meinte: »Das ist Bio.«

Ich hatte den Geschmack und alles drumherum komplett vergessen. Nun war es zurück, auch wenn es dabei nur um süße Waffeln ging. Aber damit war ich wieder im Spiel. All meine Bemühungen, Gedanken, Ansichten und Vorstellungen waren wieder präsent. Die galt es endlich umzusetzen.

4

Essen: »Ooooh, Kinderwurst!«

Wenn ich an meine Kindheit zurückdenke, verbinde ich drei Dinge mit dem Thema »Fleisch essen«. Eine Wiener, Königsberger Klopse und ein Schwein in Ungarn.

Als kleines Mädchen ging ich oft an der Hand meiner Mutter in Wilhelmsruh zum Fleischer. Wenn wir bezahlt hatten, beugte sich die Verkäuferin über die Theke zu mir runter und drückte mir eine Wiener in die Hand. Ich wartete schon immer darauf. Und ich freute mich darauf. Dieses Bild, die Erinnerung und die Wurst sind ein elementarer Teil meiner Kindheit. Und damit ein Teil von mir. Ich kann sie fast noch riechen.

Ich weiß nicht, ob man sagen kann: Ich bin groß geworden mit einer Wiener in der Hand. Aber man kann sagen: Ich bin groß geworden mit unhinterfragtem und selbstverständlichem Fleischkonsum. Fleisch und Wurst gehörten einfach zu meiner Kindheit und standen im Zentrum unserer Familien-Esskultur. Und so habe ich das dann auch gehalten, als ich selbst Kinder hatte. Erst als ich mich damit beschäftigt habe, ob wir nicht doch weniger Fleisch essen könnten, fand ich heraus, wie sehr nur Gerichte mit Braten, mit Steak oder Schnitzel in unserer Gesellschaft als »richtige« Mahlzeit gelten. Das ist fast so heilig wie das Auto.

Wenn ich in den Ferien zu meiner Großmutter fuhr, war das Willkommensritual immer das Vorstellen des Speiseplans für die folgende Woche. Sie machte Rouladen für mich, Rinderbrühe und mein absolutes Lieblingsgericht: Königsberger Klopse aus Hackfleisch, halb Schwein, halb Rind. Klassisch werden sie mit Sardellen zubereitet. Meine Großmutter kochte aber nach einem Rezept ihrer Mutter: Zitronenklopse, ohne Sardellen, dafür mit Zitrone abgeschmeckt. Die gab es immer, wenn ich bei ihr in den Ferien war. Ich habe sie geliebt. Seit einigen Jahren hat meine Mutter das Rezept übernommen und kocht es nun für ihre Enkel. Und auch für mich. Es gehört einfach zu uns. Die Kinder lieben es. Und die Oma liebt es, dass sie es lieben. Königsberger Klopse sind ein Teil unserer Familientradition.

Als ich sechs oder sieben Jahre alt war, machten wir Urlaub am Balaton und hielten auf dem Parkplatz einer kleinen Stadt, deren Markt wir besuchen wollten. Ich war gerade aus dem Auto ausgestiegen, als ich ein fürchterliches Quieken hörte. Ich konnte es erst gar nicht einordnen, bis mein Vater mir sagte, dass das wahrscheinlich ein Schwein auf dem Weg zur Schlachtung sei. Das Quieken dieses Schweines war schrecklich, es ging mir durch Mark und Bein, nie werde ich das vergessen.

Ich habe vor langer Zeit aufgehört, Schweinefleisch zu essen. Ich mag den Geschmack einfach nicht. Ich bin mir nicht sicher, ob meine Abneigung gegen dieses Fleisch mit diesem Erlebnis zu tun hat, möglich ist es.

Tiere, die man essen will, muss man töten. Das ist unabänderlich. Dessen bin ich mir vollkommen bewusst. Nur geschieht dieser Vorgang in der industriellen Massentierhaltung weit weg von uns. Wir erleben nicht, was das für das Tier bedeutet. Auf dem Parkplatz in Ungarn habe ich davon eine Ahnung bekommen.

Seit ich mich intensiv mit dem Thema Fleischkonsum auseinandergesetzt habe, verstehe ich, dass das Essen von Fleisch und Wurst eng mit den Themen Familie und Tradition verbunden ist. Mir wurde klar, wie sehr unsere Art zu essen von unserer Herkunft geprägt wird; von den Traditionen eines Landes, eines Landstrichs und vor allem auch von familiären Esstraditionen.

Bei uns heißt die Gelbwurst »Kinderwurst« und die Zwiebelmettwurst »Opas Lieblingswurst«. Das sind dermaßen eingeführte Begriffe, dass ich im Laden manchmal kurz davor bin zu sagen: »Und dann bitte noch 200 Gramm Opas Lieblingswurst.« Auch mit den Klopsen wird etwas von der Großeltern- an die Enkelgeneration weitergegeben. Wenn ich jetzt plötzlich festlegen würde, dass in diesem Haushalt nie wieder Fleischklopse verzehrt werden dürften, würde das meiner Mutter sehr viel Herzeleid bescheren. Und meinen Kindern auch.

Die Klopse bleiben also. Erstens, weil es schmerzhaft wäre, mit dieser Familientradition radikal zu brechen. Und zweitens, weil ich meine Kinder nicht ausschließlich vegetarisch ernähren will. Außerdem habe ich mich entschieden, mit meinen Eltern nicht mehr über Essen zu diskutieren, wohl aber mit meinen Kindern. Die ältere Generation ist verständlicherweise sehr geprägt von ihren Essgewohnheiten. Da fällt Veränderung sehr schwer. Kinder sind noch längst nicht so geprägt und Gewohnheiten verhaftet. Sie sind das Zukunftsprojekt.

Der New Yorker Schriftsteller Jonathan Safran Foer, mit dem ich über das Thema »Tiere essen« gesprochen habe, hat allerdings eine Sache entscheidend anders gemacht: Er hat seine Kinder von Anfang an vegetarisch ernährt. Ich habe das nicht gemacht. Und ich würde es auch künftig nicht tun. Ich versuche stattdessen, meine Kinder zu Flexitariern zu erziehen. Flexitarier sind Menschen, die nur gelegentlich Fleisch essen. Der Begriff beinhaltet aber auch die Fähigkeit, flexibel auf veränderte Bedingungen reagieren zu können und nicht auf eine bestimmte Art von Ernährung für immer zu bestehen.

Um zu sehen, ob und wie das funktioniert, versuchte ich eine vegetarische Woche. Die begann mit Schlittschuhlaufen an einem Sonntagnachmittag und dem damit verbundenen traditionellen Essen: Currywurst mit Pommes rot-weiß. Danach habe ich ihnen gesagt, dass wir ab morgen versuchsweise eine

Woche ohne Fleisch einlegen. Meine Tochter schaute ziemlich unglücklich und sagte: »O je, warum das denn jetzt?«

Ich erzählte ihnen dann, so gut es ging, von Umweltzerstörung und Klimaveränderung. Meine Tochter fügte sich, meinte aber noch: »Okay, aber dann esse ich vorher den Schinken auf, den wir noch im Kühlschrank haben.« Als wir wieder zu Hause waren, hat sie ihn dann tatsächlich schnell aufgegessen.

Der Elefant im Wohnzimmer

Fleisch gilt im Zusammenhang mit dem Klimawandel als der Elefant im Wohnzimmer, den keiner sehen will. Ein Grund: Die Diskussion darüber ist schwierig, weil wir uns bisher hinter kulturellen und emotionalen Blockaden verschanzen. Industrielle Tierzucht und Fleischproduktion haben einen hohen Anteil an der Erderwärmung; die Ernährungs- und Landwirtschaftsorganisation der Vereinten Nationen (FAO) kommt auf 18 Prozent, andere kommen auf eine deutlich höhere Zahl. Die Reduzierung des Fleischverzehrs ist eine Schlüsselfrage, aber die Nachfrage nach Fleisch steigt dennoch. Einer Schätzung der FAO zufolge wird sich die Fleischproduktion bis 2050 von 265 auf 465 Millionen Tonnen fast verdoppeln. Weltweit hat sie sich in den letzten 60 Jahren vervierfacht. In Asien hat sie sich in den letzten 15 Jahren verdoppelt. Ein erwachsener Deutscher isst im Durchschnitt 1,6 Kilogramm Fleisch die Woche. Dreimal so viel, wie es für uns gesund wäre. Dieser wöchentliche Fleischkonsum verursacht einen jährlichen Ausstoß von 1,8 Tonnen Kohlendioxid. Ein Wenig-Fleischesser verursacht nur die Hälfte, ein fleischfrei lebender Mensch 0,6 Tonnen.

Landwirtschaft besteht klassischerweise aus Ackerbau und Viehzucht, also aus der Produktion pflanzlicher und tierischer

Erzeugnisse. Die Produktion von Fleisch ist sehr energieintensiv. Der größte »Energiefresser« in der Landwirtschaft ist die Tierhaltung. Sie braucht sehr viel Getreide, sehr viel Wasser, gerade auch für die Futterproduktion: 15 000 Liter pro Kilo Rindfleisch! Für den steigenden Bedarf an Weideland und Getreidefeldern werden am Amazonas, aber auch in Südostasien und Afrika riesige Flächen Regenwald gerodet. Deren Umwandlung in landwirtschaftliche Nutzflächen ist ein großes Problem. Die Wälder fehlen als Kohlendioxidspeicher und Lebensraum. Und die sogenannte Brandrodung verursacht zusätzliches CO_2.

Das Kohlendioxid und der immense Wasserverbrauch sind aber noch nicht alles. Außerdem produzieren die weidenden Rinder (und Schafe) beim Verdauen noch das klimaschädliche Gas Methan. Und durch die Düngung der Getreideanbauflächen entsteht Lachgas (N_2O), 298-mal so klimaschädlich wie CO_2. Werden all diese Gase in Kohlendioxid umgerechnet, dann hat die Viehzucht präzise gesagt einen Anteil von 18 Prozent CO_2-Äquivalenten. Im Einzelnen sind das neun Prozent vom insgesamt emittierten Kohlendioxid, 37 Prozent vom gesamten Methanausstoß und 65 Prozent aller Stickoxide, zu denen Lachgas gehört.

Nun leben auf der einen Seite allerdings auch eine Milliarde Menschen direkt und indirekt von der Tierzucht. Auf der anderen Seite aber hungert über eine Milliarde und haben 40 Prozent der Menschen keinen Zugang zu sauberem Wasser. Die FAO drängt darauf, die Viehzucht, das Essen von Tieren und damit die Treibhausemissionen zu beschränken, um die Umwelt nicht noch weiter zu schädigen – und um mehr Menschen ernähren zu können. Derzeit werden jährlich etwa 1,6 Milliarden Tonnen Getreide geerntet. Die Hälfte fressen die Schlachttiere.

Deren Fleisch liegt eines Tages beim Metzger in der Kühltheke. Für ein Kilo Fleisch braucht man aber zwei Kilo Getreide oder Sojafrüchte. Je mehr Fleisch wir essen, desto mehr Tiere brauchen wir, desto mehr Getreide brauchen wir und desto mehr gedüngte Getreideanbauflächen für Tierfutter – wodurch der globale CO_2-Ausstoß explodiert.

Und: Je mehr Fleisch produziert wird, desto weniger Menschen können ernährt werden. Global betrachtet kann man nur zu dem Schluss kommen: Die reichen Fleischesser nehmen den armen Getreideverzehrern ihr Essen weg und verfüttern es an ihre Schweine und Rinder. So essen sie zwei Mahlzeiten in einer Fleischmahlzeit: Ihre und die eines anderen, dessen Essen an das Schlachttier ging. Wobei die »Aufzucht« der Schlachttiere häufig nur ein beschönigendes Wort für Tierquälerei ist.

Laut Weltagrarbericht aß ein Deutscher 1980 etwa 30 Kilo Fleisch und Wurst pro Jahr. Inzwischen sind es 83 Kilo (Stand: 2009). Dabei haben BSE, Dioxin und andere Skandale sowie die teilgesellschaftliche Abwendung vom Fleisch die Entwicklung sogar noch gebremst. Hinter den Lebensmittelskandalen stehen unterschiedliche Motive, aber auch ein immer wiederkehrendes Motiv: der Druck, billig, sehr billig, möglichst billig zu produzieren.

Massenkonsum und Billigproduktion von Fleisch bringen also vier Probleme mit sich: Umwelt-, Hunger-, Gesundheits- und ethische Probleme.

Ein Nutella-Brot aus Verzweiflung

Als die vegetarische Woche mehr oder weniger glücklich vorüber war, ging ich in den Bioladen und kaufte für meinen Sohn Kinderwurst und für meine Tochter Salami und Leberwurst. Als die dann auf den Tisch kam, rief meine Tochter: »Endlich gibt's wieder Wurst. Wie schön.« So enthusiastisch war sie die ganze Woche nicht gewesen.

Und Maxi rief: »Oooh, Kinderwurst.«

Eine Woche ist selbstverständlich nichts, das ist mir klar. Aber meine Kinder und auch ich waren tatsächlich nach der kurzen Zeit ganz schön gebeutelt. Sicher lag es auch daran, dass mir irgendwann die Fantasie für den Brotbelag ausging. Es gab Frischkäse, Schnittkäse, Sahnekäse, Schmelzkäse, obwohl die CO_2-Werte für Käse pro Kilogramm ungefähr denen von Fleisch pro Kilogramm entsprechen! Dann wurden pflanzliche Bioaufstriche versucht, die damit werben, sie seien »wie Wurst«. Einer schmeckt wie Teewurst, ein anderer wie Leberwurst. Ich selbst mochte die Aufstriche. Die falsche Leberwurst fand sogar mein Vater »ganz okay«.

Meine Tochter hat die Wie-Teewurst tapfer probiert und am nächsten Tag die Wie-Leberwurst. Aber es schmeckte ihr ganz und gar nicht. Das führte dann dazu, dass ich ihr am Ende ein Nutella-Brot in die Schule mitgab. An diesem Morgen waren wir beide verzweifelt.

Wir haben aber auch Entdeckungen gemacht. Und zwar für das Abendessen. Biodinkelbratlinge und Energietaler aus dem Kühlregal vom Biosupermarkt. Die Energietaler sehen aus wie kleine Buletten, sind aber aus Gemüse. Beides wurde akzeptiert und ist seither fest in den Speiseplan mit aufgenommen. Außerdem habe ich mithilfe eines vegetarischen Kochbuchs nach etlichen Versuchen Tofu wirklich für mich entdecken können und bereite ihn mir jetzt oft zu. Ansonsten gibt es Pasta in allen Variationen. Das esse ich auch selbst am liebsten. Mit Pesto oder Tomatensoße, mit Sahnesoße, mit Gemüse. Dann Eierkuchen. Aufläufe, Pizza vegetarisch, ohne Wurst oder Schinken.

Meine Erfahrung ist allerdings, dass man Zeit und Muße und Energie braucht, um seine Gewohnheiten zu ändern und wegzukommen von dem, was man kennt und was funktioniert. Man braucht Zeit, um etwas Neues auszuprobieren, um anders einzukaufen und zu kochen. Oft ist dafür in einem hektischen

Berufsalltag wenig Raum. Klar geworden ist mir auch, dass man doch sehr viel über Ernährung, Lebensmittel und deren Zubereitung wissen muss. Sich dieses Wissen anzueignen ist wiederum abhängig vom Bildungsstand jedes Einzelnen und davon, wo er herkommt, weil Familien ihre Lebensweisen und Esstraditionen an ihre Kinder weitergeben. In einer Gesellschaft, in der die Kluft zwischen den einzelnen Schichten immer größer wird, ist Ernährungskompetenz nicht selbstverständlich.

Ich sehe es nun nicht als Scheitern, wenn meine Kinder Fleisch essen möchten.

Ich bin selbst so groß geworden und habe meinen Fleischkonsum inzwischen drastisch reduziert. Es ist ein langsamer Prozess. Und ich finde es in Ordnung, wenn sie zu Hause einmal die Woche eine warme Fleischmahlzeit essen, plus etwas Wurst. Das genügt und sichert eine optimale Eisen- und Vitamin-B-12-Versorgung.

Man sollte Kinder nach meiner Meinung nicht von jetzt auf gleich umkonditionieren. Aber man kann und sollte ihnen im täglichen Leben das Neue, die kulturelle Veränderung behutsam nahebringen, um dafür in ihrem Leben eine feste Basis zu schaffen.

Die Gretchenfrage am Esstisch

Meine grundsätzliche Einstellung zum Essen von Fleisch ist eindeutig.

Erstens: Ich finde, der Mensch kann Fleisch essen.

Zweitens: Der Mensch muss nicht Fleisch essen.

Drittens: Der Mensch sollte weitaus weniger Fleisch essen, als heute produziert und konsumiert wird.

Der Mensch ist ein Allesfresser. Das heißt, dass er Pflanzen und Tiere isst. Es heißt aber nicht, dass er Fleisch essen muss. Und es heißt nicht, dass er Fleisch braucht. Das legen jedenfalls Untersuchungen nahe. Die grundsätzliche Ernährungssituation in den Industrieländern ist heute einfach besser als im Mittelalter oder in der vorindustriellen Zeit vor 1850. Da ernährten sich die meisten Menschen von Trockenbrot und Mehlsuppe. Allerdings nicht freiwillig, sondern weil die Gesamternährungslage schlecht war und sie sich kein Fleisch leisten konnten. Damals war ein Stück Fleisch im Vergleich selbstverständlich deutlich besser als die übliche, oft über lange Zeiträume gleiche »vegetarische« Kost. Einfach weil es eine andere Nährstoffdichte und damit Qualität hatte als das dünne Breizeugs und die ewigen Rüben. Man hatte also in einer bestimmten Zeit einen Überlebensvorteil durch die höhere Nährstoffdichte im tierischen Nahrungsmittel.

Mag auch sein, dass Fleisch das frühmenschliche Lebewesen erst zum Homo sapiens gemacht hat. Das aus herumliegenden Knochenresten gewonnene Knochenmark und die darin enthaltenen mehrfach ungesättigten Fettsäuren, sagt die Wissenschaft, habe das Gehirn des Menschen um das Doppelte wachsen lassen und ihn damit erst zu dem gemacht hat, der er heute ist.

Heute sind die Bedingungen komplett anders. Ernährungswissenschaftler sagen, dass der Mensch auf Fleisch verzichten kann, wenn er sich sein Protein, also sein Eiweiß, anders holt: über Hülsenfrüchte, also Bohnen, Sojabohnen, Erbsen, Linsen, Nüsse. Man muss nur viel davon essen, um eine dem Fleisch entsprechende Proteindichte zu haben. Protein ist wichtig für den Körper und seine Zellen, hilft bei und gegen Krankheiten. Kinder brauchen sogar etwas mehr Protein als Erwachsene. Und Fleisch besteht zu 20 Prozent aus hochwertigem, für Menschen gut verwertbarem Eiweiß.

Dennoch ist gerade in den letzten beiden Jahren die Vegetarierfrage aus einer Nische ins Bewusstsein einer breiten Öffentlichkeit gerückt: Kann, soll, muss man Vegetarier werden? Jonathan Safran Foers Buch *Tiere essen* löste in Deutschland eine große Debatte aus und hat auch mich tief erschüttert, insbesondere die beschriebene Pervertierung der Tierhaltung durch bestimmte Geflügelfarmen: Da wird die industrielle Massentierhaltung, die uns niedrige Fleischpreise beschert, zur puren Tierquälerei.

Dass aber Tiere getötet werden, um gegessen zu werden, das gehört für mich dazu, ist Teil des immer wiederkehrenden Ablaufs des Lebenszyklus. Und wir sind ein Teil dieses Zyklus und ein Teil der Nahrungskette. Der Löwe tötet. Der Hai tötet. Der Mensch tötet. Meines Erachtens ist es legitim, dass wir auf Kosten anderer Lebewesen leben, das tun viele Lebewesen. Für mich ist das entscheidende und massive Problem der Umgang mit den Tieren in der Massentierhaltung, angefangen bei der genetischen Veränderung der Tiere über die fürchterlichen Lebensbedingungen nach den Vorgaben der industriellen Landwirtschaft bis hin zu der Art, wie sie getötet werden.

Wie der US-amerikanische Lebensmittelphilosoph Michael Pollan sagt: Das Problem ist nicht das Fleisch, das Problem ist die Fleischfabrik. Das Problem ist nicht, dass wir Tiere essen, sondern wie viel wir essen und wie wir mit diesen Tieren umgehen.

Es ist also nichts dagegen einzuwenden, wenn man Fleisch mag und gerne isst. Aber man kann es reduzieren auf einmal pro Woche und entscheiden, wo es herkommt. Fleisch ist keine »normale« Mahlzeit. Man muss es als das betrachten, was es in Wahrheit ist: etwas Besonderes. Das tue ich.

Was wir zu Beginn des 21. Jahrhunderts an Fleisch essen, ist viel zu viel, und es steht in keiner Relation zu der Menge Fleisch, die wir brauchen. Übergewicht, bestimmte Formen von Herz-Kreislauf-Erkrankungen und Diabetes sind klare Hinweise auf Überernährung und stehen im Zusammenhang mit ungesundem, übermäßigen Fleischkonsum. Die US-Amerikaner haben mit 113 Kilogramm den höchsten Fleischkonsum pro Jahr und ein sehr großes Problem mit Fehlernährung. Die Deutschen essen, wie gesagt, 83 Kilo pro Kopf oder Bauch.

Es gab eine Zeit, da habe ich Fleisch wegen des hohen Proteingehalts gern und regelmäßig gegessen. Vor allem bei Dreharbeiten, abends im Hotel. Oft habe ich in dieser Zeit auch viel Sport getrieben und wollte auf diese Art die Proteine zuführen. Wenn ich heute Fleisch esse, dann ein Rindersteak. Geflügel? Das esse ich praktisch auch nicht mehr, nachdem ich Foers Schilderungen von den Zuständen in Geflügelfabriken gelesen habe. Ab und zu komme ich nachts von einer Veranstaltung und habe richtig Lust auf eine Currywurst. Die esse ich dann auch. Es gibt jedenfalls Tage, an denen ich denke: Jetzt brauche ich Fleisch! Mein Körper braucht das jetzt. Auch als Abwechslung zu dem, was ich sonst esse. Dieses Gefühl ist nicht objektivierbar. Es ist Lust. Und dieser Lust gebe ich dann auch nach. Das hat aber nichts mit Aufgeben zu tun, sondern es ist die angesprochene »besondere« Mahlzeit.

Meine Ernährung besteht sonst vor allem aus Kohlehydraten, also aus Nudeln, Brot und Gemüse. Proteine nehme ich jetzt oft in Form von Riegeln aus dem Fitnessstudio zu mir oder esse einfach mal Quark. Ob das immer so bleibt, weiß ich nicht. Aber jetzt, beim Schreiben dieses Buches, würde ich sagen, dass ich im Schnitt eine warme Fleischmahlzeit in drei Wochen esse. Und gelegentlich eine Scheibe Wurst, den übrig gebliebenen Rest der Brote meiner Kinder.

Es geht aus meiner Sicht nicht darum, auf die Currywurst ein für alle Mal verzichten zu können oder zu müssen. Es geht auch nicht darum, das Irrationale im Leben komplett in den Griff zu bekommen. Es geht darum, das Rationale in den Griff zu bekommen. Das heißt: darüber grundsätzlich nachzudenken, verschiedene Dinge nach dem Trial-and-Error-Prinzip auszuprobieren und dann für sich Entscheidungen zu treffen, wo Entscheidungen möglich sind und wo sie quantitativ etwas bringen.

Wenn ich beim Film-Catering oder in der Kantine die Wahl zwischen Fleisch und fleischfreiem Gericht habe, dann nehme ich das fleischfreie Gericht. Das steht stellvertretend für: Wenn ich die Wahl habe, dann treffe ich sie auch bewusst. In vielen Bereichen müssen wir es uns erst noch erarbeiten, eine Wahl zu haben. Wenn aber in der Kantine zwei Menüs angeboten werden: Leichter kann es einem nicht gemacht werden. Wichtig ist der Gedanke: Die radikalsten Lösungen sind nicht immer die besten. Es wird eher eine softere Lösung sein, eine, die für alle lebbar ist und genau dadurch enorme Konsequenzen hat.

Dass wir mit unserem Leben Geschichten für unsere Kinder sind, wie Jonathan Safran Foer sagt, ist ein schönes Bild. Es bedeutet aber eigentlich nur, dass man seinen Kindern etwas vorlebt. Es geht in der Frage, wie wir uns ernähren, nicht nur um unsere eigene Gesundheit. Es geht um unsere Verantwortung gegenüber anderen Lebewesen und dem Planeten. Das ist hart. Aber es ist so.

Ärztin und Bio

Manche Leute denken vielleicht, weil ich Ärztin bin oder war, würde ich Bioernährung wegen des gesundheitlichen Aspekts bevorzugen. Das ist nicht so. Ich lebe nicht nach einer Ich-muss-mich-gesund-ernähren-Formel. Ich rauche gern mal eine Zigarette und ich trinke auch gern mal ein Glas Wein. Abgesehen davon ernähre ich mich relativ gesund. Und ich mache Sport. Sicher ist es ganz hilfreich, dass ich selten Appetit auf Junkfood habe. Ich werde davon einfach nicht satt und vor allem nicht leistungsfähig. So sind und bleiben meine Vorlieben Nudeln und Brot.

Man kann nicht sagen, dass ich beim Einkaufen von Lebensmitteln kreativ bin. Im Gegenteil: Ich kaufe immer dasselbe ein. Das sind Lebensmittel, von denen ich weiß, dass sie mir oder uns schmecken. Und es sind zum Großteil Biolebensmittel.

Da der Gesundheitsaspekt für mich nicht im Vordergrund steht, interessieren mich auch die periodisch erscheinenden Zeitungsartikel nicht, in denen steht, dass Bio ja gar nicht gesünder sei als »konventionelle« Lebensmittel und reines Bioessen keinen höheren Nährstoffanteil hätte als konventionelles Essen.

Bio ist trotzdem besser. Es ist besser für die Umwelt und besser für die Tiere. Und besser für Menschen, weil es weniger Pestizide enthält. Meine Erfahrung ist: Wenn man Bio isst, denkt man anders oder mehr über Ernährung nach. Man kauft und isst bewusster. Bei mir kommt auch eindeutig der subjektive Genussfaktor dazu. Bio sieht für mich besser aus und schmeckt mir besser. Ich kann mittlerweile nur noch schwer auf konventionelle Lebensmittel umschalten. Das ist bei Milch so, bei Käse, bei Obst und ganz besonders bei Fleisch. Wenn Fleisch, dann nur noch Biofleisch.

Manchmal schaue ich in meine Tasche und denke: Viel ist das ja nicht für 30 Euro. Aber ich habe mich grundsätzlich entschlossen, mehr Geld für Lebensmittel auszugeben, weil ich es wichtig finde und weil es mir das wert ist – mehr Qualität für weniger Quantität. Ich versuche, das Geld woanders wieder einzusparen.

Ich bin mir bewusst, dass das eine sehr privilegierte Position ist, in der ich mich befinde, und dass es Familien und Haushalte gibt, die diese Entscheidung, bio oder konventionell, nicht haben. Vielen bleibt oft nur der Weg zum Discounter. Doch selbst da kann ich wählen und auf die Produkte zurückgreifen, die am wenigsten aufbereitet oder vorgefertigt sind.

Mein erster Besuch in einem Bioladen, damals, kurz nach dem Fall der Mauer, in Reinickendorf, nahe der ehemaligen Grenze zu Wilhelmsruh: Es war ein Erlebnis für mich. Ich hatte das Gefühl, einer anderen Lebensphilosophie zu begegnen. Alles war anders als in einem gewöhnlichen Supermarkt, die Regale waren aus Holz, es gab Produkte, die ich nicht kannte, und es duftete nach frischem Obst. Dort hörte ich das erste Mal etwas über Anthroposophen und Rudolf Steiner, kaufte Briefpapier aus ungebleichter Zellulose und entdeckte Biowaschmittel.

Ich ging unheimlich gern hin und habe mich auch oft mit dem Eigentümerpaar unterhalten, bevor ich mich dann als Studierende ein paar Jahre lang den Tütensuppen aus dem normalen Supermarkt zuwandte.

Ich sagte damals zur Inhaberin: »Ich mach später auch mal so einen Bioladen auf.«

Da sagte sie: »In Zukunft wird man einen Biosupermarkt brauchen und viel mehr Fläche, als sie unser kleiner Laden hier hat.«

Sie hatte damals schon verstanden, dass es die Tante-Emma-Bioläden schwer haben würden, wenn eine Biosupermarkt-Struktur kommt. Das ist inzwischen passiert. Diesen Laden gibt es aber zum Glück immer noch.

Nach der Geburt meines ersten Kindes Mascha bin ich nur selten in den nächstgelegenen Bioladen gegangen. Es war ein kleiner, verhutzelter Laden mit sehr ausgewähltem Sortiment und knappen Öffnungszeiten einschließlich zweistündiger Mittagspause. Das kann ganz charmant sein, aber ich war nach der Geburt schnell wieder in meine damals zwei Berufe zurückgekehrt. Und hatte dann mit diesen Zeiten doch Probleme, den Laden geöffnet vorzufinden. Dort einzukaufen war mit meinem Arbeitsalltag einfach nicht kompatibel. Ich lebte inzwischen im Berliner Stadtteil Schöneberg. Vor einigen Jahren wurde dort dann ein Biosupermarkt eröffnet – mit einem Parkplatz und durchgehenden Öffnungszeiten von 8 bis 20 Uhr. So einen Laden kann ich als Berufstätige nutzen. Und das tat ich dann auch. Seither kaufen wir mehr oder weniger alles im Bioladen.

Es geht mir aber nicht nur allein um Bio. Ich versuche, saisonal und regional einzukaufen. Also Obst und Gemüse dann, wenn es der Jahreszeit entsprechend geerntet werden kann, und zwar möglichst in Deutschland und am besten in der Nähe meines Wohnortes. Ich möchte keine Biogurke aus Spanien oder ein Biosteak aus Argentinien, wenn ich gute Regionalprodukte haben kann.

Ich habe inzwischen auch gelernt, dass ein Billigsteak aus Südamerika unter gewissen Umständen ökologisch besser sein kann als eins von der deutschen Weide. Weil der energetische Aufwand umso größer ist, je besser und artgerechter das Tier gelebt hat. Vereinfacht gesagt: Je länger es lebt, desto mehr Futter braucht es und desto mehr Methan stößt es aus. Methan entsteht bei der Zersetzung organischer Stoffe unter Sauerstoffabschluss, etwa beim Reisanbau oder in Sümpfen und Mülldeponien. Und speziell eben bei Rindern während des Verdauungsvorgangs. Dass das gequälte Tier weniger Methan ausgestoßen hat, macht die Massentierhaltung nicht besser, im Gegenteil.

Selbstverständlich gab es auch den Versuch, frisches Gemüse und Obst und andere Produkte über eine Biokiste aus der Umgebung zu beziehen. So eine Biokiste wird ins Haus geliefert mit regionalen und saisonalen Produkten, direkt vom Bauern aus dem Umland. Eigentlich eine tolle, bequeme Sache. Leider muss ich gestehen, dass der Versuch bei uns trotz mehrerer Anläufe und mehrfacher Modifizierungen immer wieder kläglich gescheitert ist. Zum einen aufgrund meines doch eher unsteten, nicht kontinuierlichen Lebenswandels mit immer wieder neuer Bedarfslage, zum anderen wegen der speziellen Kochkünste, die mir einige Produkte doch abverlangten.

Darauf zu achten, ob auch alles saisonal, regional und CO_2-

arm ist, kann übrigens zwischenzeitlich schon große Verwirrung stiften, sodass man am Ende nicht mehr weiß, was nun eigentlich richtig ist. Da darf man sich nicht kirre machen lassen und muss alle Informationen, die man bekommen kann, in Ruhe gegeneinander abwägen.

Dass allerdings mehr und mehr unnötige Verpackungen auch im Biosortiment Einzug halten, ist für mich unverständlich. Offensichtlich wird da der ursprüngliche Biogedanke wieder verlassen, weil man versucht, eine noch breitere Käuferschicht zu erreichen und deren Bedürfnisse abzudecken.

Diesen Eindruck hinterlässt bei mir auch das staatliche Biosiegel, das die Grünen-Politikerin Renate Künast im Herbst 2001 am Anfang ihrer Zeit als Verbraucherministerin eingeführt hat. Es kennzeichnet Lebensmittel, die den Kriterien der EG-Öko-Verordnung genügen. Ende 2010 gab es über 60000 Produkte mit diesem Biosiegel. Dafür reicht es, wenn 95 Prozent der Inhaltsstoffe aus Ökoanbau kommen. Das EU-Biosiegel sagt, dass Gemüse und Obst ohne Gentechnik, chemische Dünger und Pestizide angebaut werden. Bei deren Verarbeitung sind aber weitaus mehr Zusatzstoffe erlaubt als z. B. bei Demeter. In der Tierhaltung gibt es keine konkreten Richtlinien, und es darf neben biologisch erzeugtem auch konventionelles Tierfutter verwendet werden. Die Tiere bekommen aber wohl etwas mehr Platz und Zeit bei der Aufzucht. Diese Mindeststandards sind, denke ich, etwas zu wenig. EG-Bio ist für mich kein Bio.

Die deutschen Bioanbauverbände wie Demeter, Naturland und Bioland und auch regionale Gemeinschaften haben deutlich strengere Qualitätsrichtlinien, um der Grundphilosophie möglichst nahezukommen. Das heißt: möglichst wenig von außen zuzukaufen, sondern den Bauernhof als Organismus zu verstehen, der auch sein eigenes Biotierfutter und Biosaatgut produziert und weitgehend ohne Zusatzstoffe auskommt. Bei Demeter erfolgt die Tierhaltung und -behandlung nach ganz klaren Kriterien, um des Gesamtorganismus willen. EU-Bio bedeutet, dass möglicherweise nur Teile eines landwirtschaftlichen Betriebs auf Bio umgestellt sind, echtes Bio verlangt, dass der ganze Hof bio ist und bio produziert.

Obwohl Frau Künast mit dem EU-Bio sicher nur erreichen wollte, dass größere Teile der Landwirtschaft, nicht nur deutschland-, sondern auch europaweit, auf Bio umstellen, hat sie damit eher die Marke verwässert und so dem ursprünglichen Biogedanken fast geschadet.

Grundsätzlich wäre es natürlich schön, Bio für viel mehr Menschen zur Verfügung zu stellen und für Milliarden zu produzieren. Ich glaube nur, dass das nicht so einfach realisierbar ist. Damit möchte ich überhaupt nicht sagen, dass Bio nur einem Teil der Bevölkerung zugänglich sein soll. Ganz im Gegenteil. Nur erfordert das ein komplexes, generell anderes Nachdenken über die globalisierte und industrialisierte Nahrungsmittelindustrie und die notwendige Ernährung von sieben Milliarden Menschen. Aber das ist ein weites Feld. Im wahrsten Sinne des Wortes.

Selbstverständlich muss man sich Bio leisten können. Biofleisch ist teuer, verglichen mit Industriefleisch. Generell ist das Einkaufen im Biosupermarkt nach meiner Erfahrung ein Viertel teurer als im Supermarkt. Vom Discounter nicht zu reden. Aber ich erinnere mich, dass es auch Renate Künast war, die mal sagte, dass die Deutschen, verglichen mit ihren Nachbarn, das meiste Geld für die Küche ausgeben – und das wenigste für Lebensmittel. Ich habe das nachgeprüft: Es stimmt. Das heißt: Es ist manchen von uns die Wertschätzung für gute Lebensmittel verloren gegangen, weil wir uns daran gewöhnt haben, etwa für einen Liter Motoröl Unsummen auszugeben, aber für Fleisch praktisch nichts.

Seit einiger Zeit kann man den Eindruck gewinnen, dass gutes Essen Teil der Yuppisierung von vormals politischen Milieus ist.

Das ist sicher zum Teil richtig, mir aber dennoch zu pauschal. In Statements von Ernährungswissenschaftlern wird von einer gespaltenen Gesellschaft gesprochen: die einen politisiert oder lifestylig, mit der Bereitschaft, dem Bildungsniveau und den finanziellen Möglichkeiten ausgestattet, Geld für Lebensmittel auszugeben, die anderen limitiert durch geringes Einkommen und dadurch Supermarkt- und Fast-Food-Kundschaft.

Es gibt Leute, die sagen, man könne sich als Bezieher von Arbeitslosengeld II (»Hartz IV«) nicht gesund ernähren, geschweige denn auf andere Menschen und Tiere Rücksicht nehmen. Andere meinen, das ginge sehr wohl, und versuchen Wege aufzuzeigen, wie es gehen kann. Ich denke, auch hier kann man nicht pauschalisieren.

Ich habe mit einer Ernährungsmedizinerin gesprochen, die sagt, das sei nicht nur eine Frage des Geldes, sondern auch der Bildung und der Kultur. Generell bedeutet Umweltgerechtigkeit aber, dass nicht nur die Natur, sondern auch die Schwachen geschützt und mitgenommen werden.

Es geht darum, jemandem Biomöhren zu ermöglichen, wenn er welche will und knapp bei Kasse ist. Auf keinen Fall geht es darum, jemanden zu zwingen, Biomöhren zu essen. Der wichtigste Aspekt beim Essen ist für mich sowieso nicht nur Bio, sondern dass man frische Lebensmittel selbst kocht.

Der Tod des Karpfens

Ich habe als Kind Karpfen getötet. Mit der Hand. Genauer gesagt: mit dem Fleischklopfer. Den Fisch habe ich mit meinem Vater oder oft auch allein im Fischladen in Wilhelmsruh gekauft. Dort gab es ein kleines Becken, in dem sie schwammen. Ich konnte meist schon an ihrer Größe erkennen, wie viel sie kosten würden, ob nun fünf oder sechs Mark. Vor dem Einwickeln schlug der Fischverkäufer einmal kräftig auf den Kopf des Fisches. Zu Hause zappelte er aber oft noch nach. Und dann schlug ich durch das Zeitungspapier noch mal drauf.

Der Karpfen ist eine weitere Tradition meiner Familie. Sie ist mir von Kind auf vertraut und ich habe sie beibehalten, ohne groß nachzudenken. Und ich kann sie auch guten Gewissens beibehalten: Zuchtkarpfen gelten im Gegensatz zu Wildkarpfen nicht als gefährdete Fischart.

Das gilt nicht für andere Fische, deren Konsum wir uns angewöhnt haben. Nach Erkenntnissen von Meeresforschern ist das Leerfischen der Weltmeere für einige Arten bereits sehr vorangeschritten, was wiederum ganze Ökosysteme bedroht. Während ich immer noch gelegentlich Steak esse, hat der Gedanke, dass die Meere leergefischt sind oder werden, bei mir dazu geführt, dass ich fast überhaupt keinen Fisch mehr esse. Warum ist das so? Das Bild der leergefischten Meere treibt mich offenbar mehr um als der Gedanke an die Kühe, die auf dem abgeholzten Regenwald stehen.

Laut der Umweltstiftung World Wide Fund For Nature (WWF) werden jährlich 90 Millionen Tonnen Meerestiere gefangen und getötet. Es fehlen globale Abkommen und es gibt starke Lobbys – nur die Tiere haben keine. Laut einer WWF-Studie von 2008 isst jeder Deutsche im Schnitt 16 Kilo Fisch im Jahr. Das sind 50 Prozent mehr als in den 70er-Jahren. Thunfisch, Hering und Alaska-Seelachs, aus dem Fischstäbchen gemacht werden, sind die Lieblingsfische der Deutschen. Alle drei sind stark gefährdet. Der Thunfischbestand ist in den letzten Jahren extrem zurückgegangen. Diverse Arten sind vom Aussterben bedroht. Für den WWF ist die Situation in den Weltmeeren dramatisch. Auch für die europäischen Arbeitsplätze. Mache man so weiter, sei die Fischerei in Europa Mitte des Jahrhunderts am Ende.

Was kann man als verantwortungsbewusster Konsument tun? Ein anerkanntes Label ist »MSC«. Es steht für Marine Stewardship Council, eine unabhängige, gemeinnützige Organisation zum Schutz der Meere. Das Siegel kennzeichnet nachhaltigen und umweltfreundlichen Fischfang. Über wwf.de kommt man mit wenigen Klicks zu einem Einkaufsratgeber für Fische und Meeresfrüchte, der zwischen den Kategorien »Gute Wahl«, »Zweite Wahl« und »Lieber nicht« unterscheidet.

»Lieber nicht« gilt für mich auch für Garnelen und Shrimps. Seit ich einen Bericht über Garnelenzucht in tropischen Garnelenfarmen gesehen habe, rühre ich sie nicht mehr an. Allerdings gibt es eine Ausnahme: Wenn ich eingeladen bin, es Garnelen gibt und ich aus bestimmten Gründen nicht ›Nein danke‹ sagen kann oder will.

Ich finde, das gehört sich so.

Andererseits ist es tatsächlich die Frage, ob es nicht zwingend nötig ist, die neuen Werte anzusprechen, um die alten Werte infrage zu stellen. Aber eingeladen zu sein und beim Fischgang – der Gastgeber hat voll Stolz berichtet, bei welchem Händler er den Fisch erworben hat und wie raffiniert-einfach er ihn immer zubereitet, eben so wie heute Abend – bei diesem Fischgang also die Ausrottung des Thunfischs anzuprangern? Schwirig! Wie, wo und wann spricht man produktiv darüber, ohne verbrannte Erde zu hinterlassen?

Den Karpfen gibt es bei uns übrigens immer noch. Allerdings nur zu Weihnachten und an Silvester. Mein Vater bezieht ihn jetzt von einem alten Bekannten, der im Umland einen Karpfenzüchter kennt.

Auch das ist eine Familientradition, die ich respektiere.

5

Die Ernährungsmedizinerin: »Kann man Kinder vegetarisch ernähren, Frau Dr. Gola?«

War es richtig gewesen, meinen Kindern plötzlich eine vegetarische Woche anzuordnen? Nachdem ich darüber nachgedacht hatte, kamen mir mehr und mehr Zweifel, ob man seinen Kindern einfach sagen kann, dass es ab sofort kein Fleisch mehr gibt – auch wenn es sich bei uns nur um einen kurzen Testzeitraum gehandelt hatte. Vor allem hatte ich gemerkt, dass ich mehr Informationen brauchte, um die Veränderung unserer Ernährung gesund und schmackhaft hinzubekommen. Ich beschloss, mich von einer Ernährungsexpertin beraten zu lassen.

Ich bin mit Dr. med. Ute Gola nach Ende ihrer Sprechstunde im Endokrinologikum am Gendarmenmarkt in Berlin-Mitte verabredet. Gola ist Ernährungsmedizinerin, hat in Berlin studiert und später ihr eigenes Institut aufgebaut, das Dr. Gola Institut für Ernährung und Prävention. Sie ist auch Lehrbeauftragte für Ernährungspsychologie an der Universität Hohenheim.

Ich sage der Sprechstundenhilfe, dass ich keine Patientin bin, aber es nützt nichts. Sie schickt mich ins Wartezimmer, um mich dann aufzurufen: »Frau Paul bitte.«

Kurz darauf stelle ich meine Leitfrage: »Soll oder darf man Kinder ohne Fleisch ernähren?«

Ute Gola sieht mich ein paar Sekunden an, als schätze sie

meinen Fall ein und überlege sich eine Therapiestrategie. »Man kann Kinder ohne Fleisch großziehen«, sagt sie dann vorsichtig. »Das setzt aber voraus, dass man sich mit Ernährung richtig auseinandersetzt.«

»Wegen des Proteins?«

»Protein ist kein Thema mehr, wenn Milchprodukte und Eier ausreichend gegessen werden. Aber Fleisch hat eine hohe Dichte an gut verfügbaren Mikronährstoffen. Eisen ist ein echtes Thema, gerade für kleine Kinder. Muttermilch enthält nur wenig Eisen, das aber sehr gut aufgenommen wird. Muttermilch ist ja qualitätsgesichert. Egal, was die Mutter täglich isst, die Milch hat immer eine bedarfsgerechte Zusammensetzung. Genial, wie die Natur ausgerüstet ist.«

»Solange der Säugling Muttermilch bekommt, ist die Eisenversorgung gesichert?«

»Ja. Sind die Speicher von Mutter und Kind zur Geburt schön voll, dann reicht Muttermilch zur Eisenversorgung fürs erste Halbjahr. Deshalb wird danach empfohlen, regelmäßig einen fleischhaltigen Brei zu füttern.«

»Das kann man nicht ersetzen?«

»Aus Fleisch kann der Mensch das Eisen, aber auch Zink und Selen leichter aufnehmen als aus pflanzlichen Quellen. Wie gut der Körper mit pflanzlichen Eisenquellen klarkommt, weiß man meist erst, wenn ein Mangel eingetreten ist.«

Man könne zwar viel kompensieren, aber speziell bei kleinen Kindern sei das sehr kompliziert.

»Für Kinder und Heranwachsende ist eine fleischhaltige Ernährung immer die sichere Ernährung«, sagt Gola.

»Warum?«

»Säugetiere haben das gleiche Aminosäurenprofil wie Menschen, damit sind alle Aminosäuren in einer Portion Fleisch. Und auch die Mikronährstoffe können besser aufgeschlossen und verdaut werden.«

»Wenn ich aber meinem Kind partout kein Fleisch geben will?«
»Dann können Sie auf Milchprodukte, Eier und Fisch zurückgreifen. Sie können für eine gute Eiweißversorgung geschickt kombinieren: pflanzliche Produkte mit einem tierischen Produkt, das kein Fleisch ist. Das gibt vom Aminosäurenprofil eine gute Mischung. Zum Beispiel Kartoffeln und Ei. Oder wie in Indien Milchprodukte und Getreide.«
»Aber ein tierisches Produkt brauche ich?«
»Ich empfehle es unbedingt.«
Golas These ist, dass Kinder zwar nicht gleich krank werden müssen, wenn ihnen mal etwas fehlt, aber dass sie sich in einer bestimmten Phase möglicherweise nicht so optimal entwickeln, wie wenn sie alles hätten.
Wir sprechen über das Ausmaß des Klimawandels, die Abgründe der Massentierhaltung und die Frage, ob es nicht genug dringende Gründe gibt, fleischfrei zu leben. Sie sagt: »Massentierhaltung ist fürs Tier und die Umwelt eine Zumutung. Eine gute Ernährung des Menschen schließt die artgerechte Haltung und Fütterung von Tieren mit ein, deren Fleisch wir später essen. Für mich stellt sich damit nicht die Frage: Fleisch ja oder nein? Sondern: Wie viel Fleisch gönnen wir uns, wenn wir verantwortungsbewusst leben wollen?«
Sie sehe uns durchaus in der Verantwortung des Weltbürgers.
»Aber?«
»Aber wir sind auch Eltern.«
Und?
»Und als Mutter habe ich eine persönliche Verantwortung für meine Kinder, sie sind unmittelbar von mir abhängig. Ich entscheide für sie, bis sie es selbst können. Das ist meine biologische und soziale Pflicht. Natürlich muss ich als Weltbürger auch Verantwortung in der Gesellschaft übernehmen. Aber das ist eine ganz andere Abstraktionsebene.«
»Was heißt das konkret?«

»Die Frage ist: Wird die Welt besser, wenn mein Kind einen Eisenmangel hat oder ihm Vitamin B12 fehlt?«

Das ist selbstverständlich eine rhetorische Frage, sodass ich sie nicht beantworte, sondern einen Schritt weitergehe.

»Heißt das denn, dass man sein Kind zwingen sollte, Fleisch zu essen, selbst wenn es das eigentlich nicht will?«

»Nein«, sagt Gola. »Wenn kleinen Kindern Fleisch nicht schmeckt, sollte man es immer wieder in verschiedenen Varianten anbieten. Wenn aber Schulkinder kein Fleisch essen wollen, sind das meist keine Geschmacksfragen, sondern bewusste Entscheidungen. Meist geht es um das Töten oder die Haltung der Tiere. Kinder, die das nicht wollen, haben ein Recht darauf, dass man sie ernst nimmt; sie müssen kein Fleisch essen.«

»Was macht man, wenn man sich um ihre Gesundheit sorgt?«

»Da sind wir wieder am Anfang unseres Gespräches: Wissen am besten gemeinsam mit dem Kind erwerben und diskutieren, um ein wirklich guter Vegetarier zu werden und nicht einfach nur ein Puddingvegetarier.«

Puddingvegetarier ernähren sich zwar fleischfrei, kümmern sich aber ansonsten nicht weiter um die Ernährung.

»Und Sie müssen natürlich das Kind beobachten: Wächst und gedeiht es, ist es belastbar, ist es infektanfällig? Man kann auch mal Rücksprache mit dem Kinderarzt halten, der das Kind ja kennt. Wenn ein Kind Fleisch ablehnt, kann man das durch Milch, Käse, Eier und Fisch gut ausgleichen.« Als Faustregel gelte: Zu jeder Hauptmahlzeit am Tag wenigstens ein tierisches Produkt: »Also Fisch oder Fleisch oder Ei oder Quark oder Käse.«

Vegane Schwangerschaften und Kinder vegan aufzuziehen hält sie für sehr problematisch.

»Vegan ist nichts für Kinder. Vegan bedeutet den Verzicht auf Eier, Milchprodukte, Käse, Fisch, Fleisch, Honig. Ich würde sogar so weit gehen und sagen, es ist auch nichts für Erwachsene, wenn diese nicht gleichzeitig bereit sind, Nahrungsergänzungen zu nehmen. Je vielfältiger die Nahrung ist, desto sicherer ist die Versorgungssituation für einen Heranwachsenden, ohne dass man sich groß Sorgen machen muss.«

Ich bin etwas verwirrt: Heißt das nun, dass Kinder Fleisch brauchen oder kein Fleisch brauchen?

Es heißt für Ute Gola: Man muss sich weder mit Fleisch noch ohne Fleisch ungesund ernähren. »Die Weltgesundheitsorganisation definiert Gesundheit als Abwesenheit von Krankheit. Wenn wir das als Kriterium nehmen, brauchen wir als Erwachsene kein Fleisch und nach der Kleinkindphase, also als etwas größeres Kind, auch nicht.«

Ernährung müsse den Bedarf decken, den der Körper hat, damit man sich physisch und psychisch leistungsfähig fühlt. Ihre Empfehlung: Auf jeden Fall bis zum Schulalter immer wieder kleine Fleischmengen anbieten. Danach ist es verhandelbar.

»Fleisch ist so etwas wie ein Sicherheitsnetz. Wenn man es isst, wird der Speicher für bestimmte Vitamine wie A oder B12, aber auch für Eisen, Selen und Zink nicht so schnell leer.«

Gola spricht von einer unideologischen und »gesunden Flexibilität« von Kindern.

»Einige bezeichnen sich als Vegetarier, lassen sich aber gern mal Würstchen schmecken und holen sich damit, was sie vermutlich gerade brauchen. Eltern sollten das so stehen lassen.«

Gola trifft in ihrer Arbeit zwangsläufig auf Menschen mit Ernährungsproblemen.

Ihre Erfahrung ist, dass selbst auferlegte Essverbote manchmal auf Essstörungen hinauslaufen. »Viele Störungen drücken sich über verändertes Essen und rigorose Verbote aus. Das gab es früher nicht so häufig.« Sie liebt daher »spontane Esser«, die ihre Lust auf vielfältiges Essen nicht rational unterdrücken. Genau das sei auch der Grund, warum sie den völligen Fleischverzicht nicht für alle Menschen passend findet: Dann nämlich, wenn da zu viel Vernunftgründe im Spiel sind und dies bei manchen Menschen mehr Ängste als Energien freisetzt.

Die richtige Frage sei – und das auch unter ökologischen Gesichtspunkten: Wie viel Fleisch? Aber gesunde Ernährung nur an der Fleischmenge zu messen führe auf den Holzweg. Menschen seien Mischköstler und sollten überwiegend pflanzliche Nahrung wie Gemüse, Obst, Getreide, Hülsenfrüchte und Nüsse essen, kombiniert mit tierischen Produkten. Ihre Empfehlung: für Kinder zwei- bis dreimal Fleisch die Woche und ein- bis zweimal Fisch.

Und Erwachsene?

Sie zitiert *World Cancer Research*: Dort empfiehlt man, 500 Gramm Fleisch pro Woche für Erwachsene, die regelmäßig Fleisch essen, nicht zu überschreiten. Das sind drei kleine oder zwei große Steaks.

Das wären 25 Kilogramm im Jahr. Also weniger als ein Viertel vom gegenwärtigen deutschen Schnitt. Sie erzählt von einer Studie, die zeige, dass inkonsequente Vegetarier die beste Ernährung haben. Interessant: Also praktisch Menschen wie ich? Flexitarier, die ab und zu Fleisch essen? Das hört man selbstverständlich gern.

Für Gola geht es um eine bessere Balance zwischen dem, was der Mensch braucht, und der Menge, die er isst. »Auf die 500 Gramm können wir noch eine Genusszulage drauflegen und kommen trotzdem auf eine substanzielle Reduktion.«

Ich erzähle ihr, dass ich das Gefühl habe, dass mein Körper manchmal einfach ein Steak will. Sie sagt, dass sie das von vielen Frauen höre, die generell wenig Fleisch essen. »Wenn du eine bestimmte Nahrung kennengelernt hast, dann hast du sie abgespeichert, auch von der Mikronährstoffzusammensetzung.« Wenn alle Nahrung zugänglich sei, hole sich der Körper, was er brauche und wenn er es brauche.

Ich erzähle von unserer vegetarischen Woche, und wie meine Tochter Mascha sagte: »Mama, warum machst du das?«

»Das hat sie sehr schön gesagt«, sagt Dr. Gola. »Essen stabilisiert uns. Den Bauch angenehm gefüllt zu haben heißt auch, Energie zu spüren, Wärme zu spüren durch die Thermogenese, also die Wärmebildung bei der Nahrungsaufnahme. Kochen ist Zuwendung über Nahrung, ist auch Kommunikation, Nähe, Liebe, Fürsorgen, Geben, Sinnlichkeit. Der Beginn einer persönlichen Annäherung zwischen Menschen geschieht oft über gemeinsames Essen. Man lädt ein zum Essen oder geht zusammen essen. Füttern heißt immer auch Zuwendung geben.«

»Und wer nicht füttert?«

»Wir haben im Deutschen nicht zufällig das Wort ›abspeisen‹. Wenn eine Beziehung zu Ende geht und derjenige, der sich bisher immer ums Essen gekümmert hat, plötzlich keine Lust mehr hat, für den anderen zu kochen, den anderen zu füttern: Das ist dann Entzug von Liebe und ein klares Zeichen.«

In diesem Moment beginne ich zu ahnen, dass meine Kinder die vegetarische Woche auch als Liebesentzug verstanden haben könnten. Ich frage: »Wie kriegt man eine Veränderung hin und kann jemanden dadurch auch inspirieren?«

Gola sagt: »Es gibt Grundzüge für eine gesunde Ernährung: Vielfalt; Bedarfsdeckung; überwiegend pflanzlich; keine große Nahrungsmittelgruppe ausfallen lassen; was wir an tierischen Produkten bei uns kulturell drinhaben, in Mengenverhältnissen essen, wie sie einem zusagen. Und als Prävention die Zahl von ›World Cancer Research‹, also ein Pfund Fleisch die Woche und 600 Gramm Gemüse und Obst pro Tag. Dazu Fisch für Jod, Vitamin D und Omega-3-Fettsäuren und als zusätzliche Quelle für Vitamin B12. Das ist der grobe Rahmen, wenn man andere mitziehen will.«

»Was passiert innerhalb dieses Rahmens?«

»Da geht es darum, für sich ein gutes Körpergefühl zu entwickeln und genau zu schauen: Habe ich Hunger, habe ich Durst, bin ich traurig, ist mir langweilig, habe ich Stress? Wenn ich entscheiden kann, ob ich wirklich Hunger oder Durst habe, kann ich meine Essbedürfnisse befriedigen und vermeide Rumfuttern ohne Grund.«

»Das klingt nicht allzu schwierig.«

»Sagen Sie. Aber wenn ich mich in ein Leben reinkatapultiert habe, in dem ich nicht mehr spüre, was ich brauche, weil ich nur noch fremdbestimmt bin, nachmittags um vier merke, dass ich morgens um neun eigentlich schon gern aufs Klo gegangen wäre, wenn das Anpassen, das Funktionieren im Mittelpunkt steht, ist es total schwer, zu fühlen, ob man Durst oder Hunger hat oder was man essen möchte.«

»Wie kommt man da wieder hin?«

»Erst mal muss man realisieren, dass der eigene entspannte Zustand etwas ganz Wichtiges ist und für andere etwas Ansteckendes hat. Entspannt und bei sich sein, das ist etwas, was viele wollen, wofür man Kurse besucht und meditiert.«

»Wenn man zwei Kinder hat ...«

»... helfen Kinder, zu erden, schneller zu erkennen, was jetzt wichtig ist und was warten kann. In einer Familie vermittelt das gemeinsame Essen auch Geborgenheit, weil es mit anderen passiert. Das haben wir immer weniger und dafür zunehmend vereinzelte Esser, also immer mehr Menschen, die einsam vor sich hin essen.«

Früher habe sich die ländliche Großfamilie täglich mit Opa und Oma am Tisch getroffen. Man kriege speziell von den Kindern auch ganz viel Emotionales zurück, »dieses Theater am Frühstückstisch, dieses Bekleckern, etwas fällt um, und alle müssen lachen«. Sie redet sich in Begeisterung. Ich muss allerdings zugeben, dass es auch Momente gibt, in denen das Bekleckern und Umfallen von Trinkbechern bei mir nicht zu einem Lachanfall führt.

Ich erwähne den Schriftsteller Jonathan Safran Foer, und

dass er versucht, seine Kinder fleischlos aufwachsen zu lassen. »Nach Ihrer These stellt er damit Klimawandel und Massentierhaltung über das, was seine Kinder brauchen?«

»Das muss jeder selbst entscheiden. Ich gehe davon aus, dass er seine Kinder durchdacht und gesund ernährt, wenn auch ohne Fleisch. Das muss ja keinen Dogmatismus einschließen.«

Das klingt nach einem Aber. »Aber?«

»Die Frage für mich dabei wäre: Habe ich als Erwachsener das Recht, Kinder, die von mir abhängig sind und unter Umständen sogar gern Fleisch essen würden, zu zwingen, auf Fleisch zu verzichten?«

»Sie betrachten es als Egoismus, Kinder vegetarisch aufzuziehen?«

»Nein, so weit würde ich Ihnen nicht folgen. Es gibt Familien, die seit Generationen auf Fleisch verzichten, ihre ganz speziellen Ernährungsgewohnheiten und Rezepte darauf ausgerichtet haben und gesund leben. Wir wissen auch heute noch viel zu wenig über familientypische Ernährungsgewohnheiten und die Stoffwechselmuster dahinter. Früher gab es im ländlichen Raum Familien, die ein spezielles, familientypisches Essen praktizierten, dazu gehörte etwa Milchverzicht. Wenn die das über Generationen machten und alle alt wurden, dann war das kein Opfer, sondern ein gutes Gespür, weil vielleicht in dieser Familie Laktasemangel häufig vorkam und milchhaltige Speisen deshalb Beschwerden verursachten. Fleisch ist historisch in Europa ein hoch geschätztes, meist limitiertes Nahrungsmittel gewesen, das die Sicherheit in der Ernährung erhöht hat. Immer dann, wenn ich so etwas Bewährtes verändere, muss ich fragen: Ist es sinnvoll und habe ich das Recht dazu, das auch von anderen zu verlangen? Wo grenze ich mich in Zeiten des Überflusses und der Massentierhaltung ab?«

Ute Gola erzählt, dass sie seit Neuestem wieder Schweinebraten isst. Eine Familientradition, die sie aufgegeben hatte.

»Warum aßen Sie das nicht mehr und essen es jetzt wieder?«

»Ich komme aus einer Familie, in der Schweine Namen hatten. Als Kind habe ich gern Schweinefleisch gegessen. Dann habe ich über Massentierhaltung gelesen. Irgendwann mochte ich den Geschmack nicht mehr und habe es aufgegeben. Jetzt habe ich einen landwirtschaftlichen Betrieb gefunden, der Schweine so großzieht, wie ich es akzeptieren kann.«

»Das ist dann eine Rückkehr, aber zu einer Kultur der Schweineaufzucht jenseits von Massentierhaltung?«

»Ich habe das Gefühl, es ist in Ordnung, und ich finde plötzlich den Geschmack meiner Kindheit wieder. Es ist ein unheimlich schönes Gefühl.«

Muss man ein Gutverdiener sein, um sich gut ernähren zu können?

Ute Gola sagt: »Man muss Bildung und konkretes Wissen haben. Das eine hängt mit dem anderen oft zusammen. Wenn man Naturprodukte kauft, Gemüse, Kartoffeln, Eier, Milchprodukte, Quark, Brot, dann kann man sich preiswert ernähren. Aber man muss kochen können und man braucht Kocherfahrung, am einfachsten aus der eigenen Familie. Es ist ein großer Vorteil, wenn man Vorfahren hat, die einem gezeigt haben, was regionale und saisonale Produkte sind und wie man damit kocht. Dass man sich zum Frühstück, zu Mittag und zu Abend hinsetzt, dass es schön ist, zusammen zu essen, weil es alle entspannt.«

Dreimal am Tag zusammen hinsetzen? »Wer kann bei zwei Berufstätigen oder als Alleinerziehende dreimal am Tag als Familie am Tisch sitzen? Selbst die Kinder sind ja mittags nicht da.«

»Stimmt. Die Rituale verändern sich, aber es gibt sie noch: Es wird nicht mehr dreimal am Tag gegessen, es wird nicht jedes Mal der Tisch gedeckt, aber wichtig ist, dass Eltern und Kinder zusammensitzen und das Verbindende von gemeinsamem Essen erleben, ohne dass das überfrachtet wird.«

»Was meinen Sie mit Überfrachtung?«

»Soziale Schichten differenzieren sich zunehmend. Es gibt Menschen, die überhaupt nicht mehr kochen. Aber es gibt in einer breiten Mittelschicht auch einen Teil, in dem zu großer Wert auf ›richtiges Essen‹ gelegt und zu viel Ideologie da hineinprojiziert wird.«

Sie kommt während des Gespräches immer wieder auf die Familie als Wert zurück. Das scheint der Kern ihres Ansatzes zu sein.

»Es ist wichtig, dass Kinder zu Hause Rituale kennenlernen, gerade auch beim Essen. Sie brauchen Leitlinien, die aus unserer Erfahrung stammen. In der Pubertät wird dann oft alles wieder infrage gestellt oder abgelehnt. Wenn Kinder dann erwachsen sind, werden viele Dinge dankbar erinnert. Familienrituale stabilisieren das ganze Leben. Wenn man als Erwachsener versucht, sein Essverhalten zu verändern, dann ist das, als ob man als Dreißigjähriger lernen müsste, wie eine Schleife am Schuh gebunden wird. Es ist total mühsam.«

Für mich ist die Frage: Welche Rituale bewahrt man, welche führt man neu ein?

Ich sage: »Es geht ja darum, neue Traditionen zu begründen oder verlorene wiederzufinden. Wenn wir anders essen wollen, also weniger Fleisch, kein Industriefleisch, und das mit den Kindern nicht eingeübt haben, wie macht man das, ohne die Kinder zu quälen?«

»Man kann Kindern erklären: Wir essen alle zu viel Fleisch, dafür ist der Preis zu hoch«, sagt Ute Gola. »Oder ihnen erzählen, warum man Massentierhaltung ablehnt. Aber das ist etwas ganz anderes, als wenn man ihnen sagt: Ihr dürft kein Fleisch mehr essen. Ein Kind muss lernen dürfen: Worauf habe ich Appetit, was möchte ich essen, was schmeckt mir?«

Ich frage: »Wenn ich nun meine Kinder als Fleischesser ›angelernt‹ habe, wie kann man das reduzieren?«

»Essen die Kinder wirklich zu viel Fleisch? Oder nur die Erwachsenen? Ansonsten: Mit Fantasie und Geduld. Kinder sind ja der Prüfstein für unsere Fähigkeit zu motivieren. Letztlich beginnt die Veränderung aber immer bei mir selbst. Ich kann den Kindern kein Beispiel geben, wenn ich selbst nicht bereit bin, meinen Lebensstil zu ändern. Und ich brauche mehr Zeit für Kinder, ich muss sie mit einbeziehen.«

»Was heißt das konkret?«

»Ich sage zu ihnen: ›Hört mal, wir wollen nicht mehr so viel Fleisch essen, was kann man denn da machen?‹ Kinder haben oft gute Ideen und sind motiviert bei diesem Thema. Wenn eine Familie sich entscheidet, eine Weile vegetarisch zu leben, weil die Kinder oder die Eltern das so wollen, dann muss für alle überschaubar sein: Was und warum verändern wir und was bedeutet diese Veränderung für jedes Familienmitglied?«

»Mein Sohn Maxi ist drei. Ist das zu früh?«

»Ja, diese Themen kommen meist erst ab dem Schulalter. Wenn die Kinder kleiner sind, dann entscheiden sie, wie viel sie wovon essen oder manchmal auch nur probieren wollen. Die Eltern müssen entscheiden, was auf den Tisch kommt, aber dabei natürlich auch Vorlieben und Wünsche berücksichtigen. Da geht es gar nicht so um Fleisch, es geht auch darum, wie oft es Gemüse, Pizza oder Pommes gibt.«

»Das sage ich meinem Sohn auch. Der will immer Tellatoast.«

»Tellatoast?«

»Toast mit Nutella. Wir haben miteinander abgemacht, dass es Tellatoast nur am Wochenende gibt.«

Gola nickt. »Kinder sind großartig und immer bereit, eine Lösung im Einklang mit den Erwachsenen zu finden«, sagt sie. »Das ist eine große Verantwortung. Um ihr gerecht zu werden, muss man seine Kinder genau beobachten und sich dafür auch wirklich die Zeit nehmen.«

Ich schlucke. Wir haben anderthalb Stunden länger geredet als vereinbart. Es wird höchste Zeit, dass ich meinen Kindern Wärme, Nähe und Liebe spende. Also zu Hause den Herd anschalte.

6

Der Schriftsteller:
»Soll ich kein Fleisch mehr essen, Jonathan Safran Foer?«

Ich habe das Buch *Tiere essen* von Jonathan Safran Foer nicht durchgehalten. Ich habe geweint. Das hat mich in gewisser Weise überrascht, denn es war schließlich nicht so, dass ich zum ersten Mal etwas von Massentierhaltung und industrieller Fleischproduktion erfahren hätte, von ihrer ethischen Problematik und ihren Auswirkungen auf die Umwelt und den Klimawandel. Ich glaube, das ist heute fast jedem Menschen halbwegs bewusst. Aber Foers Beschreibung von Hühnerfarmen und wie man dort Tiere systematisch quält, war so eindringlich, dass es mich wirklich durchrüttelte. Foer öffnet einem nicht die Augen. Er hält einem die offenen Augen so auf, dass man sie nicht mehr schließen kann. Es gibt einen Begriff in der Medizin: Ektropieren. Dabei zieht man den Patienten mit einem Stäbchen oder Lidhalter die Lider hoch und runter, um sie untersuchen zu können. Man kann das Auge dann nicht schließen, selbst wenn man möchte. So empfinde ich das, was Foer tut: Man kann die Augen nicht mehr zumachen, man kann es nicht mehr verdrängen. Ich habe danach wochenlang kein Ei mehr angerührt.

Ich wollte unbedingt mit Jonathan Safran Foer sprechen.

Jonathan Safran Foer studierte in Princeton und wurde 2002 mit seinem Erstlingsroman *Alles ist erleuchtet* bekannt. In dem Roman ist der Protagonist in der Ukraine unterwegs auf den Spuren seiner jüdischen Großeltern, die den Deutschen und dem Holocaust knapp entkamen. Vom Erstling und dem Nachfolgeroman *Extrem laut und unglaublich nah* wurden weltweit mehr als 1,3 Millionen Exemplare verkauft.

Foer ist verheiratet mit der Schriftstellerin Nicole Krauss – deren jüdische Großeltern ebenfalls vor den Nazis in die USA flohen. Die beiden gehören zu den wichtigsten Autoren der US-amerikanischen Gegenwartsliteratur, leben in New York und haben zwei Kinder.

Foer ist Jahrgang 1977. Die Geburt des ersten Kindes veranlasste ihn, neu über sein Leben nachzudenken, über die Art und Weise, wie wir leben und wie wir uns ernähren. Viele Leute fangen mit dem ersten Kind an, darüber nachzudenken, was sie essen. So kam es, dass er ein Buch, vielmehr eine wissenschaftliche Arbeit über die Grausamkeit der Massentierhaltung, die industrielle Fleischproduktion und ihre Auswirkungen auf Umwelt und Klima schrieb. Mehr noch: Nach der Geburt seines Sohnes entschloss er sich, Vegetarier zu werden. Weil er der Überzeugung ist, dass Eltern Geschichten für ihre Kinder sind und ihnen nicht nur durch Erziehung und Worte, sondern durch ihr eigenes Leben und Handeln erzählen, wer sie sind und wer sie sein wollen.

Foer sagt, er wolle seinen Kindern eine Geschichte ohne Fleisch erzählen. In *Tiere essen* versucht er zu verstehen und zu beschreiben, was Fleischessen über die Ernährung hinaus für Menschen und ihre kulturellen und familiären Zusammenhänge bedeutet. Er beschreibt und hinterfragt die gesellschaftlichen Blockaden, die verhindern, dass wir einfach weniger Fleisch essen. Darum nämlich geht es ihm: um weniger Fleisch. Zwar ist Tiere essen für ihn vor allem auch eine moralische Frage, aber er verlangt das Vegetariertum nicht von anderen. Ich las einen schönen Satz von ihm. Da sagte er: »Ich lebe nicht vegetarisch, ich esse einfach nur so wenig Fleisch wie möglich. Und das ist eben nichts.«

Dem Buch ist es gelungen, eine große, längst notwendige Debatte über die Frage auszulösen, wie wir essen. Weil die Zeit reif war? Weil Foer eben kein Wissenschaftler, sondern Schriftsteller ist? Weil er das Thema mit seinem Leben verknüpft hat? Vermutlich von allem ein bisschen.

Wir treffen uns im Restaurant eines Berliner Hotels. Er war früh aus London angereist und hat nun noch am Abend eine Lesung vor sich. Er trägt einen Anzug, aber keine Krawatte. Mein erster Eindruck ist, dass er sehr zerbrechlich aussieht. Das hat aber sicher mit dem frühen Flug zu tun oder damit, dass ihm auch noch der New-York-Flug vom Vortag in den Knochen steckt. Essen will er nichts. Wir bestellen beide grünen Tee.

Ich frage ihn: »Soll ich kein Fleisch mehr essen, Jonathan?«

Durch die Lektüre seines Buches weiß ich, dass er darauf sehr wahrscheinlich nicht mit »Ja, Sie sollen kein Fleisch mehr essen« antworten wird. Und auch nicht mit »Nein«. Aber ich will ihn zu einer klaren Position bewegen.

Foer blickt ernst. Er wirkt überhaupt sehr ernst und besonnen. Das passt auch ein bisschen zu dem Bild eines Schriftstellers, genauso wie der grüne Tee.

Irgendwann sagt er: »Das kann ich nicht wirklich beantworten.«

Er lebe in New York und damit in einer Stadt, die ihm alle Möglichkeiten biete, was Essen angehe. Seine Grenze sei nur die eigene Vorstellungskraft. Und er könne sich das Auswählen finanziell leisten. Viele Leute dagegen hätten diese Wahl nicht: Sie lebten an Orten, wo es die Auswahl nicht gäbe, oder sie könnten sich nicht leisten, was sie gern kaufen würden.

Okay. Das war noch nicht wirklich eine klare Antwort.

»Aber davon abgesehen«, sagt Foer, »gibt es etwas, worüber sich alle einig sein könnten, und darüber hinaus gibt es zusätzlichen Raum, um eine persönliche Entscheidung zu treffen.«

Ich frage: »Worüber sind wir uns einig?«

»Wir werden uns schnell mit sehr vielen Menschen einig, dass wir Tieren bestimmte Dinge nicht antun wollen. Etwa, dass wir sie das Schlachten und Töten spüren lassen. Oder dass wir sie in Minikäfigen halten, wo sie sich nicht oder kaum bewegen können. Aber dann kommt man irgendwann an einen Punkt, wo keine Einigkeit mehr da ist, sondern es viele unterschiedliche Ansichten gibt. Diese Ansichten haben damit zu tun, wie wir aufgewachsen sind.«

Seine Großmutter pflegte ihm und seinen Brüdern Hühnchen mit Karotten zu kochen. Davon ist er geprägt. In *Tiere essen* schreibt er, es sei das »köstlichste Essen« gewesen, das sie je gegessen hätten. Das hänge aber nicht damit zusammen, wie es schmeckte und wie die Großmutter es zubereitete. »Es war köstlich, weil wir glaubten, dass es köstlich war.« Großmutters Hühnchen mit Karotten gehörte zur Geschichte und zur gelebten Kultur der Familie. Es war Teil von dem, was sie waren oder was sie dachten, dass sie seien. So wie im Hause Paul die Königsberger Klopse meiner Großmutter.

Was Foer damit sagen will: Ist dein Vater Bauer, hast du eine bestimmte Perspektive, ist dein Vater Jäger, hast du eine bestimmte Perspektive, ist deine Mutter Wissenschaftlerin, hast du eine bestimmte Perspektive.

Ihm geht es aber nicht um die Unterschiedlichkeit dieser Perspektiven, sondern darum, die Punkte herauszuarbeiten, über die wir uns einig sind.

»Also: Nein, ich sage nicht, dass Sie aufhören sollten, Fleisch zu essen, Christiane. Ich bin der Meinung: Jeder sollte viel weniger Fleisch essen.«

»Werden wir uns darüber einig?«

Er glaubt, dass sehr viele Menschen sich darauf einigen können.

»Es ist fast seltsam, das ›eine Meinung‹ zu nennen, wenn man sich die Fakten anschaut. Farmer sagen das, Chefköche sagen das, Tierwissenschaftler sagen das.«

Wenn es keine Meinung ist, was ist es dann?

»Es ist, als ob man sagt: Soll ich meinen Müll in die Mülltonne tun oder auf die Straße werfen? Es ist so offensichtlich! Wenn es eine so breite Übereinkunft gibt, dann wird Meinung zu gesundem Menschenverstand. Und genauso sehe ich das mit Fleisch. Das meiste ist gesunder Menschenverstand.«

Zum Beispiel?

»Wir sollten den Tieren keine Antibiotika mehr geben. Weil wir dann selbst keine Antibiotika mehr nehmen können. Die brauchen wir aber, sonst sterben Unmengen von Menschen, die man sonst leicht heilen könnte.«

Ist es ein Gebot des 21. Jahrhunderts, weniger Fleisch zu essen?

»Nein. Das hieße, dass es von oben auf die Erde geschickt wird. Es kommt aber von unten, es kommt aus uns Menschen. Dazu brauchen wir niemanden, der uns das sagt. Es ist in uns. Wir müssen es nur aktivieren.«

Ich bin der Meinung, dass Menschen das Recht haben, Tiere zu töten, um sie zu essen. Und das sage ich ihm auch.

»Vielleicht haben wir das Recht. Für mich ist das eine theoretische und philosophische Frage für eine luxuriöse Welt, die wir nie erreichen werden.«

»Warum ist die Frage des Tötens von Tieren für Sie philosophisch?«

»Man verliert sich leicht im Hypothetischen. Neulich fragte mich einer: Wenn du auf einer einsamen Insel wärst, Jonathan, und da wären nur du und eine Kuh, würdest du sie essen?

Und ich sagte mir: Who cares? Wen interessiert das? Es gibt allerlei extreme Dinge, die ich möglicherweise in extremen Situationen tun würde. Aber das hat nichts damit zu tun, was ich in der Welt tun soll, in der ich tatsächlich lebe.«

»Was ist dann die richtige Frage in der tatsächlichen Welt?«

»Die wirkliche Frage ist: Haben wir das Recht, das zu tun, was wir gerade tun? Also Tiere so aufzuziehen und zu töten, wie wir es tun?«

Das ist für mich keine Frage: Nein, dieses Recht haben wir nicht.

»Dann ist die nächste Frage: Ist es für die Bevölkerung dieses Planeten möglich, Fleisch zu essen, ohne es industrialisiert herzustellen?«

Die Antwort ist klar.

»Man kann nicht sieben Milliarden Menschen mit Fleisch ernähren ohne industrielle Fleischproduktion. Der Witz ist, dass man sieben Milliarden ohne Fleisch sehr viel leichter ernähren kann.«

Nach seinen Recherchen muss man zwischen sechs und 26 Kalorien in ein Tier investieren, um eine Kalorie zurückzubekommen.

»Tierzucht ist extreme Vergeudung, auch was Wasser und Energie angeht. Warum sollten wir so viele Kalorien, Wasser und Energie wegwerfen, um Tiere zu füttern, wenn wir wirklich die Welt ernähren wollten? Es wäre viel einfacher, es anders zu machen.«

Der globale Fleischkonsum ist in den letzten hundert Jahren stark angestiegen, und das führt Foer hauptsächlich auf zwei Ursachen zurück: die ökonomischen Interessen der Fleischindustrie und die Einübung als kulturelle Wohlstandsgewohnheit, zunehmend auch in Gesellschaften, die tendenziell fleischfrei geprägt waren. Was er vorschlägt, ist eine bewusste Auseinandersetzung mit dem Problem und dann eine bewusste Entscheidung. Im besten Fall soll das Ergebnis sein: sofort anfangen, den Fleischverzehr zu reduzieren – als Individuum und, mehr noch, als Gesellschaft.

Seine Begründung: Bei einem durchschnittlichen Fleischkonsum von 113 Kilogramm in den USA und 83 Kilogramm in Deutschland pro Jahr helfen 100 000 neue Vegetarier nicht. Der Schritt mag zwar für den Einzelnen radikal sein, aber für die Massentierhaltung und die Bekämpfung des Klimawandels ist er nicht relevant.

Was dagegen einen großen Unterschied macht: wenn 100 Millionen Fleischesser ab sofort jede Woche nur noch halb so viel Fleisch essen wie bisher.

Foers Lesungen sind voll mit jungen Menschen, die ihm immer wieder sagen, dass sein Buch ihr »Leben verändert« habe. Die Schauspielerin Natalie Portman war 20 Jahre lang Vegetarierin. *Tiere essen*, schrieb sie in der *Huffington Post*, habe aus ihr eine Veganerin und Aktivistin gemacht. Als er am Abend nach unserem Gespräch in Berlin auftritt, müssen sie ihn per Leinwand in einen zusätzlichen Saal übertragen, so brechend voll ist die Veranstaltung. »Der Protest gegen Massentierhaltung ist zum Thema einer Generation geworden, die nach Abgrenzung sucht«, schreibt die *FAZ* über die Veranstaltung. Und zwar sei es nicht nur Abgrenzung gegenüber den profitorientierten Unternehmen, sondern auch Abgrenzung gegenüber den eigenen Eltern, die viele Jahre keine Fragen bei ihren Konsumentscheidungen gestellt hätten und gedankenlos durch den Supermarkt marschiert wären, obwohl die Probleme und die Zusammenhänge offensichtlich waren.

Glaubt Foer an eine neue Generation »guter« Menschen, die nun entschlossen politische und konsumistische Verantwortung übernimmt?

Na ja, sagt er, es gebe zumindest Gründe, Hoffnung zu haben. Er zählt sie auf: 18 Prozent der US-amerikanischen Collegestudenten seien Vegetarier, das seien mehr als Katholiken. Und die Tierschutzorganisation PETA (People for the Ethical Treatment of Animals) sei die Organisation, für die Collegestudenten am liebsten freiwillig arbeiten würden; noch vor dem Roten Kreuz.

Die Studierenden seien also sehr interessiert, aber: »Vielleicht essen sie nach dem Uniabschluss auch wieder jede Menge Fleisch? Ich weiß es nicht.«

Er glaubt nicht, dass die Fleischfrage eine Frage von Gut oder Böse ist.

Keiner verlange ja bewusst das Böse. »Es ist ja fast unmöglich, zuzusehen, wie so ein Tier gemartert wird, und dabei gleichgültig zu bleiben. Es ist auch schwer, richtig explizite Umweltzerstörung zu ignorieren. Das heißt: Man kann es ignorieren, aber alle unsere Instinkte – und das sind Instinkte, die den Menschen gemeinsam sind – sagen uns, dass es schlecht ist.«

Worauf er hinauswill: Vegetarier und Fleischesser sind nicht durch einen ideologischen Graben getrennt. Sie denken und empfinden im Grundsatz ähnlich.

»Ich denke nicht, dass Fleischesser die Umwelt zerstören wollen oder grausam zu Tieren sein wollen. Der Unterschied liegt im Handeln. Er besteht darin, dass Fleischesser nur zu einem bestimmten Grad so handeln, wie sie denken.«

»Warum ist der Schritt vom Denken zum Handeln so schwer?«

»Gebratenes Fleisch riecht gut und schmeckt gut. Wir sind dran gewöhnt, es ist bequem, unsere Eltern und Großeltern haben uns Fleisch zu essen gegeben. Es ist verknüpft mit speziellen Erinnerungen an unsere Familie oder Kindheit. Es ist also viel verlangt, sich zu ändern.« Außerdem würden die Leute belogen und manipuliert, zu denken, dass das Fleisch von schönen, netten Farmen komme.

Aber es gibt eben auch einen Bereich des Fleischessens, an den man schwer herankommt. »Sogar Leute, die gerne moralisieren oder kontroverse Debatten führen, werden bei diesem Thema richtig seltsam«, sagt Foer. »Ich war neulich mit einem Freund und einem seiner Freunde aus. Ich kannte ihn nicht, merkte aber schnell, dass er ein kluger und politisch denkender Mensch war. Und dann sagte mein Freund: ›Jonathan ist Vegetarier.‹

Da antwortete der Freund meines Freundes: ›Na ja, ich esse nur Dinge mit einem Gesicht.‹

Wir schauten uns an. Später sagte mein Freund zu mir: ›Wie seltsam. Wo kam das nur her?‹

Das war nicht nur ein Witz, das war auch aggressiv. Er fühlte sich durch das Wort Vegetarier angegriffen. Die Fleischfrage kann schlechte Dinge aus Leuten herauskitzeln. Und das muss nicht sein.

Es geht nicht darum, ein Tabu zu brechen, sondern darum, neu zu formulieren, wie wir über Fleisch und kein Fleisch sprechen.«

Ich frage ihn noch mal, ob er glaubt, dass es einen Fortschritt geben wird, weil mehr Menschen verantwortungsbewusst handeln.

Er nickt. »Es mag frustrierend langsam sein. Aber wie Martin Luther King sagte: Der Bogen des moralischen Universums ist weit, aber er neigt sich zur Gerechtigkeit.« Dieser Satz des 1968 ermordeten US-amerikanischen Bürgerrechtlers (»The arc of the moral universe is long, but it bends towards justice.«) ist auch eines der Lieblingszitate des ersten schwarzen US-Präsidenten Barack Obama.

»In der Geschichte der Menschheit haben wir den Kreis derjenigen, von denen wir denken und wollen, dass sie dazugehören, immer größer gemacht«, sagt Foer. »Lange waren Frauen nicht drin und Menschen anderer Hautfarbe als weiß. Sie sind immer noch nicht hundertprozentig drin, aber wir bewegen uns klar in diese Richtung. Und so waren auch die Umwelt und die Tiere nicht Teil des Kreises. Aber wir bewegen uns auch hier. Es mag am Ende zu lange dauern, aber ich bezweifle nicht, dass wir uns bewegen.«

Was mich an Foers Denken beeindruckt: wie er industrielle Prozesse mit kulturellen Prozessen und individuellen Verhaltensweisen zusammenbringt, sodass man eben nicht nur versteht, was in der Welt schiefläuft, sondern auch, warum man selbst bestimmte Dinge tut, wie man sie tut. Das sage ich ihm auch.

Danke, antwortet er. Er scheint mir wirklich sehr zurückhaltend zu sein. »Ich wollte das zusammenbringen. Und zwar auf eine Art und Weise, die nützlich ist. Wenn nur Vegetarier das Buch gekauft hätten, müsste das nicht schlecht sein, weil es den Vegetariern ermöglicht, darüber zu sprechen. Es gibt so viele Kids, die Vegetarier sind, und ihre Freunde kapieren es nicht. Sie haben den richtigen Instinkt, aber sie wissen nicht, wie sie darüber sprechen sollen. Mir ging es genauso, als ich jünger war. Mir fehlte so ein Buch. Man fragte mich, warum ich Vegetarier sei, und ich antwortete: Äh ...«

»Sie hätten Upton Sinclairs *Der Dschungel* lesen können.«

»Na, hören Sie: Das ist hundert Jahre alt.«

Stimmt, das Buch ist von 1906. Ich hatte diesen Klassiker über die Fleischindustrie Chicagos gelesen, als ich 18 war, und danach tatsächlich aufgehört, Fleisch zu essen. Ich fing dann später wieder an.

Aber Foer hat recht. Genau darum geht es: einen anderen Zusammenhang hinzubekommen, in dem wir über das Thema tatsächlich sprechen können. Und das gilt für beide Seiten, Fleischesser wie Vegetarier. Foer nennt als Beispiel jene Vegetarier, die mit T-Shirt-Botschaften wie »Fleisch ist Mord« kommunizieren. »Ich weiß nicht, ob das andere Menschen überzeugt oder ob es sich nicht nur für den gut anfühlt, der es trägt.« Es gehe nicht um die absolute Wahrheit der Botschaft, sondern darum, was man mit ihr real erreichen wolle und könne.

Ich erzählte ihm, dass – wie seine Großmutter Hühnchen mit Karotten für ihre Enkel kochte – meine Mutter Königsberger Klopse für ihre Enkel macht.

»Wie oft?«

»Nicht sehr oft, vielleicht siebenmal im Jahr.«

»Dann esst das siebenmal im Jahr.«

»Das sehe ich auch so.«

»Es geht nicht um diese sieben, es geht um die anderen 993 Mahlzeiten im Jahr.«

Allerdings sagt Foer: »Wenn Ihre Mutter das nicht mehr kochen würde, würde sie etwas anderes kochen. Das wäre vielleicht am Anfang etwas unbequem. Aber ich schätze, Sie wären immer noch ihre Tochter. Sie würden andere Wege finden. Am Ende des Tages ist eine Mahlzeit eine wichtige Sache, aber nicht die wichtigste Sache der Welt.«

Wir sprechen dann noch über den Zeitfaktor. Ich hatte gelesen, dass er mittlerweile viel mehr Zeit mit Einkaufen und Kochen verbringt als früher. Ich sage, dass ich manchmal einfach diese Zeit nicht hätte, um mir eine neue, fleischlose Mahlzeit für meine Kinder auszudenken und mit aller Liebe und Geduld dafür einzukaufen.

Aber mit diesem Argument komme ich bei ihm nicht an.

»Menschen nehmen sich die Zeit für das, was ihnen wichtig ist. Wenn Leute sagen, sie hätten keine Zeit zum Kochen, dann frage ich: Haben Sie Zeit, um fernzusehen? Oder um auf die Facebook-Seite zu gehen? Zeit umschichten, das heißt Werte umschichten.«

Zeit umschichten heißt Werte umschichten? Das klingt großartig. Und philosophisch. Um das Gespräch zu erden, lasse ich eine praktische Frage folgen.

»Was tun Sie denn Ihren Kindern aufs Brot, Jonathan?«

Foer schaut etwas erstaunt.

»Erdnussbutter«, sagt er dann. Pause. Er denkt nach. »Hummus. Käse.« Pause. »Aber wir essen nicht so viel Brot.«

Aha, denke ich.

Lebt er auch in anderen Bereichen verantwortungsbewusst?

»Ich tue, was ich kann. Ich bin aus New York hierher nach Berlin geflogen. Das ist nicht ökologisch. Aber das heißt nicht, dass ich hergeflogen bin und damit alles andere aufgegeben habe. So ist es auch beim Essen: Wenn Sie eine Fleischmahlzeit gegessen haben, okay, dann heißt das nicht, dass die nächste Mahlzeit wieder Fleisch sein muss. Für mich geht das schrittweise. Man versucht es und scheitert, man versucht es wieder und scheitert etwas weniger. Vielleicht scheitert man jedes Mal, aber jedes Mal ein bisschen weniger.« Bei solchen Sätzen und Gedanken merkt man, dass jemand aus den USA kommt. Ich kenne keinen Deutschen, der das Scheitern so positiv bewertet.

Jonathan Safran Foers Kinder wachsen als Vegetarier auf. Zumindest bis jetzt.

»Manche Väter sagen im Moment der Geburt ihres Kindes: Du wirst Mitglied von Bayern München oder den New York Yankees. Sagten Sie damals: ›Und du wirst Vegetarier, mein Sohn!‹?«

»Nein, überhaupt nicht. Mein Ziel ist nicht, Vegetarier aus meinen Kindern zu machen. Ich will überhaupt nichts aus ihnen machen. Ich möchte dazu beitragen, dass sie Menschen werden, die die Wahlmöglichkeiten sehen, die sie haben, und dass sie so oft wie möglich die Entscheidungen treffen, die am meisten ihren Werten entsprechen.«

»Ihr Sohn hat das fleischfreie Leben akzeptiert?«

»Ja. Zum einen: Wenn du nie Fleisch gegessen hast, vermisst du es nicht. Zum anderen: Einem Kind zu erklären, warum man kein Fleisch isst, ist einfacher, als ihm zu erklären, warum man Fleisch isst.«

»Wie meinen Sie das?«

»Wenn man an die ganzen anderen Geschichten denkt, die wir kleinen Kindern über unsere Freunde, die Tiere, erzählen – und dann essen wir sie?«

»Also: Man gibt ihnen einfach kein Fleisch, und das ist es dann?«

»Bei uns ist das keine große Sache«, sagt er. »It's just like anything else.« Es ist wie alles andere.

Ich erzählte ihm, dass ich beim Lesen seines Buches geweint hatte, aber nach drei Wochen dann doch wieder ein Stück Fleisch aß.

»Manche Menschen sehen einen kleinen Film und sagen: Das war's, ich esse kein Fleisch mehr. Und das war es dann tatsächlich für sie. Anderen fällt es schwerer, sich zu ändern. Ich selbst bin früher sehr oft Vegetarier geworden.«

Und diesmal bleibt es dabei?

»Ich glaube nicht, dass ich diesmal wieder anfange. Ich weiß zu viel über die Fleischindustrie. Und es fällt mir leichter. Es ist nicht so, dass ich nicht ab und zu an den Nachbartisch schauen und denken würde: Das sieht aber gut aus, der Teller sollte jetzt vor mir stehen und ich könnte das jetzt essen. Aber manchmal sitzt man auch in der Nähe eines Supermodels und denkt: Wow, die sieht wirklich super aus. Das heißt aber nicht ... Wissen Sie, was ich meine?«

»Ja, ich weiß«, sage ich.

Das ist für seine zurückhaltende Art ein ungewöhnlicher Vergleich. Später las ich, dass er ihn öfter bringt. Vermutlich, weil er ihm so einleuchtend erscheint.

»Das Leben ist voller Dinge, die wir wollen. Das heißt nicht, dass wir sie alle haben müssen.«

Für mich ist eine entscheidende Frage, wie man das eigene Bewusstsein und die eigenen Bemühungen verknüpft, damit sie gesellschaftliche Dynamik bekommen. Ich teile Foers Erkenntnis, dass wir eine unproduktive Vorstellung von »radikalem Wandel« haben. Wir denken, ein Mensch müsste sich komplett verändern. Das hemmt uns aber, entmutigt und hindert uns daran, »uns miteinander zu verknüpfen«, wie Foer das nennt. Es geht nicht um radikalen individuellen Wandel, sondern um radikalen kulturellen Wandel.

Ich frage ihn: »Wie vernetzen Sie sich? Sind Sie Mitglied einer politischen Organisation oder Gruppe?«

»Nein. Es gibt Bewegungen, die ich gut finde, etwa ›Farm Forward‹, denen gebe ich Geld, die machen gute Arbeit.«

Farm Forward ist eine gemeinnützige Organisation, die sich für nachhaltige Landwirtschaft und verantwortungsbewussten Konsum und gegen Massentierquälerei einsetzt.

»Aber ich bin da nicht aktiv.«

»Fehlt das nicht, um wirklich was zu verändern?«

»Wir brauchen Verknüpfung, aber ich bin kein Politiker und am Ende des Tages auch kein Aktivist. Ich bin Schriftsteller und habe das beigesteuert, was ich kann und von dem ich dachte, da bin ich am hilfreichsten: ein Buch.«

»Ein Buch, das die Verknüpfung voranbringt?«

»Genau. Das ist auch das, was bei meinen Lesungen passiert.«

Was mich sehr interessiert, ist die Frage, wie er seine Arbeit als Schriftsteller und Künstler und gesellschaftliche Verantwortung zusammenbringt.

Hat ein Künstler diese Verantwortung?

»Nein, hat er nicht. Was nicht heißt, dass man nicht eine fühlen könnte. Aber man muss sie nicht fühlen. Künstler sind Künstler.«

Was heißt das?

»Sie sind ein Spiegel für die Gesellschaft. Aber das heißt nicht, dass sie politische Arbeit machen müssten. Manchmal sind sie sogar am besten, wenn sie genau das nicht probieren.«

Sieht er sein Buch *Tiere essen* als Kunst?

»Nein. Kunst macht man um der Kunst willen. Dieses Buch ist anders. Es wurde geschrieben, um einen gewissen Sinn und Nutzen in der Welt zu haben.« Es ist keine Literatur, sondern ein Sachbuch. Das könnten manche für einen Abstieg halten für einen Literaten von Weltruhm.

»Das hat mich nicht interessiert. Ich schreibe, was ich schreiben will. Hätte ich es als Roman geschrieben, hätten die Leute es womöglich als Science-Fiction betrachtet und gesagt: Wow, das ist ja sehr apokalyptisch. Ich wollte aber, dass die Leute wissen, dass das nicht meine Fantasie ist, sondern die der Fleischindustrie. Romane bieten Eindrücke an: Das ist aber nicht mein *Eindruck* von der Welt, das ist die *Realität*.«

Als Schriftsteller erarbeite er, wie »Wirklichkeit sich anfühlt«, mithin eine »experimentelle Realität«. *Tiere essen* beschreibe die »Wirklichkeit, wie sie ist«, die Realität auf der Grundlage von Fakten, wissenschaftliche Realität, verknüpft mit einer biografischen, persönlichen Realität.

»Es geht in dem Buch aber längst nicht nur um die Frage, ob und wie wir Tiere halten und essen sollen?«

»In *Tiere essen* kreuzen sich viele Probleme. Wenn man die Idee überträgt, kann man sehr viel Dinge erklären, die falsch laufen. Es ist auch ein Symptom für das große Problem dieser Welt: Wir denken, wir könnten haben, was wir wollen, zu jeder Zeit, und so viel wir wollen – für sehr wenig Geld. Mit diesem Thema haben wir aber einen eindrucksvollen Beweis, dass es nicht so ist.«

Als Jonathan Safran Foer einem Freund von der Geburt seines Sohnes berichtete, antwortete der mit einem einzigen Satz: »Jetzt ist wieder alles möglich.« Genauso, schreibt Foer, habe es sich angefühlt. Dass man von nun an eine andere, eine bessere Geschichte seines Lebens schreiben und erzählen könne. Warum hat er die globale Problematik so mit seinen Kindern verknüpft?

»Das ermöglicht anderen Leuten den Einstieg«, antwortet Foer. »Wenn man nur das Problem darstellt, können Menschen sehr leicht eine Distanz dazu aufbauen. Aber wenn man darüber redet, wer wir sind, wie wir unser Geld ausgeben, was wir in unsere Körper tun und in die Körper unserer Kinder: Dann ist es schwierig, das nicht persönlich zu lesen.«

Jonathan Safran Foer sieht jetzt richtig erschöpft aus. »Persönlich zu werden ist manchmal der beste Weg, um universell zu sprechen«, sagt er noch.

Dann geht er davon.

7

Haushalt:
Auf der Suche nach einer ökologischen Heimat

Die US-amerikanische Schauspielerin Daryl Hannah ist eine wahre Ökoaktivistin. Sie hat eine Ranch mit eigenen Strom- und Wasserquellen, sie pflanzt ihre eigenen Nahrungsmittel an, ihr Auto fährt mit Pflanzenölresten von Restaurants, sie wurde auch schon mal eingesperrt, als sie eine Farm retten wollte. Das *Observer Magazine* nannte sie »die gute Fee der Biosphäre«. Na ja, eigentlich hat sie nicht nur einen Wohnsitz, sondern zwei Wohnsitze, einen in Colorado, einen in Kalifornien, aber beide sind »off the grid«, wie man in den USA sagt, sie versorgen sich selbst mit Strom.

Ich lebe in einer Mietwohnung mitten in einer Großstadt, das schränkt die Möglichkeiten ein. Doch nachdem ich Leo Hickmans *Fast nackt* gelesen hatte, begann ich, Dinge im Alltag und Haushalt zu hinterfragen und umzustellen. Damals merkte mein Mann Wolfgang, wie sehr mich das beschäftigte, und unterstützte mich in meinen Ökobemühungen. Er griff viele Ideen begeistert auf und setzte sie in die Tat um. War er selbst vorher nie im Bioladen gewesen, kaufte er nun irrsinnig viel Tofuzeug, das er lustvoll ausprobierte, prüfte jeden Apfel auf seine Herkunft und schraubte seinen Fleischverzehr radikal runter. Er wechselte Glühbirnen aus und drehte Energiesparlampen rein, kaufte Steckerleisten mit Ausschalter und recherchierte die CO_2-Werte von Autos. Und er versorgte mich mit

Literatur. Wolfgang war in dieser ersten Phase häufig konsequenter als ich. Er half mir, wenn ich zwischendurch entmutigt war von den vielen komplizierten und komplexen Vorgängen.

Wenn man sich mit Klimawandel beschäftigt, wird man gezwungen, global zu denken, und muss grundsätzliche Dinge neu für sich klären: Wie sieht überhaupt unser Leben aus? Ist unser Gesellschaftssystem in der Lage, diesen Wechsel zu vollziehen, sich dieser Herausforderung zu stellen, oder geht das gar nicht? Löst man das Problem mit Konferenzen oder jenseits von Konferenzen? Soll man die Sahara mit Solarpanels vollpflastern? All das diskutierte ich mit ihm. Wir fanden natürlich keine endgültigen Antworten, aber ich merkte damals, wie sich mein Denken und mein Blick auf die Welt veränderten und wie ich durch das neue Wissen langsam zu unterscheiden lernte, was wirklich wichtig war und was auch wirklich etwas bringt.

Ökostrom

Entscheidend ist, vor allem dort zu punkten, wo es zählt, also bei Art und Menge des Stromverbrauchs, Wärme, Mobilität – und Ernährung. Individuell und gesamtgesellschaftlich. Das Erste, Wichtigste und Einfachste ist der Wechsel zu Ökostrom, und zwar zu einem echten Ökostromanbieter, keinem »Gemischtwarenhändler« – wenn man seinen Strom schon nicht selber produzieren kann.

Strom ist ja mehr oder weniger automatisch da, auch wenn man in eine neue Wohnung zieht. Gewechselt wurde früher gar nicht, heute ist das etwas anders, aber längst nicht selbstverständlich. Nach Untersuchungen ist für die klare Mehrheit bisher das entscheidende Kriterium für einen Stromanbieterwechsel der Preis. Also: Der Preis wird erhöht, der Kunde wird ungehalten – und wechselt deshalb.

Das erste Vorurteil gegen Ökostrom ist, dass er sehr viel teurer sei als Atom- und Kohlestrom. Das stimmt nicht. Je nach Angebot kann er etwas teurer, aber auch billiger sein als der bisherige Anbieter. Die zweite Sorge ist der Aufwand. Aber es gibt praktisch keinen Aufwand. Man geht ins Internet, meldet sich an, den Rest erledigt das Ökostromunternehmen. Der Strom kommt ohne Unterbrechung und genauso zuverlässig wie zuvor. Allerdings ist das Angebot an Unternehmen inzwischen sehr groß, die »grünen« Strom versprechen, der dann aber gar nicht oder nur teilweise ökologisch zu nennen ist. Vereinfacht gesagt, geht es darum, ob man mit seinem Geld die Energiewende hin zu den erneuerbaren Energien tatsächlich voranbringt oder ein Unternehmen unterstützt, das zwar auch Ökostrom anbietet, dessen Hauptgeschäft aber fossiler und damit klimaschädlicher Strom ist. Manche Energiekonzerne verkaufen sogar ihren »Ökostrom« offensiv teurer und werben scheinheilig mit dem Umweltargument, obwohl, zum Beispiel, Wasserkraft nur Teil ihres vom Gesetzgeber vorgeschriebenen Portfolios und damit ganz normaler Teil ihres Strommixes ist.

Echter Ökostrom ist nicht nur hundert Prozent erneuerbar, sondern auch von einem Anbieter, der nicht hauptsächlich oder nebenbei noch Kohlestrom verkauft und der seine investierten Gewinne (unser Geld) ausschließlich in den Ausbau der erneuerbaren Energien investiert. Der echte Ökostrom wird nicht an der Börse gekauft, sondern direkt bei Betreibern von Wind- oder Wasserkraftwerken, wodurch diese rentabel werden. Es ist wichtig, dass Stadtwerke die Energiewende vorantreiben, indem sie eigenständig erneuerbaren Strom produzieren und verkaufen. Allerdings ist es eine Frickelarbeit für Fortgeschrittene, die Besitzverhältnisse des jeweiligen Stadtwerks zu klären, also die Frage, ob das Stadtwerk wirklich unabhängig ist oder ob es zu beträchtlichen Teilen einem Unternehmen gehört, das Subunternehmen eines der vier großen Energiekonzerne in Deutschland ist und damit eben kein Förderer der Energiewende, sondern ein Blockierer. Vorzeigekommunen wie Schwäbisch Hall oder Tübingen haben Vorzeigestadtwerke oder sind auf dem Weg dahin; die sollte man unterstützen. Ansonsten ist es am sichersten, so wie ich einen der vier echten Ökostromanbieter in Deutschland auszuwählen, also »Greenpeace Energy«, »Elektrizitätswerke Schönau«, »Lichtblick« oder »Naturstrom«.

Mein erster Schritt zu einem ökologischeren Haushalt war also, ins Internet zu gehen und mich bei einem der vier Anbieter anzumelden, also online einen Vertrag auszufüllen.

War überhaupt kein Problem, im Gegenteil. Die »Stiftung Warentest« hat ermittelt, dass die Ökostromkunden mit Abstand die zufriedensten Stromkunden überhaupt sind. Das liegt vermutlich an dem guten Gewissen, das sie damit haben, es liegt aber auch daran, dass die Ökostromanbieter laut Test einen sehr guten Service haben. Ich habe mich angemeldet, und den Rest macht ja der Ökostromer. Das beinhaltet wie gesagt auch die Kündigung beim alten Anbieter – wenn man nicht umzieht. Alles, was ich tun musste: In den Keller gehen und die Nummer meines Stromzählers rausfinden. Sie steht auf dem Zähler und auch in der alten Stromrechnung.

Ich habe nie verstanden, warum Leute gegen Atomkraft demonstrieren, aber zu Hause Atomstrom von einem Atomstromanbieter beziehen, dessen Position sie mit ihrem Geld stärken. Ökostrom ist für mich das Produkt, an dem man am besten die Politisierbarkeit des Konsums nachweisen kann: Wer gegen Atomkraft demonstriert, bekundet seinen Wunsch, aus einer Risikotechnologie auszusteigen. Und wer auf Ökostrom wechselt, der wartet nicht auf die Politik. Er steigt selbst aus. Und zwar sofort. Klarer geht es nicht. In Zahlen: Die Kohlendioxidemissionen für echten Ökostrom betragen nur etwa 40 Gramm je Kilowattstunde, der zurzeit noch als »normal« geltende Strommix verursacht über 600 Gramm. Damit ist von den zwei wichtigsten Bereichen, nämlich Wärme und Strom, der eine zumindest schon mal von etwa 0,75 Tonnen auf 0,05 Tonnen CO_2 optimiert.

Die Wende hin zu einer komplett nachhaltigen Energieerzeugung ist die wichtigste politische und gesellschaftliche Aufgabe der nächsten Jahre. Das meint: Weg von der Verbrennung klimaschädlicher fossiler Energieträger (Kohle, Erdöl und am Ende auch Erdgas) sowie von der nuklearen Energiewirtschaft. Hin zu Wasser, Wind, Sonne und anderen erneuerbaren Energien. Es meint aber auch: Weniger Energie verbrauchen durch bessere Geräte und sparsameren Einsatz. Die persönliche Energiewende zu Ökostrom und einem deutlich geringeren Energieverbrauch ist der erste Schritt.

Die Energieberatung

Stromverbrauch war etwas, mit dem ich mich mein Leben lang kaum beschäftigt hatte. Jetzt wollte ich weniger Strom verbrauchen und bewusster mit Energie umgehen. Mir war klar, dass es nicht damit getan sein würde, beim Kochen den Deckel auf den Topf zu tun und das Duschen auf 90 Sekunden zu reduzieren. Auf dem Weg zu einer Heimatbasis, die einigermaßen ökologischen Ansprüchen genügt, brauchte ich eine Grundlage, von der aus ich loslegen konnte.

Ich brauchte eine Beratung. Was bringt wirklich etwas, wie bringt es wirklich etwas?

Bei meinen Gesprächen zu dem Thema war ich auf Johannes Hengstenberg gestoßen, den Gründer von co_2online. Das ist ein Verbraucherberatungsbüro mit einem Energiesparportal im

Internet. »Die großen Visionen tragen wir im Herzen, aber wir tragen sie nicht an die Leute heran«, sagt Hengstenberg. »Stattdessen weisen wir sie zielgerichtet auf die vielen kleinen Sachen hin, die sie im Alltag real verbessern können.« Sein Angebot richte sich an »Entscheider«, nämlich an »Leute, die selbst entscheiden«. Der Hauptanreiz der Leute, die ein Energiesparkonto einrichten, ist es, Geld zu sparen.

Der Ansatz gefiel mir, und so fragte ich bei co_2online an, ob ich eine Hausberatung haben könnte. Das sei untypisch, weil sie ihre Analyse hauptsächlich auf der Basis von Dokumenten und Rechnungen erstellten, aber okay.

An einem Freitag kommt Hengstenbergs Kollegin Heidrun Jablonka zu mir.

Ihre erste Frage war: »Gekauft oder gemietet?«

»Gemietet.«

»Der Energieverbrauch von Gebäuden macht 40 Prozent des europäischen Gesamtenergieverbrauchs aus. Es gibt ein riesiges Einsparpotenzial.«

Gebäude gehören in der EU und in Deutschland zu den größten Energieverschlingern. Die meisten Häuser in Deutschland sind energetisch schlecht gebaut, und viele Heizungen taugen nichts. Würde und könnte man umgehend und richtig sanieren, bräuchte man aus dem Stand ein Drittel Energie weniger – und sparte die entsprechenden Emissionen. Wenn man eine eigene Wohnung hat und richtig ins Detail gehen will, braucht man eine spezielle und individuelle Energieberatung. Dann wird detailliert ermittelt, vom Zustand der Gebäudehülle bis zu einzelnen Verbräuchen. Am Ende werden Gegenmodelle vorgeschlagen. Das kostet zunächst Geld. Das Versprechen lautet, dass man schon bald mehr gespart als ausgegeben hat.

»Der Handlungsspielraum beim Mieten«, sagt Jablonka, »ist allerdings deutlich geringer.«

Obwohl ich nur Mieterin bin, dachte ich, sie würde erst mal

die Wohnung inspizieren. Aber zunächst will sie nur mein Notebook sehen. Es komme gleich ein Installateur, der einen Optokoppler installiere.

Aha.

Dafür richte sie mir jetzt zunächst mal online ein Energiesparkonto ein.

Wir setzen uns an meinen Laptop.

Ich erfahre, dass der Optokoppler den Stromverbrauch am Stromzähler ermitteln und auf mein neues Energiesparkonto übertragen wird.

Ich frage: »Opto von optimal?«

»Opto von optisch«, antwortet Heidrun Jablonka.

Dann klingelt es. Es ist der Optokoppler-Installateur, der sich umgehend auf die Suche nach dem Rooter macht, zehn Minuten am Stromzähler wurstelt und dann tatsächlich eine Verbindung vom Optokoppler zu meinem neuen Energiesparkonto hergestellt hat. Er hat außerdem noch drei Funksteckdosen dabei, die er ebenfalls anschließt. Die kann man aus der Ferne ausschalten. Damit soll ich den Stromverbrauch von bestimmten Geräten einzeln kontrollieren. Eine wird am Schreibtisch installiert. Sie kriegt den Namen »Steckdose Schreibtisch«.

»Funkt sie?«, ruft der Optokoppler-Installateur.

Die Funksteckdose funkt tatsächlich – zum Optokoppler, und der sendet die Info zu meinem Rechner.

Ich frage: »Jetzt die Zählerstände eingeben?«

»Ja, machen Sie mal.«

Zählerstand der Wasseruhr: gefunden, gemessen, eingegeben.

Zählerstand Gas. Zählerstand Strom. Zählerstand Heizen.

Das Energiesparkonto rechnet dann meinen aktuellen Verbrauch in Geld oder CO_2 um und benennt mein Einsparpotenzial: Es beträgt etwa 40 Prozent. Mit einer so hohen Quote hatte ich nicht gerechnet; das wäre ja toll! Ziel ist es, zunächst das Einsparpotenzial jenseits des individuellen Verhaltens möglichst voll auszuschöpfen.

»Muss ich das immer eintragen?«

»Nein. Da Sie einen automatischen Zähler haben, läuft das automatisch ein.«

Außer Gas und Wasser, das muss man regelmäßig selbst eintragen, einmal im Monat.

Heidrun Jablonka zeigt mir am Rechner ihr eigenes Energiesparkonto und dann das von ihrem Chef Hengstenberg.

Er hat einen fallenden Trend und bekommt sogar sogenannte Ereignispunkte. Der Nutzer hat die Möglichkeit, spezielle Ereignisse einzutragen, die Auswirkung auf seinen Energieverbrauch haben. »Neighbours use our electric oven for turkey at Thanksgiving«, hat Hengstenberg eingetragen. Seine Nachbarn durften ihren Truthahn in seinem Ofen braten. Toll.

Aber 40 Prozent eingespart hat selbst er noch nicht.

»Schafft er nicht, der Chef«, lächelt Jablonka. »Typisch.«

Jetzt kann ich auf dem Energiesparkonto die Zeit eingeben, in der die Steckdose eingeschaltet sein soll.

»Sie können die Steckdosen mit einem einzigen Zeitplan lenken; im Büro macht man in der Regel 8 bis 18 Uhr«, sagt Jablonka. »Oder Sie können für jede Steckdose einen eigenen Zeitplan machen.«

Für Büros und Mittelständler ist das genial, da der Versuch, das Abschalten der Geräte und das Ausschalten des Lichts über individuelle Verantwortung hinzubekommen, praktisch nie klappt. Irgendwelche Lichter brennen immer, irgendwelche Computer bleiben immer angeschaltet.

Aber ich kann doch meinen Computer selbst ausschalten? Ich schalte ihn doch immer aus, wenn ich ihn nicht benutze.

Ja. Aber: Es fließt nicht nur bei Stand-by Strom, sondern auch noch, wenn der Stecker nicht gezogen ist oder die Steckdose nicht ausgeschaltet ist.

Und manchmal sind Geräte oder Lampen eben doch an. Jablonkas Vorschlag lautet: An unterschiedlichen Orten einen Monat testen, ob und wo die Funksteckdose etwas bringt.

»Was ist, wenn sich die Dose um 20 Uhr abschaltet, und ich muss doch noch mal das betreffende Gerät anmachen?«

Da gibt es einen manuell bedienbaren Knopf.

Die Idee des Energiesparkontos ist, dass man erst mal wissen muss, wie viel und wodurch man Strom verbraucht, um seinen Verbrauch gezielt verbessern zu können.

»Es ist ja oft nicht so, dass jemand nicht will«, sagt Heidrun Jablonka, »sondern dass es an Information fehlt.«

Das stimmt. Sonst kriegt man einmal im Jahr eine Stromrechnung. Guckt drauf, denkt, das ist aber viel oder das geht ja noch. Zahlt sie. Und das war's.

Stromverbrauch, das ist die Erfahrung der co_2online-Berater, hängt von der Art und Menge der benutzten elektrischen Geräte ab – aber sehr stark auch vom Verhalten. So wie der Spritverbrauch eines Autos auch davon abhängt, ob man spritsparend fahren kann und will. Es geht darum, die Potenziale auszuschöpfen, die es gibt, die man aber bisher vernachlässigt hat. Zunächst mal, ohne Geld in die Hand zu nehmen.

Jablonka spricht erst mal von etwas, das sie »die Superbanalitäten« nennt. Heißt: Man kann einen Topkühlschrank haben, aber wenn die ganze Nacht die Tür offen steht, bringt der auch nichts. Man kann ein gedämmtes Haus haben, aber wenn man die ganze Zeit die Fenster offen stehen lässt ... und so weiter. Davon abgesehen gilt: Ohne Wissen hat man keine Chance. Zum Beispiel: Was ist, wenn ich eine neue Heizung eingebaut habe, aber immer noch genauso viel verbrauche wie vorher. Woran liegt es?

Die Heizungsanlage hat im Keller eine Pumpe, die das Wasser durch die Rohre zu den Heizkörpern pumpt. Jeder Heizkörper muss so viel Heizwasser bekommen, dass die am Thermostat eingestellte Wärme erreicht wird, sagen wir 20 Grad.

Das Einstellen funktioniert über Heizungsthermostatventile, das sind die Temperaturregler am Heizkörper, an denen man drehen kann. Sie müssen allerdings richtig und individuell eingestellt sein, damit jeder Heizkörper mit der für ihn richtigen Menge Wasser durchströmt wird. Das ist ein aufwendiger Prozess, für den man einen Heizungsinstallateur oder -monteur braucht.

Es gibt ein extremes Einsparpotenzial in der Wohnung oder im Haus. Man muss es wissen, um es einfordern zu können. Neben dem Energiesparkonto bietet co_2online auch ein Heizgutachten an. So ist man überhaupt erst in der Lage, die neue Heizung zu kontrollieren. Damit wendet man sich dann an den Vermieter.

Ich frage: »Das sind alles Sachen, die müsste mein Vermieter regeln?«

»Klar, aber man muss sie erst im Blick haben, um sie ansprechen zu können.«

Ein erstaunlich großer Anteil von Vermietern, heißt es bei co_2online, wird dann tatsächlich tätig.

Generell hängen Energieemissionen und Energiekosten eines Hauses oder einer Wohnung von drei Faktoren ab: dem Zustand des Hauses, also von Gebäudehülle und Haustechnik, wo man den Strom einkauft und wie man sich selbst verhält. Es kann jemand energiebewusst leben und dennoch eine hohe Strom- oder Heizkostenabrechnung haben – wenn er oder sein Vermieter den Strom teuer einkauft oder das Haus schlecht gedämmt und die Heizung ineffizient ist, die Fenster nicht dicht sind, die Wände zu dünn. Deshalb analysieren die Energieberater auch Hauspläne, Stromrechnungen, Heizkostenabrechnung und gegebenenfalls sogar das Schornsteinfegerprüfprotokoll.

»Die Basis unserer Onlineberatung ist die Interpretation der eingetragenen Verbrauchswerte auf Basis der Gebäude- und Nutzerdaten«, sagt Jablonka.

Danach gibt es für die Bereiche Heizen, Strom und Wasser Vorschläge zur Verbesserung. Im nächsten Schritt kann man sich in der Datenbank von co$_2$online über umweltfreundliche technische Geräte informieren, vom Kühlschrank bis zum Fernseher und Heizkessel. Man kann auch die Raumtemperatur über den Rechner und das Energiesparkonto regeln, mithilfe eines Funkthermostats. Man kann die Heizung eine halbe Stunde, bevor man nach Hause kommt, einschalten oder erhöhen.

»Ich selbst habe kein Problem damit, nach Hause zu kommen und es ist ein bisschen kalt«, sagt Jablonka.

»Ich auch nicht.« Ich hatte als Studentin eine Kohleheizung. Wenn ich nach Hause kam, dauerte es zwei Stunden, bis es warm wurde. Dadurch bin ich abgehärtet.

Heidrun Jablonka ist Jahrgang 1965, verheiratet und hat drei Kinder. Sie ist Architektin und Spezialistin für energiesparendes Bauen. »Wie wir das mit der Energiewende hinkriegen, weiß ich auch nicht«, sagt sie lakonisch, »aber wir haben keine andere Chance.« Wie stellt sie sich das konkret vor? »Ich denke, die einzige Möglichkeit, die wir haben, ist das Thema in möglichst alle Köpfe zu bekommen, um es selbstverständlich zu machen.«

Ich erzähle Heidrun Jablonka, dass wir in unserem gemieteten Haus in Hamburg eine Thermosolaranlage auf dem Dach hatten, die das Warmwasser im Sommer vollständig und im Winter ein bisschen produzierte. Wir kamen auf einen Anteil von 60 Prozent selbst produzierten Warmwassers. Was bringen selbst produzierte 60 Prozent an Energieeinsparung?

Man rechnet 950 Kilowattstunden pro Person und Jahr an Warmwasser. Bei einem Vier-Personen-Haushalt sind das selbst mit duschscheuen Kindern über 2 000 eingesparte Kilowattstunden. Das spart auch eine Menge Betriebskosten.

Im Hamburger Garten wurde auch Regenwasser gesammelt für die Toilettenspülung. Unser Vermieter hatte 1996 saniert und dafür Fördergelder genutzt. »Das ist auch ein Verdienst des

Staates, durch die Anreizfinanzierung«, sagt Jablonka. »Über kurz oder lang amortisiert sich das, auch wenn es zunächst Geld kostet.«

In Berlin leben wir wieder in einer Mietwohnung. Da ist es nichts mit Thermosolaranlage oder gar Fotovoltaikanlage.

Was bringt mir denn nun co$_2$online? Ich fasse zusammen: »Ich will wissen: Wo stehe ich und was kann ich tun?«

»Da kriegen Sie von uns klare Anhaltspunkte als Grundlage«, sagt Jablonka.

»Wenn nun co$_2$online rausbekommt, dass unser alter Kühlschrank zu viel Energie verbraucht?«

»Kriegen Sie den Tipp: Kaufen Sie einen neuen Kühlschrank.«

»Einen Kühlschrank zu verschrotten und einen neuen zu kaufen ist aber doch auch nicht unproblematisch?«

»Ist es nicht.« Man bekommt daher ausgerechnet, ab wann und mit welcher Effizienzklasse sich ein neues Gerät lohnt, energetisch und finanziell.

Normalerweise, sagt Jablonka, seien die Menschen in der Woche tagsüber unterwegs und verbrauchten am Wochenende viel, weil da alle zu Hause sind. Ihre Familie hat ein Wochenendhaus, in das sie regelmäßig fahren. Dadurch und durch Nutzung des Einsparpotenzials hat sie in der Stadtwohnung eine außergewöhnlich gute Bilanz. Das relativiert sich selbstverständlich, wenn sie die zweite Energieverbrauchsquelle addiert. Ich bin für Dreharbeiten oft durchgehend weg, aber dann gibt es auch wieder Phasen, in denen ich den ganzen Tag zu Hause bin. Das beeinflusst die Energiebilanz meines Haushalts.

Bei der Wohnungsinspektion sind wir beim Wäschetrockner angelangt. Jablonka zieht ganz sacht die Brauen hoch, aber ich sehe es trotzdem. Jaja, ich dachte auch immer, dass Wäschetrockner unter ökologischen Gesichtspunkten gar nicht gehen – und denke es immer noch. Meine Schwester sagt aber:

»Du brauchst doch einen Trockner, bei den Wäschebergen, die du mit den Kindern zu bewältigen hast!« Ich habe mich jahrelang erfolgreich gewehrt. Als wir dann nach Hamburg zogen und plötzlich einen Garten hatten, träumte ich von einer Wäscheleine.

Während eines Filmdrehs in Namibia hatte ich gesehen, wie die Wäsche des Hotels in der Sonne trocknete: Drei Stunden reichten. Als ich dann aber in Hamburg war, wurde mir klar: Das wird nichts mit der Wäscheleine. Die Wäsche wurde draußen häufiger nasser als trocken. Und im Keller war es zu feucht, da trocknete sie auch nicht. Manchmal verteilte ich die Wäsche über das ganze Haus. Und wenn nichts mehr half, nahm ich, ja: den Wäschetrockner. Und ja, er steht nun auch in Berlin. Zu meiner Ehrenrettung: Er ist Energieklasse A. Und er kommt nur selten zum Einsatz.

Eine Zeit lang kam es vor, dass die Wäsche muffig aus dem Trockner kam. Nach erfolglosem Recherchieren einschlägiger Internetseiten war ich so verzweifelt, dass ich einen Waschmaschineninstallateur nach Hause bestellte.

»Womit waschen Sie?«, fragte er mich.

Ich sagte: »Ich wasche nur mit biologischem Waschmittel.«

Und er antwortete: »Die Waschmaschine braucht Chemie. Kaufen Sie sich ein anständiges Waschmittel.« Ich war fassungslos! Wie bitte!? Ich musste nun also zwischenzeitlich wieder auf konventionelle Waschmittel umstellen.

Ökologisch leben ist kompliziert. Man muss manchmal doch aufpassen, dass man sich nicht wahnsinnig macht.

Die Hausbesichtigung ist zu Ende. Das Fazit von Beraterin Jablonka:

Im Bereich Heizen und Wasser muss ich auf die erste Heizkostenabrechung in der neuen Wohnung warten. Die trage ich dann ein und bekomme mein tatsächliches Einsparpotenzial dargestellt. Den Bereich Strom kann ich sofort nutzen.

»Wie mache ich das?«

»Sie lesen relativ regelmäßig im Keller Ihren Zählerstand ab und tragen ihn ein. Wichtig sind für den ersten Schritt mindestens zwei Zählerstände. Damit kann Ihr Einsparpotenzial angezeigt werden und Sie können die Verbrauchsentwicklung in den Diagrammen verfolgen.«

Der durch die Messsteckdosen ermittelte Verbrauch wird mir bereits angezeigt. Eine Bewertung erfolgt aber erst, wenn der Gesamtzählerstand mehrfach eingetragen ist. »Dann können Sie sehen, was Ihr energiesparendes Verhalten bewirkt, also wie viel Sie weniger brauchen, wenn sie überall Energiesparleuchten haben, die Kühlstufe am Kühlschrank optimal eingestellt ist, überall Steckdosenleisten montiert und damit Stand-by-Verbraucher eliminiert sind. Sie können auch sehen, wie der Verbrauch wieder hochgeht, wenn Sie eine Schwächelphase haben und überall die Lichter brennen lassen.« Ansonsten empfiehlt mir Heidrun Jablonka erst mal einen sogenannten »hydraulischen Ausgleich« im Bereich Heizen, das ist die angesprochene Prüfung der Thermostatventile und der Heizpumpe.

Ich werde jetzt erst mal brav mein Energiesparkonto führen, um mich selbst prüfen zu können, die »Potenziale«, die ich habe, zu ermitteln und dann im zweiten Schritt ausschöpfen zu können. Während ich darüber nachdenke, sitze ich mit einer Jacke am Küchentisch. Draußen herrschen Minusgrade, in der Wohnung 19 Grad Celsius. 70 Prozent der Energie eines Privathaushaltes gehen für Heizung drauf. Ein Grad weniger kann bis zu 20 Prozent sparen. Meistens werden 20 Grad empfohlen (nachts 15), aber mit der Jacke ist mir warm. Wenn allerdings die Kinder nachmittags nach Hause kommen, drehe ich die Heizung etwas höher.

Veränderungen

Die Heizung habe ich also im Blick, auch das Lüften – keine Kippfenster, immer Stoßlüften –, aber den Großfaktor »Wärme« deshalb noch nicht im Griff. Dafür den Großfaktor Strom durch Umstieg auf Ökostrom deutlich verbessert. Das heißt aber nicht, dass man nun fröhlich Energie verbrauchen sollte, weil sie ja Öko ist. Zukunft hat nur eine Verbindung von Ökostrom und verbesserter Energiebilanz. Daher gehe ich weitere kleinere, aber wichtige Verbesserungen an.

Stand-by: Ein durchschnittlicher Haushalt verbraucht für elektrische Geräte im Stand-by-Modus rund um die Uhr etwa 50 Watt. Das summiert sich zu einem Stromverbrauch von über 400 Kilowattstunden im Jahr. Ein durchschnittlicher Haushalt verbraucht derzeit noch etwa 4 000 Kilowattstunden. Das heißt: Über zehn Prozent werden komplett überflüssig und für nichts verbraucht – und in der Regel mit Atom oder Kohle erzeugt. Seit mir das klar ist, habe ich alle Stand-by-Geräte eliminiert. Außer der Telefonanlage. Das geht nicht anders. Aber sonst gibt es in unserer Wohnung keine Geräte mehr, die auf Stand-by laufen.

Energiesparlampen: Die Energiesparlampen sind überall eingeschraubt. Bei der Beleuchtung kann man die größten Fortschritte machen. Energiesparlampen sind nicht perfekt, aber sie verbrauchen bis zu 80 Prozent weniger Energie als die alten Glühbirnen. Wir müssen bis 2050 generell 80 Prozent weniger fossile Energie verbrauchen. Passt also genau. Sie enthalten zwar Quecksilber, aber laut dem Deutschen Naturschutzring senken sie grundsätzlich die Quecksilberabgabe an die Umwelt, weil bei der Kohlestromproduktion Quecksilber frei wird und Energiesparlampen eben deutlich weniger Strom verbrauchen als ihre Vorgänger.

Mancherorts ist die Entsorgung schwierig. Und natürlich fehlt einem das wärmende Licht der guten, alten Glühbirne. Es ist auch ungewohnt, dass die Energiesparleuchte oft ewig braucht, eh es überhaupt hell wird. Aber auch in diesem Bereich gibt es inzwischen Fortschritte. Es gibt Energiesparlampen, die wärmeres Licht spenden. Man kann sie inzwischen auch dimmen. Davon abgesehen ist es immer noch das Beste, das Licht auszumachen, wenn man es nicht braucht. Und so halten wir es auch.

Was die elektronischen Geräte angeht: Wenn ein Gerät kaputt ist, ersetzen wir es durch ein energieeffizientes und ökologisch vertretbares neues. Zuletzt war das ein energieeffizienter Staubsauger. Der alte war hinüber. Ansonsten wägen wir ab: Wann hat es Sinn, ein Gerät durch ein besseres zu ersetzen? Schließlich werden die Geräte auch unter hohem energetischem Aufwand hergestellt. Andererseits verbrauchen alte, unmoderne Geräte häufig Unmengen an Strom, sodass man mit einem neuen trotz des Anschaffungspreises relativ schnell sogar Geld sparen kann.

Die drei wichtigsten Maschinen unter Energiegesichtspunkten sind Waschmaschine, Spülmaschine und Kühl- und Gefrierschrank. Da so ein Kühlschrank ständig im Einsatz ist, beeinflusst er die Klimabilanz ganz massiv. Wichtig sind hier Alter und Energieeffizienzklasse, die Größe und der Typ des Gerätes. Mein Kühlschrank läuft auf 7 Grad, das Gefrierfach auf -18 Grad. Klar, dass er nicht neben der Heizung steht. Ich stelle auch keine warmen Speisen hinein und taue ihn regelmäßig ab. Allerdings ist er jetzt schon fünf Jahre alt. Ich habe ihn von meinem Vormieter geerbt, und er erfüllt ganz sicher nicht mehr die neuen Energieeffizienzstandards. Bei dem hohen energetischen Aufwand der Produktion dieser Geräte raten die Energieexperten aber erst zu einem Wechsel, wenn der Kühlschrank zehn Jahre alt ist. Dann aber kann man mit einem A+++-Gerät selbst gegenüber einem Kühlschrank der Energieeffizienzklasse A bis zu 45 Prozent Energie einsparen. Gegenüber Klasse B ist es noch mehr. Bei co_2online kann man die Daten seines alten Gerätes eingeben, und die sagen einem dann, ob sich ein Neukauf finanziell und ökologisch lohnt.

Die Frage »Geschirrspüler oder Spülen mit der Hand?« ist gar nicht so leicht zu beantworten. Denn der CO_2-Wert pro Spülgang hängt doch tatsächlich von der Handspültechnik ab, außerdem von der Art der Warmwasserbereitung (ob mit Gas oder Strom) und natürlich von der Effizienz der Spülmaschine. Besitzt man eine Spülmaschine der Effizienzklasse A+ – so wie ich –, verbraucht man ungefähr 9,8 Liter Wasser pro Spülgang, benötigt 0,99 kWh Strom und emittiert 650 Gramm CO_2. Das ist mit Handspülen nur schwer zu erreichen. Eine volle Maschine ist natürlich immer effizienter, vor allem bei weniger als 60 Grad Temperatur. Gleiches gilt für die Waschmaschine: immer gut füllen. Meistens reichen 40 Grad. Und Verbrauchsspitzenzeiten vermeiden, wie montags früh um 9 Uhr.

Da ich Waschmaschine und Trockner neu erwerben musste, konnte ich mir zwei Geräte anschaffen, die den neuen Energieeffizienzstandards entsprechen und die Klasse A+++ bzw. A haben. Bei Ecotopten.de kann man sich vor so einem Neukauf gut beraten lassen, welches Gerät man kaufen sollte. Da gibt es sogar Wäschetrockner mit Ecotopten-Zertifikat. Die Herangehensweise ist nicht: Wäschetrockner sind böse. Sondern: Wenn jemand sich zum Kauf eines Trockners entschlossen hat, so kriegt er hier die Information, um ein möglichst sparsames Gerät zu finden und zwar: sparsam, was die Unterhaltskosten angeht, und sparsam, was den Energieverbrauch angeht. Mein Kondenstrockner mit Wärmepumpe hat eine CO_2-Emission von 1150 Gramm pro Trocknung, das ist ein deutlich besserer Wert, als ihn andere Arten von Trocknern haben. Um Baumwolle schranktrocken zu kriegen, verbraucht er 1,6 Kilowattstunden. Auch hier gilt: voll beladen und am besten mit gut vorgeschleuderter Wäsche benutzen.

Waschmittel, Geschirrspülmittel, Badreiniger et cetera habe

ich auf ökologische Substanzen umgestellt. Die kaufe ich im Bioladen, was nicht besonders kreativ ist, wie wir seit Leo Hickman wissen. Der hat sein Putzmittel mit Essigsäure hergestellt. Aber das schaffe ich zeitlich nicht. Inzwischen gibt es im herkömmlichen Drogeriemarkt außer den bekannten »Frosch«-Putzmitteln auch Produkte anderer Hersteller, die ökologisch abbaubar sind.

Biomülltüten: Bestelle ich im Internet oder kaufe sie neuerdings auch in der Drogerie oder im Lebensmittelgeschäft um die Ecke. In der jüngsten Zeit haben auch größere Hersteller auf Müllbeutel aus Maisstärke umgestellt, bieten Mülltüten aus recyceltem Material an oder eben aus Papier. In meinem Biosupermarkt gibt es leider noch keine, nur die Einkaufstüten sind aus Maisstärke. Und es hat schon ewig gebraucht, bis sie die hatten. Aber immer noch besser als die aus Plastik und damit aus Erdöl.

An der Kasse beim Einkaufen denke ich wie wohl jeder andere manchmal auch: Mist, jetzt habe ich doch schon wieder alle meine Baumwolltragetaschen vergessen und erwerbe die fünfzigste Baumwolltasche oder am Ende gar eine banale Plastiktüte. Nicht gut. Selbst Italien hat die weiße Plastiktüte abgeschafft, und die Leute kriegen ihr Zeug trotzdem nach Hause. Dann werde ich das doch wohl auch hinbekommen.

Mülltrennung: Wir trennen den Müll, Glas, Papier, Bioabfälle, Plastik. Klar.

Ökowindeln: Nach Maximilians Geburt fing ich an, Ökowindeln zu kaufen. Diese Windeln sind wirklich teuer. Das geht nicht, wenn jemand jeden Pfennig dreimal umdrehen muss.

Papier: Ich benutze zu Hause fast ausschließlich Recyclingpapier: Druckerpapier, Backpapier, Briefumschläge, Taschentücher, Wattepads, Küchenrollen, Filtertüten. Sogar Damenbinden aus zertifizierter Baumwolle kann man kaufen. Und selbstverständlich Recyclingtoilettenpapier.

Hm, das könnte eigentlich auch was für meine Schwester sein. Mal fragen, was sie davon hält.

Simone sagt: »Es darf nicht vierlagig sein. Das schafft unsere Pumpe nicht.«

»Es gibt sicher auch dreilagiges.«

»Außerdem wüsste ich gar nicht, wo ich das kriege.«

»Das gibt es in jedem Drogeriemarkt.«

»Ist das nicht viel teurer?«

Auf diese Frage nie mit Ja antworten. »Es ist etwas teurer. Aber Markenklopapier ist auch teuer.«

Sie sagt: »Hm, ja, ich denke, ich gucke jetzt mal. Es müssen ja immer zwei überzeugt sein. Aber ...«

»Aber was?«

»Aber wenn es kratzt, kannst du's vergessen.«

Es kratzt nicht.

Mein Konsumverhalten hat sich grundsätzlich verändert. Kaufen, wegschmeißen, kaufen? Das habe ich vorher zwar nicht exzessiv gemacht, aber ich hatte schon eine gewisse Leichtfertigkeit. Die ist weg. Ich versuche, bewusster zu leben mit den Mitteln, die ich habe. Also das aufzubrauchen, was ich habe, und nicht ständig etwas Neues zu kaufen. Das klingt vielleicht banal, war aber eine Zeit lang nicht mehr selbstverständlich.

8

Die Schwester: »Nerven dich meine Ökovorträge, Simone?«

Meine Schwester liebt mich trotzdem, glaube ich. Auch wenn ich ihr oft auf die Nerven gehe. Das tue ich ganz bestimmt.
»Ach, Christiane«, seufzt sie dann.
Simone ist zwölf Jahre älter als ich. Wir sind sicherlich anders miteinander aufgewachsen als Geschwister, die zwei oder drei Jahre auseinander sind.
Meine Schwester hatte sich früh von der DDR abgewandt. Mitte der 80er entdeckte sie die Friedensbewegung als Mittel, um ihre oppositionelle Haltung auszudrücken. Diese Gruppierung war eine Art Auffangbecken für sie. Sie lernte jemanden in Niederschönhausen kennen, wo sie wohnte. Mit dem ging sie zusammen zu den Treffen. Es war dann aber wohl doch nicht ihr Ding. Zu müslimäßig, sagte sie. So mit Tee und Schmalzstullen. Gut fand sie und gut tat ihr, dass die menschlichen Beziehungen zueinander tiefer gingen, als sie es gewohnt war. Sonst empfand sie soziale Kontakte in der DDR als eher oberflächlich. »Man wusste ja nicht, mit wem man offen reden konnte.« Im Nachhinein stellte sich dann raus, dass selbst in solchen Gruppen Spitzel waren.
Simone ist sich sicher, dass es auch in der DDR nicht weit her war mit Idealen oder Solidarität.
»Das wurde dir vorgegeben. Eigentlich wollte niemand mit Solidarität was zu tun haben oder mit Angela Davis und solchen Sachen.«

Das Poster der US-amerikanischen Revolutionärin Angela Davis hing damals in jedem Zimmer.

Sie sagt: »Da gab es zwei Prozent, die dran geglaubt haben, der Rest hat einfach mitgespielt.«

Ich sage: »Ich gehörte zu den zwei Prozent.«

»Du? Du hast doch nur Nutella gegessen.«

Also nur Nuss-Nougat-Creme aus dem Westen.

Sie sagt: »Das ganze Leben bestand doch nur aus Besorgen, Tauschen, Sachen ranschaffen.«

»Das sehe ich anders.«

»Du hattest immer eine andere Auffassung, Schwesterherz.«

1986 stellte sie sogar einen Ausreiseantrag.

Und zog ihn doch wieder zurück. Sie hatten ihr Angst eingejagt.

Auf dem Rathaus wurde sie gefragt, warum sie ausreisen wolle.

Sie sagte: »Weil ich nicht so reisen kann, wie ich will.«

Die sagten: »Eines Tages werden wir auch nach Paris fahren.«

Sie antwortete: »Wer sagt denn, dass ich mit Ihnen nach Paris fahren will?«

Daraufhin musste sie den Raum verlassen und draußen den Personalausweis abgeben. Sie wusste nicht, ob sie ihn wiederbekommen würde.

Wenig später kam sie eines Tages nach Hause, und die Nachbarin sagte: »Da waren zwei Herren da.« Sie suchte in der Wohnung nach Spuren der Besucher und glaubte auch, welche zu finden. Sie schlief sehr schlecht in dieser Nacht.

Am nächsten Morgen war sie mürbe. Sie ging wieder auf das Amt und sagte: »Ich möchte den Ausreiseantrag zurückziehen.«

Darauf kam jemand aus dem Nebenraum und sagte: »Ich beglückwünsche Sie dazu.«

Wenn es heißt, es habe mehr Solidarität im Osten gegeben, dann sage ich: Das stimmt. Aber es stimmt sicher auch, dass es die Solidarität einer Kellergemeinschaft war. Man war aufeinander angewiesen. Man war auf menschliche Beziehungen angewiesen. Weil man mit Geld eben nicht alles regeln konnte.

Nach dem Mauerfall gingen häufig gerade Freundschaften kaputt, von denen wir dachten, sie hätten uns ausgemacht. Man hatte sich zwar immer gefragt: Wer könnte denn jetzt hier der Stasispitzel sein? Aber am Ende waren es eben auch die, von denen man es am wenigsten geglaubt hätte. Andererseits gibt es auch Freundschaften meiner Eltern aus dieser Zeit, die bis heute halten.

Trotzdem haben die propagierten Wertvorstellungen die Leute geprägt. Konsum und materielle Werte standen tatsächlich nicht so im Mittelpunkt wie heute. Es war nicht so entscheidend, was du hattest, denn alle hatten nicht viel. Ob Lada oder Wartburg: Der Unterschied war nicht besonders groß. Dass du überhaupt ein Auto fuhrst, war schon unglaublich.

Der Unterschied zwischen meiner Schwester und mir: Ich habe an die propagierten Werte geglaubt und mich dafür engagiert. Und für Simone waren diese Werte von vornherein entwertet, weil sie dem Staat misstraut hat, der sie propagierte. Und sich am Ende bestätigt sah.

Meine Schwester lebt heute mit ihrem Mann Herbert in einer Kleinstadt in Hessen. Sie ist Physiotherapeutin. Er ist Vertriebsingenieur. Simone kocht gern und gut. Viel besser als ich. Gut kochen und gut essen ist für sie wichtig und gehört zu einem guten Leben. Darüber wird auch viel gesprochen. Wenn wir uns treffen, sprechen wir auch über das Thema Klima und Umwelt. Das heißt: Ich fange immer wieder an, darüber zu sprechen.

Ich denke: Warum kann sie nicht einfach alles genau so sehen wie ich?

Und sie denkt bestimmt: Was will sie nur immer von mir?

Manchmal seufzt sie: »Das ist halt deine Art zu leben. Das muss ich akzeptieren. Du bist meine Schwester. Du könntest sonst was machen. Ich würde immer zu dir stehen.« Sie liebt auch meine Kinder. Ganz große Liebe.

Warum denkt Simone so und ich so? Für dieses Buch haben wir ein grundsätzliches Gespräch geführt. Ich fahre mit dem ICE nach Kassel-Wilhelmshöhe, um sie zu besuchen. Simone und Herbert holen mich am Bahnhof ab und fahren mit mir zu sich nach Hause. Sie leben in einem schönen Einfamilienhaus mit Garten.

»Umwelt hat dich bis zur Wende nie interessiert, Simone?«

»Ne, das war kein Thema.«

Na ja, es gab Altstoffsammlungen. Es wurde einem gesagt, man müsse alten Menschen helfen, vor allem wenn man junger Pionier war. Wir sind zusammen von Haustür zu Haustür gegangen. Das wäre heute unvorstellbar, dass man als Kind an fremden Türen klingelt.

»Ja, klar«, sagt Simone, »das waren diese streng durchorganisierten Pioniernachmittage, damit du die ganze Familie unter Kontrolle hattest.«

Ich sage: »Selbst die Kronkorken der Flaschen haben wir gesammelt und abgegeben. Die Kronkorken wurden wieder eingeschmolzen. Und aus Altpapier wurde Toilettenpapier gemacht.«

»Und trotzdem gab es um Berlin herum Engpässe mit dem Toilettenpapier.«

Stimmt natürlich: Der Grund für das durchorganisierte Altstoffrecycling war sicher nicht der Umweltschutzgedanke; man war einfach auf Rohstoffe angewiesen. Das allerdings kann man durchaus auf heute übertragen.

»Und wie siehst du das heute? Klimawandel ist ja ein Tagesthema.«

»Wir trennen unseren Müll. Das ist ja klar. Ich kaufe allerdings nicht in Bioläden ein. Aber ich kaufe mein Fleisch jetzt wieder beim Metzger und nicht mehr im Supermarkt.«

»Warum?«

»Weil der weiß, wo mein Schwein herkommt.«

»Früher hast du das nicht gemacht?«

»Früher habe ich regelmäßig sechs Hühnerkeulen im Supermarkt gekauft. Für 1,99 Euro. Da ekelt mich es jetzt schon.«

»Wie ist es dazu gekommen?«

»Ich habe überlegt: Wie können die das produzieren, wenn sechs Hühnerkeulen 1,99 Euro kosten? Wie kommt es zu dem Preis? Das kann nicht sein. Und ich denke an die Tiere. Man sagt ja immer, es ändert sich etwas, wenn die Masse das nicht mehr kauft. Schön wär's! Ich weiß aber nicht, ob die Hühner jetzt besser leben, weil ich das nicht mehr kaufe.«

»Was zahlst du jetzt für sechs Hühnerkeulen?«

»Ich würde gar keine sechs Hühnerkeulen mehr kaufen. Wenn, dann hole ich weniger. Und seit ich ländlicher wohne, kaufe ich auch meine Ente beim Bauern.«

»Aber du liebst weiterhin Fleisch?«

»Ja. Ich möchte Fleisch essen. Sonst kannst du ja nur noch Hirse essen, wenn das so extrem weitergeht. Man weiß ja auch gar nicht, ob alles wirklich Bio ist, was unter Bio läuft.«

Wenn sie Essen sagt, meint sie Fleisch, das ist ja auch bei mir kulturell und familiär verwurzelt bis in die erinnerten Familiengeschichten. »Weißt du noch, als du mal hier warst mit Mascha?«, fragt sie.

»Nein, was war da?«

»Da hatten die beim Fleischer so Häppchen von der Wiener, die sie den Kindern gaben. Und Mascha hat mit dem Finger nach unten gezeigt. Sie wollte eine ganze Wiener. Und dann hat die Verkäuferin eine ganze Wurst rausgegeben. Sie konnte noch nicht richtig reden, aber sie wusste, dass sie die Wurst will.«

Früher kochte Simone viel größere Portionen Fleisch als heute. Schweinebauch. Haxe. Im Sommer grillen sie im Garten. Fleisch zu essen gehört für sie zur Kultur und zur Vorstellung von einem glücklichen Leben. Beide lieben es.

Herbert ging auch gern mal nachts an den Kühlschrank. Sie sorgte vor, dass dann auch was drin war, was ihn glücklich machte. Er gehört zu »dieser Nachkriegsgeneration, die nichts verkommen lässt«, sagt sie.

Inzwischen hat er auf ärztlichen Rat seinen Fleischkonsum reduzieren müssen. Sie versucht, »ausgewogener« zu kochen. Auch Fisch. Und im Sommer viel Salate.

»Ich versuche jetzt auch mal, einen Tag ohne Fleisch auszukommen. Gestern habe ich Spaghetti mit Zitronensoße gemacht, war extrem lecker und hat auch gereicht.«

Manchmal drängelt sich leider mein Über-Ich in den Vordergrund und spielt sich als moralische Instanz auf. Dann sage ich: »Ein Tag ohne Fleisch? Hahaha, das ist ja super, ein ganzer Tag ohne Fleisch!«

Das Angenehme an meiner Schwester ist, dass sie dann nicht verärgert ist und den Ball nicht einfach zurückspielt. Sie redet ruhig an der Stelle weiter, an der ich sie unterbrochen habe.

»Wir essen nicht mehr so viel wie früher, und ich kaufe auch nicht mehr diese Wurstpakete. Aber wir lassen nichts umkommen, und dann isst man halt immer alles auf.«

»Merkst du den Unterschied zwischen dem Fleisch vom Metzger und dem, das du früher im Supermarkt gekauft hast?«

»Ich merke, dass das Fleisch beim Metzger teurer ist. Aber ich sage mir: Gut, dann ist es halt so.«

»Woher weißt du, dass der Metzger die Tiere kennt?«

»Das sind Landmetzgereien. Einmal habe ich es selber gesehen, wie sie ein Rind brachten. Das tat mir so leid. Es hat sich gewehrt mit Händen und Füßen. Das haben sie in den Schlachtraum reingeschoben. Als ich wieder aus dem Laden rauskam, habe ich es tot liegen sehen.«

Ich frage sie: »Schmeckst du den Unterschied zwischen den 1,99-Euro-Hühnchen und den anderen?«

»Ja, tue ich. Wenn ich Hühner direkt kaufe, bezahle ich für

ein ganz kleines Suppenhuhn acht oder zehn Euro. Aber da merke ich, dass die Suppe ganz anders schmeckt. Bei Fleisch sehe ich generell den Unterschied. Was ich beim Metzger kaufe, das zieht nicht so viel Wasser. Und das ist ein ganz anderer Geschmack.«

Ich sage: »Weißt du noch, was unsere Mutter immer sagt: Kauf auf keinen Fall Suppenhuhn, das sind die ärmsten und dünnsten Hähne?«

»Ja, aber ich will ja eine richtige Brühe haben.«

Meine Eltern sind mit einem Ehepaar befreundet, das schon zu DDR-Zeiten eine Fleischerei in der Prenzlauer Allee hatte. »Mama hat doch abends Schweinebauchfett in der Pfanne gemacht, das habe ich geliebt«, sage ich. »Weißt du das noch?«

Simone nickt.

Früher hätte man nie nachgefragt, wo das Fleisch herkommt, ob das Tier gut gelebt hat oder nicht. Ich glaube, dort würde ich mich das auch heute nie zu fragen trauen.

Weil ich es nicht lassen kann, doziere ich ein bisschen über die Fleischindustrie. »Statt weniger, besser und unter akzeptablen Bedingungen für die Tiere zu produzieren, es dafür teurer zu verkaufen und vielleicht ein bisschen weniger Gewinn zu machen, wird alles in Masse statt in Qualität produziert. Und dadurch, dass sich die Menschen angewöhnt haben, jeden Tag in der Woche Fleisch zu essen, sind wir in diese Spirale der Massentierhaltung reingeschlittert. Statt zu sagen, ich esse zwei oder drei Tage die Woche Fleisch, aber dafür gutes.«

Meine Schwester sagt: »Ja, früher hat man oft Hering gegessen. Heute kannst du Hering kaum noch bezahlen.«

»Der Fleischkonsum ist aber nicht gestiegen, weil der Fisch so teuer wurde.«

»Aber die Leute kaufen weniger hochwertigen Fisch. Wir grillen auch Fisch. Dafür bezahlst du richtig viel Geld.«

»Ist Fisch für dich eine Alternative zu Fleisch?«

»Fisch ist aufwendiger als Bratwurst. Den muss ich erst mal sauber machen, da musst du die Schuppen lösen, den musst du richtig würzen.«

»Dir ist schon klar, dass du den reduzierten Fleischkonsum nicht mit Fisch kompensieren kannst?«

»Ja, dann mache ich eben auch mal gern Spaghetti.«

»Vegetarisch?«

»Mit Garnelen.«

»Du machst ganz schön viel mit Garnelen.«

»Um vom Fleisch wegzukommen, um was anderes anzubieten.«

Sie erzählt, wie sie nach der Wende Garnelen entdeckte. »Das war das Tollste, dass du beim Italiener fünf Riesengarnelen bestellen konntest. Das war das teuerste Gericht. Jetzt kriegst du sie überall zu kaufen.«

»Du weißt, wo die Garnelen herkommen?«

Ja, sagt sie: »Ich hab dir doch mal erzählt, dass ich Garnelenbecken gesehen habe. Bei einer Thailandreise. Und auch, was die da reinsprühen. Aber ich mag die so gern, deshalb habe ich da nicht so drüber nachgedacht.«

Die Industriegarnelen werden seit den 80er-Jahren vor allem in China, Thailand und Vietnam künstlich gezüchtet. In riesigen Shrimpsfabriken, die viele negative Auswirkungen auf das Ökosystem und die Lebensgrundlagen von Menschen und Tieren haben. Für die Shrimpsbecken werden Wälder abgeholzt und Küstenlandstriche zerstört, in die Becken werden Desinfektionsmittel, Antibiotika und Gifte gesprüht, um andere Meerestiere abzuhalten. Das alles gelangt in die Böden und die Meere. Wie immer nehmen die global operierenden Unternehmen das Geld mit, die sozialen und ökologischen Schäden dürfen das Land und die Menschen der Region behalten.

»So, und jetzt mache ich mal das Mittagessen fertig«, sagt meine Schwester und geht Richtung Küche.

Ich rufe ihr nach: »Ah, was gibt es denn?«

Simone ruft zurück: »Eine Art Eintopf.« Pause. »Mit Garnelen.« Pause. »Tut mir leid.«

Bald darauf essen wir zu Mittag. Es schmeckt super.

Ich frage sie: »Ist ein Leben ohne Fleisch für dich vorstellbar, Simone?«

»Komplett ohne Fleisch? Ich könnte es noch mehr einschränken, aber …«, sie zögert, »ganz auf Fleisch verzichten möchte ich nicht.«

»Wenn der Staat Fleisch verbieten würde, würdet ihr dann auswandern?«

»Ne.«

»In einen Fleischstaat?«

Mone schaut mich an, als sei ich ein kleines Kind. Nicht unzärtlich, aber als könne selbst ihre Geduld irgendwann an ein Ende kommen.

»Ich weiß ja ganz genau, dass das nicht passieren wird. Zigaretten sind auch furchtbar ungesund, aber der Staat verbietet sie nicht.«

»Der Staat könnte Dinge regulieren.«

»Macht er ja nicht. Das fand ich gut in der Talkshow, in der du neulich warst, dass du gesagt hast, dass der Staat bestimmte Sachen machen muss.«

Nach diesem NDR-Talkshowauftritt habe ich Briefe und E-Mails bekommen, in denen sich Leute beschwert haben, weil sie den Eindruck hatten, die Gastgeber Barbara Schöneberger und Hubertus Meyer-Burckhardt machten sich über mein Klimaproblembewusstsein lustig. Ich kenne und schätze Barbara und habe das überhaupt nicht so empfunden. Aber ich wurde sogar auf der Straße darauf angesprochen. Leute sagten: »Toll, dass Sie das so ernsthaft gemacht haben, das war ja eine Unverschämtheit.« Offensichtlich gibt es doch eine ganze Reihe Leute, die sehen, dass wir wirklich vor einem ernsthaften Problem stehen.

»Empfindest du vegetarische Küche als Verlust?«
»Irgendwie fehlt mir immer irgendwas.«
»Soll ich dir ein vegetarisches Kochbuch schenken?«
»Dieses Herzhafte fehlt mir.«
»Hast du mal Tofu probiert?«
»Ne. Ich esse einfach gerne herzhaft.«
»Könnte ich dich überreden, Tofu auszuprobieren?«
»Ich kann das gern mal kosten, aber ...«
»Es gibt so Räuchertofu, der ist ganz lecker, den kann man in Salat schneiden, und Tofubratlinge, die musst du unbedingt mal probieren.«
Sie hmt.
»Ich hatte zum Grillen mal Tofu für Herberts Tochter Christina. Die ist ja auch Vegetarierin. Ganz scheußlich. Das war wie Gummi.«
»Warum ist sie eigentlich aus der Ernährungsart geschlagen?«
»Weiß ich nicht. Herberts Enkelin Sarah isst auch ganz normal. Am Anfang gab es hier auch Diskussionen, als Christina Vegetarierin wurde. Es gab Spaghetti bolognese, und sie hat uns unseren Wurst- und Fleischverzehr vorgeworfen. Sie war damals ziemlich dünn, und deshalb meinte Herbert zu ihr, sie soll sich mal richtig ernähren, alte deutsche Schule. Diese ewigen Streitereien ums Essen fand ich so schrecklich! Da kocht man für alle und dann ...! Deshalb habe ich gesagt, wenn jetzt hier nicht Ruhe ist am Tisch, dann schmeiße ich euch beide raus. Sie hat schließlich Tomatensoße gekriegt zu den Spaghetti. Und ein Ei obenauf. Ausnahmsweise.«
»Das aß sie dann?«
»Das war in Ordnung.«
Ich kann mich erinnern, dass ich in meiner vegetarischen Phase mit 18 oder 19 auch ständig Diskussionen mit meinen Eltern hatte, ob ich auch richtig und genug esse.

»Wie wären drei Tage in der Woche komplett fleisch- und fischfrei?«

Simone überlegt. »Schwierig, da müsste ich ... also ... ich denke, das ist ein Prozess.« Sie schaut mich an. »Das wäre ein langer Prozess.«

»Wäre das eine Motivation für dich, wegen der Umwelt auf gewisse Dinge zu verzichten?«

»Ich denke natürlich darüber nach, zum Beispiel über den Thunfisch. Ich kaufe gern Thunfischbrötchen an den Tagen, an denen ich arbeite.«

»Und jetzt kaufst du kein Thunfischbrötchen mehr?«

»Doch.«

Wie wäre es mit Gemüsepfannen?

»Gemüsepfannen? Das könnte man ausprobieren. Ob es mir am Ende schmeckt, weiß ich nicht.«

Ich komme noch mal mit meinem Tofubratling.

»Ach«, seufzt Mone resigniert, »du weißt ja gar nicht, was richtig gut schmeckt.«

»Was denn?«

»Essen ist mein Leben. Kochen ist mein Leben.«

In diesem Moment wird mir klar, dass Simone ihre Liebe und Zuneigung auch durch Kochen ausdrückt. Dass sie sich geliebt fühlt, wenn den anderen ihr Essen schmeckt, wenn es andere glücklich macht. Und ich stelle das infrage.

»Es nervt, wenn die kleine Schwester so klugscheißerisch daherkommt, ich weiß, ich weiß. Nervt es?«

»Ja, manchmal nervt das. Manchmal denke ich, dass ökologische Sachen teurer sind, und dann denke ich: Okay, die kann sich das leisten.«

Das will ich nicht so stehen lassen.

»Die Frage ist natürlich: Wofür gibst du wie viel Geld aus?«

»Ach, Christiane ...«

»Du kleidest dich auch gern modisch.«

»Der Unterschied ist: Du kriegst viele Sachen. Ich muss sie kaufen.«

Stimmt. Kleidung ist überhaupt eine Sache, bei der ich nicht besonders toll dastehe. Der Ressourcenverbrauch steht in keinem Verhältnis dazu, dass man sie nach einer Saison ablegt und dann nicht mehr trägt.

Sie sagt: »Aber ich frag mich schon immer wieder: Wo kommt der Preis her bei H&M?«

»Spielt das dann beim Kauf eine Rolle?«

»Ne, im Moment noch nicht.«

Ich kann nichts sagen, ich kaufe auch Dinge, bei denen ich weiß, dass der günstige Preis auf Kosten von jemand anderem geht.

Ich frage: »Gibts noch andere Sachen, die dich an mir nerven?«

»Ja, manche Sachen finde ich schon Spinnerei.«

»Was denn jetzt?«

»Das war eine Situation bei dir, weißt du noch, da war zu viel Fett auf der Pfanne nach dem Braten. Und da sagte ich: Nimm halt die Haushaltstücher, weil es schneller geht und das Leben leichter macht. Und du wolltest das nicht, du wolltest nicht die Haushaltsrolle nehmen. Ich habe nicht an die Umwelt gedacht, sondern daran, die Hektik rauszukriegen. Und da habe ich gesagt: Das ist doch nur eine Ausnahme. Mach dir das Leben doch nicht so schwer.«

Ich greife sie moralisch an. Und sie sorgt sich, dass mich mein Ökobewusstsein unglücklich machen könnte.

Ich frage sie: »Wer soll denn das Klimawandel-Problem lösen?«

»Ich denke, das muss die Politik machen. Ich alleine oder zu zweit mit dir …«

»Du denkst nicht, dass du Dinge verändern kannst?«

»Ich find's grausam, wie man mit den Fischen umgeht. Aber ich denke, was hilft es, wenn meine Büchse Thunfisch fehlt … Und dann sag ich mir auch: Ich verzichte hier, und in China oder Japan schöpfen sie aus dem Vollen und gehen über alles hinweg. Was kann ich an alldem ändern? Die machen mit ihrem wahnsinnigen Wirtschaftswachstum genau das, wovon wir wegkommen sollten. Es wird trotzdem alles abgeschlachtet, obwohl ich auf meine Büchse verzichte.«

Es ist einer der Hauptgedanken, der sie hemmt, aktiver zu werden: Was bringt es, wenn Einzelne sich hier ändern? Und Millionen anderswo jetzt erst richtig loslegen?

Meine Schwester war 27, als die DDR zusammenbrach. Ich war erst 15. Es kann sein, dass sie das Gefühl hat, um etwas betrogen worden zu sein. Und sich selbst noch in der Phase des Nachholens sieht. Und vor allem: aufgrund ihrer Erfahrung skeptisch ist, zu Recht skeptisch, wenn man ihr sagt, sie solle sich gefälligst für eine »größere Sache« engagieren.

»Aber die Frage bleibt doch trotzdem: Kann man im Rahmen seiner Möglichkeiten sein Leben ökologisch verbessern?«

»Ich denke, dass das aufwendiger ist. Man müsste umdenken.«

»Und woanders sparen?«

»Man müsste ein bisschen was umstellen«, sagt sie, überlegt kurz und setzt dann nach: »Man muss alles umstellen.«

Mir fällt während des Gesprächs auf, dass ich manches auch gar nicht weiß von ihr. »Gehst du eigentlich zu Fuß?«

»Ja, ich gehe auch zu Fuß«, sagt sie, »aber nicht wegen der Umwelt, sondern wegen des Spritpreises.«

»Aha, dann zieht ja bei dir so etwas wie die Umweltsteuer.«

Ich merke, dass ich etwas angespannt bin.

»Ich verstehe nicht, warum du über den Preis, aber nicht über die Umwelt nachdenkst«, zische ich.

Sie bleibt entspannt. »Weil die Chinesen auch fahren.«

»Die Chinesen wollen eben auch Anteil haben an unserem Wohlstand.«

»Genau. Und da sage ich: Kannst du denen das verbieten, was wir hier vorleben?«

»Deshalb müssen wir uns ja ändern. Um ihnen zu zeigen, dass wir es ernst meinen. Dass man auch in kleinen Autos und mit wenig Fleisch Wohlstand genießen kann.«

»Hmhmhm, ja, aber ich glaube, das bringt nichts. Wohlstand herzeigen, Autofahren, diese Phase, die wir auch hatten, die machen die jetzt auch durch. Und ich glaube, da bringt sie niemand davon ab.«

»Die Klimaveränderung ist ein Fakt.«

»Ja, weiß ich.«

»Die wird uns auch betreffen. Denkst du nicht, dass wir umdenken müssen? Ist deine einzige Reaktion, zu sagen: Wir können eh nichts machen?«

Sie schweigt. Ein Löffel klopft an die Porzellantasse.

Ich fange an, mich aufzuregen. Entspannen! Nicht ungerecht werden.

»Hast du beim Kauf deines Autos geguckt, wie viel CO_2 es ausstößt? Nö! Warum nicht? Weil es wichtiger für dich war, ein schnelles Auto zu haben.« Mist, ich werde schon wieder ungerecht.

»Genau. Das war mein Traumwagen.« Sie bleibt ruhig.

»Und dass das überhaupt nicht Zeitgeist ist, das ist dir nicht klar?«

»Nö. Der Zeitgeist ist kein Kriterium für mich. Ist er das für dich? Ich wollte dieses Auto schon immer haben.«

»Wenn alle so denken, geht die Welt den Bach runter. Dann wird dieser Planet irgendwann nicht mehr bewohnbar sein. Das wirst du vielleicht nicht mehr erleben, aber Mascha und Maximilian und Sarah, die werden das erleben!«

Jetzt habe ich doch tatsächlich die ganz große Moralkeule rausgeholt. Verdammt! Das passiert mir nur bei meiner Schwester. Wahrscheinlich, weil es mir so wichtig ist, dass sie mich versteht und dass sie meine Überzeugung teilt.

Pause. Schweigen. Ich schlucke. Sie schluckt.

»Du weißt genau, dass du mich damit kriegen kannst«, sagt Simone dann. »Dass ich an Mascha und Maxi denke, an meine Familie. Ich werde jetzt aber nicht an jemanden in Afrika denken.«

»Musst du nicht«, sage ich. »Es reicht, wenn du an Mascha und Maxi denkst.«

Später, als ich am Gehen bin, wir stehen schon im Flur, fragt sie: »Willst du noch zwei Würste für die Kinder mitnehmen? Die mögen sie doch so!«

9

Mobilität und Urlaub:
Mein Traum von Christian Ulmens SUV

Ich muss gestehen, dass ich eine richtige Aversion gegen SUVs entwickelt habe, das sind diese großen, höher gelegten, spritfressenden Autos, die eigentlich vor allem für unebene, schroffe, schlecht zu befahrende Gelände gedacht sind. Als ich in Hamburg lebte, wohnten wir in einer Gegend, die voll von diesen Autos war. Die Frauen holen damit ihre Kinder von der Schule ab oder fahren in den Supermarkt. Ich dachte lange, es sei nur ein Klischee. Aber es ist tatsächlich so.

Ein prominenter Gastronom hat so ein »sport utility vehicle«. Ich fragte ihn, warum er so ein Auto fährt, das zwölf, dreizehn, vierzehn Liter fossilen Brennstoff auf 100 Kilometern verbraucht.

Er sagte: »Christiane, ich kann dir gerne sagen, warum. Das ist meine Freizeit, das ist mein Hobby, ich liebe dieses Auto, es ist mir scheißegal, was der für einen CO_2-Wert hat.«

Was soll man da sagen?

Mein Kollege Benno Fürmann meinte mal beim Spaziergang in Köln, als wir so einem Auto beim Einparken zusahen, SUVs seien einfach nicht mehr angesagt. Zeitgemäß seien verbrauchsoptimierte Autos wie die »VW Blue Motion«-Reihe. Das sehe ich definitiv auch so, aber ich war wirklich überrascht, dies von einem Mann zu hören. Seit das Thema Klimawandel in den letzten Jahren mehr und mehr über die Medien kommuniziert wird, werben die Automobilhersteller offensiv mit niedrigen CO_2-Werten ihrer Autos. Vielleicht spürt der SUV-Fahrer eines Tages ja den gesellschaftlichen Druck und schwenkt um. Oder er wird bockig oder inszeniert sich als Rebell gegen ein imaginiertes Ökoregime, das ihm den Spaß verderben will?

Als ich vor zwei Jahren mit den Dreharbeiten zu dem Kinofilm *Jerry Cotton* begann, stand vor unserem Maskenmobil so ein SUV.

Meine erste Frage beim Ankommen in der Maske lautete: »Wem gehört denn dieses Auto?«

Es war das Auto meines Kollegen Christian Ulmen. Obwohl ich ihn zu diesem Zeitpunkt noch nicht gut kannte, fragte ich ihn spontan, ob er eigentlich wisse, wie umweltschädlich dieses Fahrzeug sei. Er war so perplex und ob meiner Direktheit unangenehm berührt, dass er mir eine Antwort schuldig blieb. Unser Verhältnis blieb damit auch leider etwas unterkühlt. Mich hat die Sache und mein vielleicht zu forsches Vorgehen so beschäftigt, dass ich zwei Tage später davon träumte. Ich träumte, dass ich mit Christian in seinem Auto saß. Wir fuhren auf der Autobahn, und er sagte: »Sieh doch, wie gut man von hier oben die Straße überblicken kann. Ist das nicht ein toller Blick?!«

Tatsächlich habe ich das Argument mit dem guten Straßenüberblick, dem Sicherheitsaspekt und der Geräumigkeit für Familien schon oft gehört.

Ich habe Christian später von meinem Traum erzählt. Er hat das nicht weiter kommentiert. Gut möglich, dass er dachte, ich sei verrückt.

Ein Jahr später habe ich Christian Ulmen auf dem »New Face Award« getroffen, und er sagte: »Christiane, weißt du, was?«

»Ne, was?«

»Ich habe jetzt einen Hybrid-SUV.«

Der zusätzliche Elektromotor macht den SUV zwar auch

nicht wirklich zum Ökoauto. Aber dass er das gemacht hat und mir offensichtlich meine Direktheit verziehen hat, das fand ich toll.

Die mentale Ablösung vom Auto

Natürlich genügt es nicht, sich über SUVs aufzuregen. Es klingt wahrscheinlich ziemlich naiv, wenn nicht sogar banal. Es gibt auch einige wenige Gründe, so ein oder so ein ähnliches Auto zu fahren. Als ich in Namibia im Gebirge drehte, wären wir ohne Allradjeep die steile, ungeteerte, sandige Bergstraße nicht hochgekommen. Allerdings ist mir nicht bekannt, dass die Kitas und Schulen in Deutschland auf steilen, ungeteerten, sandigen Bergpässen liegen. Hm.

Sicher muss man sich überlegen, was konkret gewonnen wäre, wenn es keine SUVs mehr gäbe. Symbolisch eine ganze Menge. Der SUV steht für die fortschreitende Übermotorisierung jenseits der Sinnfrage. Real dagegen ist ohne SUV noch nichts gewonnen, da sie – zumindest in Deutschland, man glaubt es kaum –, nicht massenhaft verkauft werden. Ein Beispiel: Bei Volkswagen kommen etwa 100 Golf auf einen Touareg.

Das heißt: Weil es nicht um den Einzelfall geht, sondern um deutlich weniger Verbrauch der gesamten Autogesellschaft, hilft es nicht, einfach SUVs zu verbieten, sondern Autos müssen generell weniger verbrauchen. Und zwar schnell. Indem sie effizientere Motoren haben, indem weniger Autos fahren, indem wir weniger fahren: Am Ende muss insgesamt deutlich weniger Gesamtausstoß von CO_2 stehen.

Man wird Menschen, die ein Auto brauchen oder zu brauchen glauben, aber nicht von heute auf morgen dazu bringen, ihr Auto abzuschaffen. Die große Frage ist daher zunächst mal, warum immer noch relativ wenige Leute die verbrauchsoptimierten Eco-Versionen kaufen. In den letzten Jahren werden solche Modelle zunehmend von fast allen Automobilherstellern in den verschiedensten Klassen angeboten. So gibt es, zum Beispiel, eine ganz gut verkaufte Familienlimousine eines deutschen Unternehmens, die in der Eco-Diesel-Variante nur 114 Gramm Kohlendioxid pro Kilometer ausstößt. Das ist schon ziemlich gut. Trotzdem kaufen die meisten die anderen Modelle. Das Preisargument? Scheint mir nicht wirklich stichhaltig. Natürlich sollte die Eco-Version nicht teurer sein als die »Normal«-Version. Aber viele kaufen ja auch die noch teureren Versionen mit extra viel PS. Da liegt es auch nicht am Geld.

Grundsätzlich sind wir als Gesellschaft strukturell und mental tief verwoben mit dem Automobil. Das Auto ist ein fester Bestandteil unserer Kultur. Es ist Symbol für Unabhängigkeit, Aufschwung und Fortschritt. Für die meisten von uns ist das Auto der Inbegriff der großen, erkämpften, individuellen Freiheit – über alle sozialen Schichten hinweg. Unser modernes, hochmobiles Leben scheint, beruflich wie privat, ohne Auto kaum vorstellbar. So war es über die letzten Jahrzehnte. Seitdem hat sich aber vieles verändert. Heute endet die individuelle Freiheit oft regelmäßig im Stau. Der Autoverkehr als Ganzes beschneidet sogar unsere individuelle Freiheit, denn er gefährdet unsere Gesundheit. Unsere Lebensqualität in der Stadt oder in bestimmten Wohnlagen wird durch das Auto erheblich reduziert. Für das Auto haben wir große Strukturen geschaffen, etwa durch Suburbanisierung und den Umbau von Städten mit der Priorität auf fließenden Autoverkehr und Parkmöglichkeiten. Und dabei andere Strukturen zerstört, etwa durch die Abschaffung von Straßenbahnen, Stilllegung von Bahnhöfen und Bahnstrecken, überhaupt die Reduzierung von öffentlichem Nahverkehr, speziell auf dem Land, wo man ohne Auto oft weder zur Arbeit kommt noch einkaufen kann noch abends ausgehen. Und Eltern werden dort noch stärker als Chauffeure ihrer Kinder gebraucht als in der Stadt.

Die steigenden Benzinpreise verdeutlichen jedem an der Tankstelle die Endlichkeit der fossilen Brennstoffe und damit die Endlichkeit unserer derzeitigen Form der Mobilität. Je weniger wir uns ändern, desto stärker werden die Preise weiter steigen. Das heißt: Wir brauchen ein neues Modell, ein neues gedankliches Modell, um unsere hohe, flexible Mobilität anders weiterführen zu können.

Intensiv werden nun neue Antriebe gesucht und entwickelt, um den derzeitigen Zustand aufrechtzuerhalten: Hybridfahrzeuge, Elektroautos, Antrieb durch Bioethanol, Pflanzenöl oder mit Wasserstoff und Autogas und und und.

Vor einigen Jahren durfte ich ein Hydrogenauto testfahren. Hier wird der Verbrennungsmotor mit Wasserstoff angetrieben. Das war zu dem Zeitpunkt etwas ganz Neuartiges, das ich unglaublich spannend fand und unbedingt ausprobieren wollte. Dadurch habe ich mich in dieser Zeit intensiver mit alternativen Antrieben auseinandergesetzt, Bücher und Artikel darüber gelesen, um festzustellen, dass wir die optimale Lösung noch nicht wirklich gefunden haben. Trotzdem empfand ich dieses Wasserstoff-Auto als einen wichtigen Schritt beim Nachdenken über die Entwicklung alternativer Antriebe.

Den Wasserstoff zu tanken war übrigens gar nicht so einfach. Es erinnerte ein bisschen an die Betankung bei der Formel 1, wo ein riesiger, schwerer Tankschlauch über einen speziellen Rüssel auf den Stutzen gekuppelt wird. Aufbewahrungsort für den tiefgekühlten Wasserstoff war dann eine große Gasflasche im Kofferraum. Was ich als nicht ganz unproblematisch empfand: Wenn man nicht fuhr, verdunstete der Wasserstoff. In vier, fünf Tagen war er einfach weg! In diesem Fall konnte man dann immer noch auf Benzin umschalten, denn das war ein Auto mit einem bivalenten Antrieb.

Ich finde es wichtig und richtig, neue Antriebskonzepte zu entwickeln, um den Verbrennungsmotor und die Verbrennung von fossilen Rohstoffen möglichst schnell zu reduzieren und schließlich beenden zu können. Allerdings frage ich mich, ob der Elektromotor im Auto letztlich nicht nur eine Art »symptomatische Therapie« ist. Das heißt: Man bekämpft die Symptome, aber nicht die Ursache und lindert zwar, zum Beispiel, den Schmerz, aber ohne heilende Wirkung zu erzielen. Letztlich braucht der Elektromotor auch Energie, diese Energie muss erzeugt werden, und das wird sie bis auf Weiteres nicht ausschließlich regenerativ.

Man wird daher auch diskutieren müssen, ob wir nicht an den Grenzen der Vorstellung sind, man könne alles weiter so machen wie bisher, wenn man nur die richtigen Technologien hat. Der Sozialpsychologe Harald Welzer, mit dem ich für dieses Buch gesprochen habe, sieht den Grund im Beharren auf »Plan A«, wie er das nennt, im Fehlen von Plan B und der Unfähigkeit, sich einen Plan B vorstellen zu können. Ein Plan B kann auch beinhalten, dass wir Konzepte schaffen, wie wir künftig mit weniger Mobilität leben. Darüber zu sprechen fällt vielen besonders schwer. Als der grüne baden-württembergische Ministerpräsident Winfried Kretschmann bei seinem Amtsantritt sagte, dass »weniger Autos natürlich besser sind als mehr Autos«, erntete er Entrüstung – bei der Industrie und auch beim Koalitionspartner SPD. Und als er dann noch sagte, in der Zukunft werde man nicht nur Autos, sondern auch »Mobilitätskonzepte verkaufen«, war es für manche vollends aus. Mobilitätskonzepte? Ja, sagte Kretschmann. Dazu gehören für ihn Laufen, Fahrradfahren, Autofahren, Eisenbahnfahren.

In den Städten gibt es natürlich schon lange Alternativen zum Auto, die eigentlich die Grundlage für ein neues Mobilitätskonzept bieten: öffentliche Verkehrsmittel, das Fahrrad, Carsharing. Aber machen wir uns doch nichts vor: Ich denke, jeder Berufstätige mit oder auch ohne Familie weiß, wie oft man froh ist, ein eigenes Auto zu haben. Zur Arbeit fahren, Einkäufe machen, die Kinder zur Schule, in die Kita und zu Nachmittagsveranstaltungen bringen, generell die Versorgung der Familie gewährleisten: Das alles scheint im Moment mit dem Auto viel, viel leichter zu sein. Und weil auch ich diesen Eindruck habe, habe auch ich ein Auto.

Ein Auto ist für mich ein unspektakuläres Gebrauchsprodukt mit Verbrauchswerten, die mir halbwegs das Gefühl geben, umweltbewusst zu fahren. Vor ein paar Jahren hatte ich einen französischen Kombi in der Eco-Variante, der gute Verbrauchswerte versprach, die er im Alltag leider nicht ganz einhalten konnte. Dabei fahre ich energiebewusst, das heißt niedrigtourig, ohne Bleifuß und einigermaßen vorausschauend. Und ich achte darauf, dass die Reifen optimal aufgepumpt sind. Dennoch brauchte dieses Auto in der Stadt so etwa sechs Liter.

Im Moment fahre ich ein »Blue Motion«-Fahrzeug mit dem kleinsten Dieselmotor. Die »Blue Motion«-Technologie optimiert den Kraftstoffverbrauch und den Schadstoffausstoß eines konventionellen Benzin- oder Dieselmotors, um ihn umweltverträglicher zu machen. Im Prinzip wird durch einige Verbesserungen der Luftwiderstand verringert, der Motor optimiert, und das manuelle Schaltgetriebe ist in den oberen Gangstufen länger übersetzt. Dadurch fährt man mit geringerer Motordrehzahl. Dazu kommt ein Start-Stopp-System: Das Auto geht an der roten Ampel aus und springt bei Grün wieder an. Und es gibt die Bremsenergierückgewinnung. Das alles verbessert den Verbrauch um mindestens zehn Prozent.

Ein Tropfen auf den heißen Stein? Ja und nein.

Es ist ein Statement an die Unternehmen, dass Eco-Autos gewollt sind. Und an die Politik, dass klimafreundliche Autos und CO_2-Obergrenzen vielleicht sogar vorgeschrieben werden können, ohne dass die Industrie zusammenbricht und unsere Freiheit in Gefahr ist. Im Gegenteil: Ich würde meine Freiheit gerne behalten und genau deshalb habe ich in den letzten Jahren angefangen, grundsätzlich umzudenken. Ich habe versucht, die Abläufe besser zu koordinieren, ich gehe mehr zu Fuß und fahre mit dem Rad. Da ich jetzt wieder in einem Kiez wohne, in dem alles nah beieinander ist, ist das gut möglich. Unlängst habe ich einen akut erkrankten Freund mit dem Auto zum Arzt gebracht. Danach habe ich das Auto abgestellt und meine weiteren Aufgaben mit dem Fahrrad erledigt.

Das ist sicher nicht perfekt, aber vielleicht ein Anfang, wenn man so etwas wie neue Mobilitätskonzepte versucht umzusetzen. Ich merke natürlich immer wieder, dass ich die eingeübte Automentalität nur schwer loswerde. Aber gerade auch das Gespräch mit Harald Welzer hat bei mir eine Tür geöffnet. Ich bin entschlossen, künftig nicht mehr meine individuelle Argumentation zu verfestigen, warum ich unbedingt ein Auto brauche. Sondern mich mit persönlichen und gesellschaftlichen Mobilitätsperspektiven jenseits der Fixierung auf das Auto zu beschäftigen. Für mich heißt das: Ich fahre wesentlich mehr Strecken mit dem Rad.

Angst vor dem Radfahren

Als Studentin bin ich viel mit dem Fahrrad gefahren, praktisch alles. Als dann meine Tochter Mascha geboren war, war das erst einmal vorbei. Damals empfand ich den Weg zu meinem Arbeitsplatz in der Berliner Charité als zu weit. Auch kam für mich ein Kindersitz auf dem Fahrrad zu der Zeit nicht infrage. Es war mir einfach zu unsicher. Vor Jahren hatte ich einen schweren Fahrradunfall gehabt und war zum Glück mit dem Schrecken davongekommen. Jetzt hatte ich aber Angst, dass mir das wieder passiert, diesmal mit meinem Kind auf dem Rad. Das wollte ich auf keinen Fall riskieren. So war das Auto neben den öffentlichen Verkehrsmitteln ab und zu das Fortbewegungsmittel der Wahl.

Kurz vor Maximilians Geburt – Mascha hatte inzwischen ihr eigenes Fahrrad – begannen wir, das Radfahren wieder in unseren Lebensalltag zu integrieren und damit auch wieder so etwas wie ein Stück Freiheit zurückzugewinnen und zu genießen: sich bewegen, an der Luft sein, Ausflüge machen ohne Parkplatzsuche und Stau. Ich fing also wieder an mit dem Fahrradfahren und habe mir während meiner zweiten Schwangerschaft ein altes Damenfahrrad gekauft.

Ich wollte eigentlich nie ein »Damen«-Fahrrad. Aber mit Bauch kommst du über ein Stangenfahrrad einfach nicht rüber. Danach war für mich klar, dass ich eine sichere Fahrradalternative zum Auto brauche. Als Maximilian anderthalb Jahre alt war, wurde dann ein Christiania-Bike für die Familie angeschafft. Das ist ein Lastenrad, dessen Grundmodell ein Dreirad mit einer Kiste vorne dran ist, mit der ich nun meine Kinder und Einkäufe transportieren kann. Ich hatte es das erste Mal bei Freunden in der Kita von Mascha gesehen und war total begeistert. Die Kinder übrigens auch, sie liebten es, zu dritt in der Kiste durch die Gegend geradelt zu werden. Im Gegensatz zu den Anhängern und Fahrradsitzen habe ich als Unfallqueen mit der stabilen Kiste ein sicheres Gefühl auf der Straße. Inzwischen ist die Anschaffung keine so kostengünstige Angelegenheit mehr. Aber ich finde, sie lohnt sich unbedingt.

So ist das Fahrrad wieder fest in unseren Alltag integriert. Allerdings bin ich niemand, der bei drei Grad Celsius und Regen oder Schnee und Eis Rad fährt. Im Gegensatz zu manchen robusten Vätern aus der Kita meines Sohnes, die das ganze Jahr fahren, egal bei welchen Wetterbedingungen. Dafür bewundere ich sie wirklich sehr. Von November bis März hat das Christiania-Bike bei uns Pause. Der alljährliche Umstieg zurück aufs Rad fällt danach gar nicht so leicht.

Letztes Frühjahr musste ich mich innerlich richtig zwingen, das Fahrrad wieder rauszuholen. Das ist bei mir immer so. Es braucht so etwas wie eine innere Vorbereitung. Ein paar Wochen vorher fange ich an, das Fahrrad mental in meinen Alltag einzubuchen. Und wenn dann halbwegs der erste Sonnentag des Jahres da ist, bin ich bereit. Hoffentlich.

Urlaubsfliegen

In der Regel mache ich einen privaten Urlaubsflug im Jahr – wenn überhaupt. Im Sommer 2011 nach Südfrankreich. Hin und zurück sind das 0,88 Tonnen CO_2 pro Mensch. Selten mache ich so etwas, wie mal eine Woche nach Rom zu fliegen. Das letzte Mal liegt schon einige Jahre zurück. Ich hatte das große Glück, dort einen Film zu drehen, und wollte unbedingt noch mal zurück. Das empfand ich schon als dekadent, aber es musste dennoch sein. Und damals war ich in meinem ökologischen Bewusstsein noch nicht so konsequent.

In der Vergangenheit waren wir in den Ferien auf Fuerteventura oder Lanzarote, den Kanaren. Das sind dann von Berlin aus 3 500 Kilometer hin und 3 500 wieder zurück. Macht 2,2 Tonnen CO_2 pro Reisenden, mehr als z. B. ein Inder durchschnittlich in einem Jahr in die Umwelt entlässt. Wir haben in den letzten Jahren viel über Urlaubsflüge nachgedacht. Da ich beruflich dann doch oft in ein Flugzeug steigen muss, versuchen wir beim Urlaub darauf zu verzichten. Als es die Option gab, mehrere

Fernreisen in einem Jahr zu machen, haben wir uns entschieden, maximal nur ein Mal im Jahr in den Urlaub zu fliegen. Ansonsten verreisen wir möglichst nur innerhalb des Landes. Meist an die Ostsee, für eine Woche oder ein paar Tage. Mit den Kindern fahre ich lieber mit dem Auto – zu viel Gepäck, zu häufiges Umsteigen. Allein bin ich dagegen schon oft mit der Bahn an die See gefahren.

Umweltfreundlich Urlaub zu machen bedeutet, in der Nähe Urlaub zu machen, jedenfalls nicht zu fliegen. Sich auf den Bahamas oder in Costa Rica zwei Wochen in einer abgelegenen Ökolodge einzumieten, das kann spannend sein, aber Ökourlaub ist es sicher nicht, wenn man dafür aus Deutschland einfliegt. Die unberührte Natur erleben? Das ist ein Widerspruch in sich selbst, denn dann ist sie ja nicht mehr unberührt. Öko wäre – verkürzt gesagt – ein großes Haus in der Nähe, in dem viele Leute auf einem Haufen sind und sich Raum und Energieverbrauch teilen. Das aber ist das Gegenteil von dem, was viele sich unter Urlaub vorstellen.

Urlaub ist Sehnsucht nach schneller Befriedigung von Wünschen – der Gegensatz zum Alltag oder auch zum ökologischkorrekten, nachhaltigen Alltag. Urlaub ist Urlaub vom Alltag, da ist manchen dann auch das Mülltrennen zu viel. Man möchte sich gehen lassen, nicht ständig auf alles achten. Urlaub ist häufig nicht nur die Notwendigkeit der Entspannung, sondern auch und ohne sich das klargemacht zu haben, die Sehnsucht, mal ein anderer Mensch zu sein und ein anderes Leben zu führen. Entspannter, großzügiger, mehr im Einklang mit sich und anderen. Das scheint einem weit weg leichter als zum Beispiel in Zinnowitz auf Usedom.

Wie man bei 250 Stundenkilometern zur Ruhe kommt

Du stehst mit zwei Kindern und tausend Gepäckstücken in Eiseskälte am Bahnsteig. Wo bleibt unser Zug? Es gibt keinerlei Ansagen. Am Ende hat der Zug über eine Stunde Verspätung, und du denkst dir: Was mache ich hier eigentlich?

Trotzdem fahre ich viel lieber Bahn als Auto. Bahnfahren ist für mich so etwas wie Wellness. Vor allem, wenn ich auch noch ohne Kinder unterwegs bin. Da sitze ich ein paar Stunden alleine und bin dann auch alleine. Kann lesen und rausgucken. Und es stört mich niemand. Mein Leben ist so bewegt, dass ich in der Bahn bei 250 Stundenkilometern zur Ruhe komme. Ich kann nicht aussteigen, ich muss nicht umsteigen, ich muss nirgendwohin, das ist für mich totale Entschleunigung. Ich genieße das. Wenn ich warm sitze, kann der Zug meinetwegen auch Verspätung haben. Zwischen Hamburg und Berlin hatte ich mal so was wie einen Stammplatz. Ich fuhr alle zwei Wochen hin und her, mindestens. Ich setzte mich bei jeder Fahrt wieder an den gleichen Platz, bewaffnet mit meiner Bahncomfort-Karte.

Ich habe von Berufs wegen ja wirklich keine Routine in meinem Leben. Ich komme nicht auf demselben Weg an einen festen Arbeitsplatz, sondern habe jeden Tag etwas Neues. Der Bahncomfort-Platz hat so etwas wie Routine in mein Leben gebracht. Da wusste ich: Ich geh in denselben Wagen, setze mich an denselben Platz und entspanne mich. Fliegen finde ich anstrengend, physisch und geistig. Bahnfahren ist dagegen Erholung. Auch wenn das jetzt wie Werbung klingt, es ist ganz einfach so.

Warum ich nicht Ski fahre

Ich fahre nicht Ski. Ich habe prinzipiell was gegen Skifahren. Vor allem wegen der Schneekanonen. Ich bin als Kind mal Ski gefahren und als Studentin, aber inzwischen nicht mehr. Um ganz ehrlich zu sein: Ich lehne es ab.

Meine Schwester sagt, sie mache sich da natürlich auch ihre Gedanken. Sie fährt dreimal im Jahr in den Skiurlaub. Zweimal mit ihrem Mann, einmal mit der Firma.

Sie sagt: »Was bringt es, wenn ich nicht fahre?« Oder: »Ich fahre Ski, und du fliegst zum Drehen irgendwohin ...«

»Das ist was anderes, das ist mein Beruf.«

»Na ja, dann fahr mit dem Schiff.«

Für sie ist Skifahren nun mal das Schönste überhaupt. Es ist verständlich, dass sie die Argumente bevorzugt, die dafür sprechen.

»Die Menschen waren ja früher ziemlich arme Bergbauern. Und jetzt haben sie diesen Tourismus. Die Täler wären sonst schon längst menschenleer.«

Selbstverständlich hat der Winter- und Skitourismus in den Alpen und in anderen Skigebieten eine wichtige ökonomische Funktion. Millionen Menschen leben davon. Ich will auch gar nicht schwärmen von einer guten, alten Zeit, als die Menschen in den einsamen Tälern glücklich mit der Natur lebten; viele waren bettelarm, so lustig war das sicher nicht.

Der Tourismus hat die Orte und Täler komplett verändert. Die Bauern wurden Dienstleister im Tourismusgewerbe, die Wiesen wurden verkauft, die Landschaft wurde bebaut mit Liften, Seilbahnen und Hotels, die Verkehrsbelastung ist enorm. Die Orte sind in der Hand der Touristen, Folklore und Kitschkulisse sind längst ineinander verschmolzen.

Und dann auch noch der Klimawandel. Die Erderwärmung verschiebt die 0-Grad-Grenze um etwa 150 Meter nach oben.

Das heißt: Gletscher schmelzen, der Permafrostboden taut auf. In der Höhe nimmt die Erwärmung besonders zu. In den Alpen ist die Temperatur gegenüber dem weltweiten Schnitt um das Dreifache gestiegen: um zwei Grad. Währenddessen geht die Niederschlags- und damit auch die Schneemenge laut den Prognosen um etwa zehn Prozent zurück. Praktisch alle Skigebiete Deutschlands und zwei Drittel in Österreich sind künftig nicht mehr schneesicher.

Ohne Kunstschnee geht längst nichts mehr im Skisport. Wenn ein Skigebiet eine Kapazität von knapp 100 000 Menschen hat und Hunderte von Pistenkilometern, braucht es eine enorme Menge künstlichen Schnees. Dieser Schnee muss aufwendig hergestellt werden in Wasserspeichern und unter Einsatz riesiger Mengen Strom. Da rattern jede Nacht riesige Schneekanonen, die Wasser und Druckluft mischen. Das Wasser dafür wird aus Quellen und Flüssen hochgepumpt und in Wasserspeichern im Berg gelagert. Für die Grundbeschneiung von einem Hektar Piste werden mindestens eine Million Liter Wasser benötigt. Die Piste muss regelmäßig nachbeschneit werden, das summiert sich bis auf das Vierfache. Große Anlagen mit mehreren Schneekanonen verbrauchen bis über 500 000 Kilowattstunden Strom pro Saison. Ein Familienhaushalt mit vier Menschen verbraucht etwa 3 500 bis 4 500 Kilowattstunden im Jahr.

Kunstschnee kommt aus den USA, dort gibt es ihn seit den 50ern. Seit Ende der 80er wird er auch in deutschen Skigebieten benutzt. Kurzfristig betrachtet ist er ein Segen. Schneelose oder schneearme Winter sind eine Gefahr für die Wirtschaft. Aber immer weniger Winterskiorte sind, der Erderwärmung wegen, schneesicher. Deshalb hat man viel Geld in Schneekanonen investiert, um weiter mithalten zu können und Gäste anzuziehen. Der Kunstschnee ermöglicht oder verlängert die Skisaison und erhält oder vergrößert damit die Einnahmen – aber er vergrößerte auch die Belastung.

Eine Skipiste kann viel weniger Wasser speichern als ein Bergwald. Der Kunstschnee erhöht die Schmelzwasserabflüsse im Frühjahr zusätzlich. Das heißt: Die Überschwemmungen werden künftig mehr und heftiger. Klimaforscher sagen, dass die Wetterschwankungen immer größer und in beide Richtungen extremer werden. Also entweder kein Schnee oder Schneemassen. Entweder sehr kalt oder gar nicht kalt. Überwiegen werden aber wärmere und zumindest in Mittelgebirgslagen schneearme Winter.

Weil wir an die Macht der Technologie glauben, sagen wir: Egal, den Winter kriegen wir auch so hin. Kriegen wir auch. Wir erzeugen den Schnee künstlich und verbrauchen dafür riesige Mengen Energie, weil es durch unseren riesigen Energieverbrauch nicht mehr natürlich schneit.

Im Grunde steht diese Logik stellvertretend für die grundsätzliche Logik: Kurzfristig geht alles weiter wie bisher, aber dadurch schwindet sowohl die ökologische wie auch die ökonomische Perspektive: Die empfindlichen Ökosysteme werden weiter geschädigt, Anpassungsmaßnahmen an den Klimawandel versäumt, und ein rechtzeitiger ökonomischer Umbau für ein Leben jenseits des Skitourismus wird verpasst. Wenn es noch wärmer wird, nutzen auch die Schneekanonen nichts mehr.

Man tut alles, damit es kurzfristig weitergehen kann wie bisher, und tut damit gleichzeitig alles, damit es gar nicht mehr weitergeht. Man sieht das Problem sehr wohl, und um damit klarzukommen, sagt man, die Technologie wird uns irgendwie schon retten. Nur nicht zu früh umsteuern.

Aber das mit dem Umbau ist leicht gesagt. Meine Schwester sagt: »Würden wir nicht Ski fahren, würde unser Skilehrer wieder Kühe auf die Weide treiben.«

Ich sage: »Und dass das langfristig seinen Lebensraum ruiniert?«

»Ich will nicht sagen, dass ich das verdränge. Ich sehe auch, wie die Gletscher zurückgehen. Aber ...«

Aber?

»Wir sagen uns, wir fahren, solange mein Mann noch Ski fahren kann.«

Herbert hat meine Schwester zum Skifahren gebracht. Er ist von Haus aus Skilehrer, sie hat es erst durch ihn gelernt, da war sie schon Mitte 30. Er hatte lange auf sie einreden müssen, und die ersten Male auf der Piste waren ganz schön schwer und hart. Sie wollte nie mehr fahren. Eigentlich.

Und nun liebt sie das Skifahren. Und das Après-Ski.

»Jeder denkt von sich, dass er am härtesten arbeitet, aber wir haben beide relativ viel gearbeitet, und ich möchte auch genießen«, sagt sie.

Ich kann sie sehr gut verstehen. Aber manchmal werde ich bekanntlich ihr gegenüber etwas ungnädig. Dann sage ich: »Könntest du dir eigentlich vorstellen, weniger Ski zu fahren?«

Sie überlegt. Sie weiß ja genau, was ich hören will. Dann sagt sie: »Nein. Ich sage mir, später können sowieso nur noch die ganz Reichen Ski fahren. Wenn du immer weniger Skigebiete hast und es immer teurer wird.«

Dann sage ich – wie immer: »Und wer soll das Klimawandel-Problem lösen?«

Und sie sagt – wie immer: »Ich denke, das muss die Politik machen. Ich alleine oder wir zwei können das nicht.«

Ich weiß, dass ich das Problem nicht löse, nur weil ich das Skifahren ablehne.

Ich sehe auch, dass es ein Thrill sein und ziemlich viel Spaß machen kann.

Aber wenn ich mir die Entwicklung insgesamt ansehe, frage ich mich: Kann das das überzeugende Argument sein?

Gibt es ein Menschenrecht auf Billigfliegen?

Individuell betrachtet ist Fliegen der Hauptfaktor für einen großen ökologischen Rucksack. Im Schnitt verursacht ein Deutscher zehn Tonnen CO_2. Klimaverträglich wären drei Tonnen – im Jahr. Ein New-York-Flug von Berlin aus hin und zurück verursacht 4, 2 Tonnen. Im Moment leben wir noch davon, dass viele andere Weltbürger nicht fliegen bzw. nicht fliegen können.

Billigfliegen bedeutet aber nicht nur die Produktion unnötiger und klimaschädlicher Flüge, wie Klimaschützer das manchmal eingeengt sehen. Das neue Fliegen ist Teil eines neuen Lebensstils geworden, es hat die Welt kleiner gemacht. Für mehr Menschen. Zumindest in den Industrieländern. Was gut ist. Aus dem Jetset der wenigen und ökonomisch Privilegierten wurde der Easyjetset der vielen. Das hat uns einander nähergebracht.

Aber es gibt kein Menschenrecht auf Billigfliegen. Es gibt jedoch ein Menschenrecht auf Nahrung, auf Wasser, auf Gleichberechtigung, Gesundheit, Arbeit – auf ein anständiges Leben. Ich plädiere nicht dafür, dass Urlaubsflüge teurer werden müssen, aber ich persönlich sehe es nicht mehr als sinnstiftend oder glücklich machend an, für ein Wochenende nach XY zu fliegen. Ein Haus in Mallorca, wo ich am Freitagnachmittag für das Wochenende hinfliege? Das kommt für mich nicht infrage. Nicht nur, weil es nicht in meine Vorstellung von Leben passt, sondern wegen des CO_2-Ausstoßes.

Unter den gegebenen Bedingungen ist die »umweltfreundlichste« Luftlinie die, die moderne, effiziente Flugzeuge hat, in die im Verhältnis zum Flugzeugtyp möglichst viele Passagiere passen und die auch möglichst gut ausgelastet sind, sowohl was Sitze als auch, was Fracht angeht.

Eine Zeit lang galt es als gut und zukunftsweisend, Steuermittel in Regionalflughäfen zu investieren. Wer von Regionalflughäfen losfliegt und dort landet, verbraucht allerdings in der

Regel mehr Zeit, Sprit und CO_2 bei der Anfahrt, als wenn er von Metropole zu Metropole fliegt. Das gilt erst recht, wenn Luftlinien nicht den direkten Weg nehmen, sondern Zwischenlandungen machen.

Bisher fehlen einschneidende technologische Verbesserungen der Motoren und neue Treibstoffe. Doch auch damit ist der grundsätzliche Dissens zwischen Flugunternehmern und Klimaschützern nicht aufzuheben: Die Flugunternehmer wollen möglichst viele Flüge haben und Menschen zum zusätzlichen Fliegen animieren. Die Klimaschützer wollen die Leute dazu anregen, bestimmte Flüge nicht oder nicht mehr zu machen. Ein Ökoflugzeug, sagen Kritiker – und das sagt sogar der langjährige Air-Berlin-Chef Achim Hunold –, werde es niemals geben. Die bisher verbesserte Technik sei gut fürs Image, bringe aber dem Klima gar nichts, weil sie durch immer mehr Flüge mehr als ausgeglichen werde. Es gehe aber um weniger Flüge. Die erreiche man durch höhere Preise, durch ein Ende der Mineralölsteuerbefreiung beim Kerosin, durch ein Ende der Mehrwertsteuerbefreiung auf Auslandsflüge, was man auch als indirekte Subvention sehen kann. Aus Sicht meines Gesprächspartners Achim Hunold ist es völlig berechtigt, dass es im Flugverkehr keine Kerosinsteuer gibt, weil die Branche im Gegensatz zur Bahn nicht direkt subventioniert werde. »Flugsicherungsgebühren, Flughafengebühren – wir bezahlen alles selbst«, sagt er.

Das Umweltbundesamt rechnete mal aus, dass ein »Öko«-Ticket ins Ausland 40 Prozent mehr kosten würde als der heute übliche Preis ohne Kerosinsteuer, Mehrwertsteuer und Klimaschutzabgabe. Wäre das dann gerecht, weil wir die Kosten für Klima und vom Klimawandel besonders betroffene Länder mitbezahlen? Oder ungerecht, weil die Okayverdiener weiter fliegen und die Geringverdiener öfter zu Hause bleiben müssen? Auch hier gilt der Satz: Wo ein Vorteil ist, ist auch ein Nachteil. Man muss abwägen, ob der neue Vorteil den neuen Nachteil überwiegt.

Das Klimaschutzunternehmen Atmosfair arbeitet dafür, neben Preis und Service die Klimabilanz der Fluggesellschaften als Kriterium für den Kunden mit einfließen zu lassen – und damit in den Wettbewerb der Flugunternehmen.

Dafür hat man 2011 erstmals einen Airline Index herausgegeben, der eine Orientierung über die Umweltfreundlichkeit der Fluglinien gibt.

Selbstverständlich ist das Ranking umstritten, vor allem auch, weil es aus methodischen Gründen keine Low-Cost-Fluglinien aufführt. Generell kann es dazu dienen, überhaupt Vergleichsmöglichkeiten zu haben. Nach Meinung von Umweltpsychologen werden die wenigsten Menschen einen teureren Flug buchen, weil die Luftlinie weniger Kerosin verbraucht. Doch bei gleichem Preis und gleichem Service hat der Umweltfaktor Einfluss auf einen Teil der Buchenden.

Atmosfair teilt die Verantwortlichkeit auf: Der Mensch wird verantwortlich für den Ausstoß von Klimagasen, indem er den Flug bucht. Und das Flugunternehmen wird verantwortlich dafür, den schädlichen Ausstoß von Klimagasen möglichst gering zu halten. Bei Atmosfair kann man auch Flüge »kompensieren«, das heißt den Gegenwert des Schadens, den der Flug verursacht, in Klimaprojekte investieren. Nicht um sich freizukaufen, wie Kritiker gern sagen. Das ist kein Ablasshandel. Es geht nicht um Moral, sondern es geht darum, real verursachte Treibhausgase an anderer Stelle in einem vergleichbaren Umfang bei der Umwelt wieder einzusparen. Indem das Geld in Solar-, Wasserkraft oder Energiesparprojekte investiert wird. Konkret: Eine indische Volksküche produziert Energie mit einer Solaranlage statt mit Diesel und spart damit, von einem offiziellen Prüfer beglaubigt, CO_2 in einem vereinbarten Umfang ein.

Mein Co-Autor Peter Unfried und ich sind für dieses Buch von Berlin nach London geflogen. Das wird im Emissionsrechner von Atmosfair mit 540 Kilogramm CO_2 pro Person berechnet, also zu zweit 1080 Kilogramm. Macht bei Atmosfair 13 Euro pro Person. Der Flug nach Stuttgart zum Interview mit Boris Palmer: 640 Kilogramm für zwei Personen, macht neun Euro pro Person. Beim Kompensieren des Stuttgart-Fluges meldet Atmosfair in grellem Gelb unterlegt: »Übrigens: Diese Strecke können Sie viel klimaschonender mit der Bahn fahren!« Das zeigt, dass es der gemeinnützigen GmbH tatsächlich um unser Klima geht und nicht um unser Geld.

10

Der Fluglinien-Chef:
»Was können Sie als Unternehmer gegen den Klimawandel tun, Joachim Hunold?«

Joachim Hunold schleppte einst als Roadie die Boxen für Marius Müller-Westernhagen in die Konzerthallen. 1991 gründete er die Air Berlin GmbH & Co Luftverkehrs. KG. Damals hatte Air Berlin zwei Flugzeuge, heute ist sie die zweitgrößte deutsche Fluglinie hinter der Lufthansa mit 8 900 Arbeitsplätzen. Hunold selbst hält 2,64 Prozent der Aktien. Seinen Erfolg begründete er damit, dass er preisgünstig in Feriendestinationen flog. Von Randflughäfen aus, wo sonst nichts war, nicht mal Nachtflugverbote, sodass seine Maschinen viel in der Luft sein konnten. Das gab es vorher nicht.

Vor zehn Jahren erweiterte er sein Geschäftsmodell, das bis dahin hauptsächlich aus Veranstalterkunden bestand, und bot auch Einzelplatzgästen die Möglichkeit, günstig mit Air Berlin zu fliegen. Auch mit diesem Schritt vom reinen Urlaubsflieger zur Airline für alle Fälle war er früh dran und dadurch erfolgreich. Es sei Hunolds »Meisterwerk«, schrieb die *Zeit*, Air Berlin so groß gemacht zu haben, dass sie die Lufthansa im Kampf um Passagiere herausfordert. Hunold hat den Umsatz seit 2003 fast vervierfacht auf 3,24 Milliarden Euro, die Mitarbeiterzahl mehr als vervierfacht, aber seit 2008 macht Air Berlin Verluste. Als ich ihn im Frühjahr 2011 treffe, bereitet sich die Airline darauf vor, dem Luftfahrtbündnis oneworld®beizutreten, um mit internationalen Partnern künftig noch mehr zu fliegen: in 900 Städte in 150 Ländern. Das Versprechen von Air Berlin besteht darin, das beste Preis-Leistungs-Verhältnis zu haben.

Ansonsten verfolgt Hunold das Erfolgskonzept der neuen Airlines, die man anfangs »Billigflieger« nannte, was man irrtümlicherweise auf den Preis bezog: »Low Cost Carrier« meint nicht billiger Preis, sondern schlanke Kostenstruktur, erzielt durch überschaubare Personalkosten, Maschinen, die viel in der Luft sind, und auch durch eine verbrauchsarme Flotte. Für die Unternehmen ist es sehr wichtig, dass Kerosin, bisher nicht besteuert, auch weiter steuerfrei bleibt.

Die Branche weist gerne darauf hin, dass der Anteil des Flugverkehrs am globalen Treibhauseffekt gering sei. Er liege bei zwei bis drei Prozent. Das IPCC sagt: 3,5 Prozent. Die Autoindustrie ist für 16 Prozent verantwortlich. Das Problem aus Umweltsicht ist, dass Fliegen der am schnellsten wachsende Bereich ist. Das heißt: Die Zunahme des Flugverkehrs relativiert die Verbesserungen in anderen Bereichen. Seit 1990 ist der CO_2-Ausstoß des Luftverkehrs – bezogen auf die verbrauchte Treibstoffmenge – nach einer Statistik des IPCC um 87 Prozent gewachsen. Großen Anteil daran haben die Low-Cost-Flieger. Der Weltluftfahrtverband IATA erwartet bis 2014 eine Zunahme der globalen Passagierzahl um 25 Prozent auf 3,3 Milliarden. Laut einer Prognose des Flugzeugbauers Airbus wird sich die Passagierzahl binnen zwanzig Jahren verdreifachen. Die neuen Flugreisenden werden vor allem in China und Indien losfliegen. Der Frachtverkehr soll noch schneller wachsen.

Hunold sagt, die Flugindustrie habe »ihre Hausaufgaben« gemacht, stehe deutlich besser da als die Autoindustrie, was Effizienzverbesserungen angehe. Das gelte im Speziellen für Air Berlin. »Was wir selber machen konnten, haben wir gemacht«, sagt er.

Ich mag Achim Hunold – er heißt offiziell Joachim, wird aber Achim genannt – und habe ihn als dynamischen Menschen und

Unternehmer kennengelernt. Er gilt als Macher. Er ist jemand, der sich und andere bewegt und immer die Lösung sucht, wenn es ein Problem gibt. Ich möchte von ihm wissen: Hat er eine Vision von der Zukunft des Fliegens im Zusammenhang mit einer der größten Krisen der Menschheit? Ich schätze an Hunold sehr, dass er nicht um Sachen herumredet, und erwarte mir von ihm daher keine Sonntagsrede, sondern die realistische und ungeschönte Sicht eines Unternehmers, der fast 9000 Mitarbeiter dadurch beschäftigt, dass immer mehr Leute immer mehr fliegen. Aber er ist auch ein Familienvater mit vier Kindern, die alle noch nicht erwachsen sind. Wie kann man den Einfluss des Luftverkehrs auf den Klimawandel begrenzen, ohne die Rolle der Branche für Gesellschaft und Wirtschaft zu gefährden? Kann man das?

Wir treffen uns zum Mittagessen in Berlin. Ich möchte von ihm zunächst mal wissen: »Was verbrauchen Air-Berlin-Maschinen auf 100 Kilometern?«

»Bei einer achtzigprozentigen Auslastung verbrauchen wir 3,6 Liter pro Passagier. Das schafft ein Auto nicht«, sagt Hunold. Die IPCC-Wissenschaftler gehen davon aus, dass in Flughöhe längst nicht nur Kohlendioxid wirkt und die gleiche Menge an Emissionen das Klima zwei- bis viermal so stark belastet wie am Boden. Diese Erkenntnis macht er sich allerdings nicht zu eigen.

Er spricht über die unnötigen Schleifen und Umwege der Flugzeuge in der Luft, weil die Politik bisher die »einheitliche europäische Flugsicherung vernachlässigt« habe und dadurch die Anflüge in den Flughäfen ganz und gar nicht perfekt seien. »Allein durch eine europäische Privatisierung der Flugsicherung könnte man zehn Prozent Sprit sparen.«

Ist Effizienz Umweltmanagement oder Kostenmanagement?

»Beides. Und ich sehe es auch als Marketinginstrument. Ein Kunde, der ökologisch bewusst ist, fliegt lieber mit einer Airline, die sich für die Umwelt engagiert.«

»Könnte Air Berlin eine Ökoairline werden?«

»Ökoairline? Den Begriff würde ich nicht verwenden«, sagt er. »Eine Ökoairline gibt es nicht. Es gibt auch kein Ökoauto. Ein Flugzeug stößt immer Schadstoffe aus. Aber ich dränge bewusst darauf, dass wir Ausstoßverminderung herbeiführen. Allein schon, damit du mit mir essen gehst.«

Ich nehme das Kompliment lächelnd entgegen.

Ich mag Achim Hunold auch, weil er ein Unternehmer ist, der eben nicht in Floskeln spricht, die er auf einer School of Economics auswendig gelernt hat. Das zeigt sich an seiner ganzen Art, wie er auf Menschen zugeht: offen, neugierig, er neigt zum Duzen, hat aber auch kein Problem damit, selbst geduzt zu werden. Aus meiner Sicht hat er eine faszinierende westdeutsche Aufstiegsgeschichte hingelegt. War Roadie und Kellner, stieg bei Air Berlin ein, als dies noch eine kleine Airline war, und machte daraus mit aufgekrempelten Ärmeln und sicher auch mit Ellbogen ein erfolgreiches, weltweit agierendes Unternehmen.

Wie immer kommt das Gespräch irgendwann unweigerlich auf China und seine Entwicklung und wie man die Chinesen in den Kampf gegen den Klimawandel einbinden kann.

Hunold sagt: »China hat Nachholbedarf in der wirtschaftlichen Entwicklung und interessiert sich im Moment nicht für ökologische Aspekte. Wer soll das regulieren?«

»Die Staatengemeinschaft?«

»Denkst du?«

»Die Chinesen bauen zwar Unmengen von Kohlekraftwerken, andererseits aber wird knallhart reguliert. Das ist undenkbar für eine westliche Demokratie«, sage ich.

Hunold schüttelt den Kopf: »Wieso denn? Wir haben so viele Auflagen. Bei uns wird das doch auch schon alles reguliert.«

»Na ja«, sage ich, »eine Ökodiktatur ist das hier ja nicht gerade.«

»Stimmt, aber das wird es in China auch nicht geben. Dafür sind die wirtschaftlichen Interessen zu stark.«

Ich sage: »Es gibt Leute, die nicht glauben, dass die Klimakrise innerhalb des Systems zu lösen sei, weil sie letztlich eine Systemkrise sei.«

Hunold schaut skeptisch. »Warum?«

»Weil der Kapitalismus auf Wachstum beruht.«

»Worauf willst du hinaus?«

»Ich frage dich, ob wir eine neue Gesellschaftsform brauchen?«

»Ich wüsste nicht, wie das gehen soll«, sagt er. »Ich war mit Peter Maffay in Israel. Er gab dort ein Konzert als Zeichen der Völkerverständigung zwischen Israelis, Palästinensern und Deutschen. Da wurde ich nach einer Lösung im Hinblick auf den Nahostkonflikt gefragt. Ich sagte: Sie erwarten doch nicht von mir als Unternehmer, dass ich diesen Konflikt löse, den die Politik seit vielen Jahrzehnten nicht in den Griff bekommen hat?«

Ich sage: »Ich will aber von dir wissen, wie wir das mit dem Klimawandel hinkriegen.«

»Genau, deshalb habe ich diese Geschichte erzählt, Christiane. Ich mache alles, was dazu dient, unsere Gesellschaft zu erhalten. Aber ich kann es nur in meinem Rahmen als Unternehmer machen.«

Der Kellner kommt mit den Tellern. Wir wenden uns dem Essen zu. Aber so schnell will ich nicht aufgeben.

»Ist unser Wirtschaftssystem fähig, diese Herausforderung zu lösen, Achim? Du bist auch bei der Lösung gefragt, weil du als Unternehmer Teil dieses Systems bist.«

»Ich würde das nie an einem Wirtschaftssystem oder an einem politischen System festmachen. Du weißt doch genau, welche ökologischen Altlasten beispielsweise die DDR hinterlassen hat. Du kannst nur etwas erreichen, indem du das Bewusstsein der Menschen erreichst.«

»Was heißt das für die Systemfrage?«

»Ich glaube, dass in einem kapitalistischen System viel eher ein ökologisches Bewusstsein entsteht als in einem nicht kapitalistischen System.«

»Also Ökokapitalismus statt Ökodiktatur?«

»In einer Diktatur sieht doch die herrschende Klasse nur ihre eigenen Vorteile. Ich kann mir daher nicht vorstellen, dass es überhaupt eine ökologische Diktatur geben könnte.«

Da hat er einen echten Punkt gemacht, das muss ich zugeben.

»Man kann die Verantwortung aber offensichtlich nicht an den Markt delegieren«, sage ich. »Das sieht man ja daran, dass zu wenig passiert.«

Hunold sagt: »Das liegt an unserer Gesellschaft, die egoistisch ist, und an der Politik, die sich den Wahrheiten verschließt.«

»Welchen Wahrheiten?«

Ich versuche es noch mal: »Das Grundprinzip des Kapitalismus ist doch, Mehrwert zu erwirtschaften. Bei einer Welt, die auseinanderplatzt und der die Ressourcen ausgehen, ist das ...«

Er unterbricht mich: »Machst du auch nur einen Film im Jahr?«

»Zwei. Damit kann ich leben.«

»Du würdest doch auch noch einen dritten machen, wenn du die Chance hättest.«

»Nein, den dritten hab ich abgesagt und den vierten auch. Wegen meiner Familie.«

Er nickt. »Ich sag dir ganz ehrlich: Ich weiß da keine Antwort drauf, ich bin kein Politiker.«

»Aber Unternehmer.«

»Ein Wirtschaftssystem lebt immer in einem politischen Umfeld, das die Rahmenbedingungen vorgibt.«

In Achim Hunolds Augen hat sich unsere Gesellschaft einem Egoismus hingegeben, den es zuvor nie gegeben hat. Jeder, der egoistisch sei, sagt er, gehe auch mit seiner Umwelt egoistisch um. »Ein Gemeinschaftsgefühl, wie ich es von meinen Eltern vermittelt bekommen habe, dass jeder etwas tun muss, um eine Gemeinschaft zu erhalten, das gibt es heute kaum noch. Es gibt viele Menschen, die über Ökologie reden, aber bei sich selbst nicht anfangen. Das hat für mich mit einem Werteverfall zu tun.«

Hunold ist Jahrgang 1949, das ist das Gründungsjahr der Bundesrepublik und auch das der DDR. Seine unternehmerisch und biografisch geprägte Sicht geht nachvollziehbarerweise davon aus, dass man Wirtschaftswachstum braucht, um Wohlstand und Arbeitsplätze zu schaffen. Alles, was er getan hat, alles, was er weiß, bestätigt ihn in dieser Ansicht: Erst wenn dieses Wachstum da ist, kann man sich Öko leisten. »Wir sind ein exportorientiertes Land, wir leben vom Export. Wenn du Geld verdienst, kannst du in ein ökologisches System investieren. Wenn ich das nicht verdiene, kann ich das nicht machen.«

Die seit Anfang 2011 geltende Luftverkehrsabgabe ist für ihn »eine rein fiskalische Maßnahme unter dem Deckmäntelchen der Ökologie«.

Inlands- und sogenannte Kurzstreckenflüge – immerhin bis 2500 Kilometer – kosten von einem deutschen Flughafen aus seither acht Euro extra, Mittelstrecke 25 und Langstrecke 45 Euro.

Er rechnet mir vor, wie sich die Steuer auf sein Geschäft auswirkt.

»Unser Durchschnittsticket oneway kostet 75 Euro. Das sind jetzt nicht nur acht Euro mehr. Da kommt noch Mehrwertsteuer drauf, damit sind es zehn Euro. Zehn auf 75 Euro drauf, das ist eine Preissteigerung von 13,6 Prozent.«

Finanzminister Wolfgang Schäuble will mit der Steuer eine Milliarde Euro jährlich einnehmen.

»Dem Minister kann man nur sagen: Wenn Sie jeden Tag in ein Restaurant gehen und die erhöhen vom einen auf den anderen Tag um 13,6 Prozent ...«

»… dann wechselt der Kunde das Restaurant?«

»… oder geht nur noch zweimal die Woche hin. Aber im Finanzministerium sagten sie: Das zahlt doch jeder gerne, kein Problem.«

Nach Hunold ist die Steuer ein Wettbewerbsvorteil für die Lufthansa, weil Umsteigeverkehr und Frachtmaschinen davon ausgenommen sind. Air Berlin hat im Gegensatz zur Lufthansa keine Frachtmaschinen. »Gerade aber die Frachtmaschinen, die die größten Dreckschleudern sind, sollten, wenn es um Ökologie geht, diese Abgabe bezahlen. Mit der Frachtbefreiung kann Lufthansa den Wettbewerb gegen uns subventionieren.«

Es sei so: »Wir haben im letzten Jahr pro Passagier 95 Cent verdient. Wenn ich in der Lage wäre, vier oder fünf Euro draufzuschlagen, dann hätte ich das doch gemacht, damit ich Riesengewinne habe. Aber das interessiert im Finanzministerium niemand.«

»Fliegen die Leute weniger, wenn der Preis hochgeht?«

»Na klar, man fliegt weniger oder fährt mit dem Auto. Pass mal auf: CO_2-Ausstoß Airline drei Prozent, Autoindustrie 16 Prozent.«

»Weiß ich, weiß ich.«

»Wenn du das Fliegen verbieten willst, musst du auch Fleischessen verbieten, weil Kühe Methan ausstoßen.«

»Weiß ich, weiß ich.«

»Oder die Population einstellen.«

»Na, du hast doch selbst vier Kinder!«

»Ich tu was für deine Rente, Christiane.«

»Da tu ich selbst was dafür.«

Joachim Hunold ist im Spätsommer 2011 als Chief Executive Officer von Air Berlin zurückgetreten.

11

Was mich auch geprägt hat:
»What the fuck are you doing?«

Als ich 1996 meinen ersten Preis als Schauspielerin bekam, den »Max Ophüls Preis« für meine Arbeit in dem Film *Ex*, da dachte ich: Wird das jetzt etwas verändern in meinem Leben? Was wird anders sein? Was wird passieren?

Aber es passierte gar nichts, es war überhaupt nichts anders. Man geht nach Hause und stellt den Preis ins Regal. Bei meiner »Goldenen Kamera« und dem »Bayerischen Filmpreis« war es genauso. Der Film *Das Leben ist eine Baustelle* lief auf der Berlinale. Oft hatte ich den roten Teppich des Berliner Zoo-Palastes im Fernsehen gesehen. Als ich dann selber drüberlief, konnte ich es gar nicht richtig fassen. Erst heute kann ich ermessen, was es bedeutet hat, einen Film auf der Berlinale im Wettbewerb zu haben. Wolfgang Becker führte bei *Baustelle* Regie und hat das Drehbuch zusammen mit Tom Tykwer geschrieben. Ich spielte mit Jürgen Vogel, Martina Gedeck, Armin Rhode, Meret Becker und Heino Ferch. Es war nicht so, dass ich das alles als selbstverständlich nahm. Mir war damals einfach noch nicht klar, dass es etwas ist, das man vielleicht einmal im Leben schafft.

Ich habe die Schauspielerei lange als Laune begriffen. Und nie gedacht, dass es etwas Bleibendes sein wird. Ich hatte natürlich immer gehofft, dass ich noch mal einen Film drehen kann. Filme zu drehen ist tatsächlich wie eine Sucht. Wenn man es macht, dann denkt man immer schon: Ooh, wann kriege ich den nächsten Stoff? So ging es mir nach dem ersten und zweiten

Film. Ich wollte wieder drehen und spielen. Aber ich habe mich auch gefragt, warum mir das passiert, ob da noch was kommt, ob es weitergehen wird und ob ich überhaupt die Fähigkeiten dazu habe. Aus diesem Grund habe ich mich dann an einer Schauspielschule beworben. Zu der Zeit war ich im zweiten Semester Medizin.

Ich hatte einen Vorstellungstermin an der Ernst-Busch-Schauspielschule bekommen, stand aber an dem vermeintlichen Termin vor verschlossenen Türen. Ich hatte mich um einen Tag vertan! Voller Panik rief ich dort an und sagte nach Luft schnappend: »Ich kann nicht kommen.«

Die Dame am anderen Ende der Leitung: »Warum nicht?«

Ich sagte: »Ich habe morgen Anatomieprüfung. Ich studiere Medizin.«

Darauf sagte sie: »Vergessen Sie's.«

Ich habe mich dann an privaten Schulen beworben. Von allen erhielt ich dieselbe Antwort: Vergessen Sie es. Ich wollte eigentlich nur wissen, ob ich Talent habe oder nicht. So studierte ich dann weiter Medizin. Trotzdem bekam ich weitere Filmangebote. Ich habe zweimal, später dreimal im Jahr einen Film gedreht und mich nebenbei mehr schlecht als recht durchs Studium geschlagen. Das war nicht immer einfach.

Obwohl ich am Anfang einfach so losspielte und das Glück hatte, mit guten Regisseuren arbeiten zu dürfen, merkte ich, dass man sich die Kunst der Schauspielerei hart erarbeiten muss. Es gibt wenige brillante Autodidakten wie Jürgen Vogel. Er kann das dank seiner Persönlichkeit und seiner langjährigen Erfahrung.

Film lebt von einem authentischen Moment, dem Wahrhaftigen, und auch von der vermeintlichen Normalität im Agieren. Die Zuschauer sind sehr nah dran, sie müssen den Zustand glauben, die Situation, in der du gerade bist. Diese Zustände gilt es herstellen und wiederholen zu können. Achtmal, zehnmal, zwanzigmal; ohne dass es künstlich wirkt.

Die Qualität der eigenen Arbeit hängt aber auch sehr von einem guten Buch ab, von guten Partnern und vor allem von einem guten Regisseur. Man kann sich als junge Schauspielerin natürlich viel abschauen, von den Kollegen lernen und die Erfahrung mitnehmen. Wird man älter und vom Mädchen zur Frau, braucht man mehr. Es genügt dann oft nicht, einfach vor der Kamera so zu sein, wie man ist. Für mich war immer klar, dass es mehr sein muss – mal ganz abgesehen von dem Talent, das man hoffentlich mitbringt.

Darüber hinaus wollte ich selbst mehr über Figurenentwicklung wissen, übers Sprechen, übers Spielen überhaupt. Ich wollte daher unbedingt eine Schauspielschule besuchen. Das war mein Traum. Nachdem ich die damals noch vorgeschriebene Phase als »Arzt im Praktikum« angegangen hatte, habe ich es dann gewagt und bin 2000 nach New York gegangen. Zu Strasberg. Etwas halbherzig, für nur drei Monate.

Das Lee Strasberg Theatre and Film Institute hat nicht mehr diesen legendären Ruf wie früher, als es *die* Schauspielschule war. Inzwischen ist das Institut renoviert, aber als ich damals reinkam, dachte ich, ich bin bei *Fame*. Die Parkettböden, die rot-beigen Wände: Die Räume waren wirklich wie in dieser 80er-Jahre-Fernsehserie über eine New Yorker Schule für Tanz und Gesang. Aber es gab ein paar sehr gute Lehrer. Wenn man die gefunden hatte, konnte man eine Menge lernen. Die meisten Schüler waren Europäer, die Geld hatten und bezahlen konnten. Amerikaner waren die Ausnahme.

Strasbergs große Erfindung war das »Method Acting«, seine Methode, die Schauspielerei zu erlernen. Es geht darum, mit Erinnerungen an eigene Erlebnisse zu kommen und diese dann abrufen zu können, um sie für Szenen zu nutzen. Außerdem arbeitet er mit Entspannungstechniken. »Relaxation« bedeutet, erst mal die Spannung zu finden – und dann loszulassen. Der Körper ist ein Instrument. »Sense Memory« bedeutet, sich an

Dinge zu erinnern, die gewisse Emotionen freisetzen sollen. Durch die Relaxation-Methode kommt man in merkwürdige Zustände. Sie brechen etwas in einem auf. Das ist bei mir auch passiert. Vieles, was man unterdrückt, kommt eben irgendwann ans Tageslicht.

Eine meiner Lehrerinnen hieß Hope Arthur. Sie sagte: »Versuche nie, die Emotion zu spielen. Don't go for emotion. Die Emotion kommt von selbst. Deine Frage ist: What do you need from the other person? Was brauchst du von der anderen Person? Es ist nicht wichtig, ob du weinst oder nicht. Sondern: Was ist die Situation? Worum geht es da?«

Insofern war Strasberg für mich doch eine Art Offenbarung.

Ich glaube, ich habe dadurch doch etwas mehr von meinem Beruf verstanden.

Auch darüber, wie die Vorbereitung sein muss. Wir hatten einen Lehrer namens George Lorrace. Er war unglaublich streng und redete gern und oft von »Bobby«, also von Robert de Niro, und von »Michelle« Pfeiffer. Das war seine Liga.

Er sagte immer: »Du kannst dich nicht erst am Drehort vorbereiten. Die Vorbereitungsphase ist vier Wochen davor. Danach packe alles weg und spiel. Wenn du Talent hast, ist dann alles da, wenn du es brauchst. Du musst nicht mehr drüber nachdenken. Es wird da sein. Es wird bei dir sein.« Das war für mich magisch.

Und so mache ich es seitdem auch. Meine schwerste Zeit ist die Vorbereitung, sind die vier bis sechs Wochen vor dem Dreh. Da bin ich total im Stress. Dann lasse ich alles fallen und sage: Gut. Entweder, es wird kommen und wird mich begleiten. Oder nicht.

Da ich nur drei Monate an der Schule war, wollte George mich nicht in seiner Gruppe haben. Er unterrichtete nur Schüler, die mindestens sechs Monate auf der Schule waren, was er als Minimum für ernste Absichten einstufte. So strafte er mich mit Missachtung oder beschimpfte mich, wenn ich es dann doch geschafft hatte, auf seiner Bühne zu spielen.

»What the fuck are you doing?«, schrie er. Was machst du denn da? Er hatte vollkommen recht. Ich spielte so, wie es mir die Regieanweisungen aus dem Stück vorgaben. Er aber forderte mich auf, doch erst einmal zu überprüfen, ob das stimmte, ob die Situation stimmte, ob ich nicht andere Impulse von meinem Partner bekam und deswegen als Figur auch anders reagieren müsste. Anders, als es im Stück beschrieben war.

Es ging ihm darum, nicht primär auf das zu hören, was von außen vorgegeben ist, sondern herauszufinden, wie die Situation ist, was der Konflikt ist und wie man in der Figur reagieren würde. Man sollte offen in die Situation gehen und schauen, was passiert, ohne sich vorab auf eine Emotion festzulegen. Auch wenn es eine schmerzhafte Erfahrung war: Ich habe seine Auffassung vom Spielen tief verinnerlicht.

Schauspiel als darstellende Kunst sucht für meine Begriffe wie jede Kunstform nach dem Außergewöhnlichen. Es geht nicht darum, dem Publikum etwas zu zeigen, das es kennt. Es geht darum, etwas Überhöhtes zu zeigen, das eine Assoziationskette auslöst und eine Emotion. Kunst braucht etwas, das nicht konform geht mit der Gesellschaft. Ich glaube, dass Schauspielerei leider von vielen unterschätzt wird. Je mehr ich mich damit beschäftige, desto komplexer wird es.

Michael Morgotta, ein anderer Lehrer, den sie später von der Schule geworfen haben, sagte immer zu uns: »Mach doch mal die Dinge anders, steig auf den Tisch und iss vom Stuhl, nimm die Gabel verkehrt herum.«

Zuerst denkt man: Oh Gott, so ist Strasberg. Typisch.

Aber es hatte was für sich. »Break the behaviour!« Versuch, die Dinge zu ändern, raus aus den vorgegebenen Bahnen, den erwarteten Handlungen. Das war für mich eine neue Welt, weg vom Ergebnisorientierten und hin zu einem anderen Tun.

Wenn man auf dem Tisch steht, sieht die Welt übrigens wirklich anders aus. Manchem wird das schon immer klar gewesen sein. Ich habe es in New York gelernt.

Drei Monate sind eigentlich zu kurz, aber ich hatte schon wieder Hummeln, ich musste zurück nach Berlin, musste drehen, musste meine Doktorarbeit fertig machen. Undundund.

Ärztin oder Schauspielerin – was denn nun?

Ob ich Ärztin oder Schauspielerin werden würde, das war eine Frage, deren Beantwortung sich über Jahre zog. Die Praxisphase als Arzt im Praktikum hatte ich 2000 wegen der Strasberg-Schule unterbrochen.

Letztlich habe ich zehn Jahre gebraucht, um zu entscheiden, was ich will. Zwischen 20 und 30 wusste ich es nicht. Ich hatte lange gedacht, ich will ein Medizinstudium abschließen und dann Chirurgin werden. Aber die Schauspielerei hat mich in eine große Verwirrung gestürzt. Ich wollte die Medizin auf keinen Fall aufgeben, ohne das Studium abgeschlossen zu haben. Es hat mich zu sehr interessiert und fasziniert. Ich wusste einfach nicht, was ich machen sollte. Es war quälend.

Ich habe mir neulich überlegt, dass ich mich eigentlich – nachdem das jetzt seit einigen Jahren entschieden ist – sehr gut arrangiert habe. Mit dem Alltagsablauf einer Freiberuflerin. Das war mir fremd, das habe ich auch nicht von zu Hause vorgelebt bekommen. Nicht zu wissen, wann kommt das nächste Projekt?

Ich habe nie wirklich frei, habe irgendwie immer zu tun. Aber man muss dem auch vertrauen, was man tut. Es kann auch lähmend sein, wenn man das Gefühl hat, keine festen Arbeitszeiten und keinen festen Job zu haben. Das hat mich lange davon abgehalten, mich zu entscheiden. Und überhaupt: Wenn es aufhört? Wenn dich keiner mehr will? 2001 war eine schwierige Zeit, nach den erfolgreichen Filmen *Baustelle*, *Im Juli*, *Workoholic* drehte ich in diesem Jahr nur einen Film. Ich war Mitte 20, die Mädchenphase ging zu Ende und die Frage war: Wo geht es hin? Ich hatte ja Riesenglück gehabt mit diesen Filmen. Wenn man als Schauspielerin Glück hat, hat man im Leben einen Film, mit dem man verbunden wird. Ich hatte mit Mitte 20 schon zwei.

2002 war ich dann schwanger. Und im Januar 2003 bin ich in die »Arzt im Praktikum«-Praxisphase zurückgekehrt. Dann an der Berliner Charité. Da war meine Tochter fünf Monate alt. Das habe ich wieder unterbrochen für eine Theaterarbeit: Heiner Müllers *Der Auftrag* unter der Regie von Ulrich Mühe. Das war immer ein Traum von mir gewesen.

Während ich als Studentin noch meine Fehlzeiten mit Wochenenddiensten oder Überstunden abarbeiten konnte, musste nun das ganze Kollegium der Klinik meine Ausfallzeiten kompensieren und meine Bereitschaftsdienste in den Monaten meiner Abwesenheit übernehmen. Das war natürlich unzumutbar. Gleichzeitig hatte ich das Gefühl, dass ich beim Drehen die Qualität nicht bringen konnte, die ich bringen wollte. Wann soll man sich das denn erarbeiten? Es wurde mir klar: Drehen und Arbeit im Krankenhaus – das geht nicht. 2004 war ich dann approbierte, promovierte Ärztin – und gab den Beruf auf. Das AIP wurde gerade in dem Moment abgeschafft, als ich mir meine Urkunde holte.

Manchmal werde ich gefragt, ob Ärzte nicht auch Schauspieler sein müssen.

Meine Antwort: Ja, aber ich kann nicht etwas behaupten, was ich nicht bin. Ich kann nicht blenden. Das kann ich als Schauspielerin auch nicht. Da muss schon innerhalb meiner Figur alles stimmen. Das muss aus mir kommen, das darf nicht aufgesetzt sein.

Drei Frauen, drei Vorbilder

Es sind drei Frauen, die mich begeistert und inspiriert haben. Camille Claudel, Tina Modotti, Maxie Wander. Alle sind am Ende zerbrochen. An der Liebe und an ihrer Leidenschaft und am Leben.

Mit Maxie Wander bin ich groß geworden. Als ich ihr Buch *Guten Morgen, du Schöne* las, war sie schon ein Jahrzehnt tot. Sie war 1958 mit 25 Jahren aus Österreich in die DDR gegangen. Sie hatte etwas extrem Offenes und Lebensbejahendes, sie war bereit, sich die kritischen Punkte, die Schwachstellen des Systems aufzuzeigen, auch wenn das nicht systemkompatibel war. Und ihr Prinzip war: den Finger in die Wunde zu legen. Sie sagte: Wir wollen leben. Dafür stand Maxie Wander für mich: Mut zu zeigen und trotzdem dabei eine Weichheit zu haben.

Maxie Wander starb 1977 an Krebs. In ihren Tagebüchern beschreibt sie, wie sich eine Frau vom Leben verabschiedet. Es geht da auch um die Fragen: Wie stirbt man, wie wird man als Sterbende behandelt? Ihr Schreiben war auch eine Art Anklageschrift gegen die damalige Vorgehensweise der Ärzte. Im Vordergrund stand für mich aber immer dieser riesige Lebenshunger, den sie hatte und den sie nicht mehr stillen konnte. Nicht wegen der Politik des Staates DDR, das war kein systemkritisches Buch. Sondern weil sie todkrank war und dann auch früh gestorben ist.

In ihrem bekanntesten Buch, *Guten Morgen, du Schöne*, hat sie Gespräche mit Frauen über deren Leben in der DDR geführt und die Tonbandprotokolle niedergeschrieben. Da wurden Lebensmotive aufgezeigt, die nicht systemtreu, die frei und voller Experimentierfreude waren: Frauen, die ständig wechselnde Männer hatten, aber auch Passagen voller Zweifel und Ziellosigkeit. Das entsprach nicht dem staatlicherseits vermittelten Ideal. Wander hat mir durch ihr Buch andere Lebensmöglichkeiten gezeigt, vor allem aber diese unglaublich starke Verbundenheit mit dem Leben.

Tina Modotti und Camille Claudel sind Frauen, die für ihre Leidenschaft alles gegeben haben, bis zum eigenen Leben. Der Kern dieser Leidenschaft besteht darin, die Dinge zu tun, die sie tun müssen. Die Dinge, für die sie gebrannt haben und für die sie begabt waren. Bei Modotti war es das Fotografieren, bei Claudel die Bildhauerei. Modotti wurde in Italien geboren und lebte und arbeitete in Mexiko. Sie war überzeugte Kommunistin und Revolutionärin. Sie ist den Weg für ihre politische Überzeugung gegangen und am Ende jämmerlich gestorben. Sie starb an gebrochenem Herzen, wie man so schön sagt. Medizinisch gesehen: Ihr Herz hat einfach aufgehört zu schlagen.

Camille Claudel lebte Ende des 19., Anfang des 20. Jahrhunderts. Zu einer Zeit, in der die Kunst, wie andere Bereiche auch, von Männern dominiert wurde. Sie war eine begnadete Künstlerin, geradezu besessen von der Bildhauerei, ihrer Zeit und ihren männlichen Mitstreitern weit voraus. Ihre Skulpturen haben etwas Wildes, Ungezähmtes, hoch Emotionales und zum Teil schonungslos Offenes. Sie sind Ausdruck ihrer Leidenschaft und ihrer tiefen Gefühle. Ihr Aufeinandertreffen mit Rodin führte zu einer engen künstlerischen wie auch erotischen Verbindung, an der sie schlussendlich zerbrach. Camille Claudel wurde verrückt. Sie zerstörte einen Großteil ihrer Werke und starb einsam und vergessen in einer psychiatrischen Anstalt.

Gibt es Dinge, die ich tun muss? Ich glaube, dass ich spielen muss. Ich denke schon, dass das so ist. Und darüber hinaus glaube ich, hoffe ich, dass ich Dinge verändern kann. In der Gesellschaft, in der wir leben. Ich kann mich nicht losgelöst betrachten von der Gesellschaft, in der ich mich befinde. Es ist nicht so, dass ich ein Sendungsbewusstsein hätte, aber ich bin damit aufgewachsen, mich als Teil der Gesellschaft zu sehen. Ich bin mit dem Gedanken aufgewachsen, dass man Dinge anpacken und Dinge verändern kann. Dass man nicht alles als gegeben hinnehmen darf, auch wenn die Veränderungen, für die man antritt, völlig wahnwitzig erscheinen.

Ach, die Ärzte sind eine Band?

Als Schülerin sah ich in unserem Kino in Wilhelmsruh den russischen Film *Briefe eines toten Mannes*. Er erzählt die Geschichte von Überlebenden nach einem Atomschlag. Die Hauptfigur ist ein Physiker, der sich mitschuldig fühlt an der Katastrophe und miterleben muss, wie alles um ihn herum stirbt. Er übernimmt die Verantwortung für heimatlose Kinder, denen er ein neues Zuhause schafft, und stirbt am Ende selbst. Der Film hat mich tief bewegt, mir die Absurdität des Wettrüstens und die Endlichkeit unseres Daseins aufgezeigt.

Ich bin die ersten fünfzehn Jahre hauptsächlich mit DDR-Produktionen aufgewachsen. Wie alle habe ich aber auch amerikanische Filme oder Serien gesehen, etwa *Ein Colt für alle Fälle* und *Hart aber herzlich*. Und natürlich die *Winnetou*-Filme. Amerikanische Filme, an die ich mich oft erinnere: *Es war einmal in Amerika* und *Born on the Fourth of July*. Aber das war schon nach dem Fall der Mauer.

Ich habe mich als Schülerin nie sehr für westliche Popkultur interessiert. Das war und ist zwar total angesagt, aber ich habe Popmusik bis heute nie wirklich verstanden. Und damals schon gar nicht. Ich konnte diesen ganzen Hype um Madonna und Prince nicht nachvollziehen. Ich wusste nicht mal, dass »Die Ärzte« eine Band sind. Heute passiert es mir schon mal, dass ich mir Beyoncé oder Peter Fox über iTunes kaufe. Damals hörte ich viel klassische Musik. Ich hatte auch keine Poster von Bands an der Wand. Ich hatte was von Adolf Menzel aufgehängt, einem realistischen Maler des 19. Jahrhunderts.

Ich erinnere mich daran, als ich *Die drei Tage des Condor* mit Robert Redford zum ersten Mal sah. Das war einer der wenigen amerikanischen Filme, die ich als kleines Mädchen in der DDR gesehen habe. Redford kommt da einem CIA-Komplott auf die Spur.

Er sagt einfach: »Ich habe alles gelesen. Sie können mir nichts erzählen.«

Ich habe das damals gesehen und gedacht: Aha, ich muss sehr viel lesen, damit ich sehr viel weiß. Lesen ist für mich bis heute sehr wichtig.

Robert Redford hat die Geschichte dann aufgedeckt und im Alleingang gelöst. Er muss viel bezahlen, aber er hat es überlebt. *Die drei Tage des Condor* ist einer der Filme, von denen ich sagen kann: Er hat nicht die Welt verändert, aber er hat meine Welt verändert. Mag sein, dass die Rolling Stones oder die Beatles die Welt verändert haben – aber nicht meine. Popsongs haben nie das bei mir ausgelöst, was Filme ausgelöst haben. *Der Pate* gehört auch dazu. Manchmal wäre ich gern so wie der Pate. So voller Stärke, Entscheidungsfähigkeit, aber auch Härte und Konsequenz, mit Wissen, Geduld, Souveränität und Tradition.

Al Gores Dokumentarfilm *Eine unbequeme Wahrheit* empfand ich als sehr zugeschnitten auf amerikanisches Publikum. Was konsequent ist, wenn man die Menschen dort erreichen will, und das hat er ja auch geschafft. Roland Emmerichs Klimakatastrophenfilm *The Day after Tomorrow* von 2004 mit Dennis Quaid ist keiner meiner Lieblingsfilme. Aber ich fand ihn nicht schlecht. Quaid spielt den Klimaforscher Jack Hall, der seit Jahren vor einer Klimakatastrophe warnt, die dann auch praktisch über Nacht eintritt. Durch Abschmelzen der Polkappen funktioniert der Golfstrom nicht mehr, und dadurch kommt es zu einer Eiszeit auf der Nordhalbkugel, ein Szenario, das die Klimawissenschaft nicht prognostiziert. Die Entwicklung wird auch noch auf einen kurzen Zeitraum von wenigen Tagen verdichtet. Interessant finde ich den Film trotzdem, weil er zeigt, wie schnell Infrastrukturen durch Schnee, Eis, Hurrikane und Hochwasser zusammenbrechen.

Forscher Jack Hall macht sich dann auf den Weg in das überflutete und zugeschneite New York, um dort seinen Sohn zu retten. In der Krise nähert er sich auch seiner geschiedenen Frau wieder an. Das ist schon sehr amerikanisch. Wenn die Krise kommt, dann nähern wir uns alle wieder an? Die äußere Krise überwindet die innere? Toll, wenn das so einfach wäre. So funktional sind Umweltkatastrophen nur im Kino.

Trotzdem können Filme das Leben verändern oder es zumindest beeinflussen. Sie bringen uns zum Nachdenken. Daran glaube ich fest. *Briefe eines toten Mannes*, *Die drei Tage des Condor*, *Nur Pferden gibt man den Gnadenschuss* sind Filme, die mein Leben verändert haben. Film ist für mich Kunst, und Kunst kann etwas bewegen. Auch daran glaube ich fest. Und darum geht es. Warum würde es sonst Kunst und Kultur geben, wenn es nicht darum ginge, Dinge in Bewegung zu setzen?

Wann bin ich glücklich?

Der Familiensonntag wird häufig überfrachtet mit Ansprüchen. Etwas mit den Kindern machen, zusammen sein, entspannen, ausgehen, ausschlafen, aktiv sein, Freunde sehen, Spaß haben, glücklich sein. Ganz schön viel für einen Tag.

Ich genieße, mal keinen genauen, abgestimmten Plan zu haben.

Dafür morgens zerzaust in der Küche rumsitzen, stundenlang frühstücken. Kinder, die spielen und nicht aus ihren Schlafanzügen rauswollen. Sie dann doch irgendwann liebevoll dazu

»zwingen«, dass wir das Haus angezogen verlassen. Das ist erfüllend. Nicht jeden Tag. Aber an so einem Tag.

Was ist Glück? Darüber streiten sich alle möglichen Leute. Glück ist schwierig zu definieren – und manchmal so leicht, es zu empfinden. Es gibt Momente, da bin ich glücklich. Wenn ich das Gefühl habe: Ja, es gelingt etwas. Manchmal passiert das während der Arbeit. Manchmal sonntags, wenn wir als Familie Zeit miteinander haben. Oder man hat jemand anderen froh gemacht. Aber es ist ein seltenes, kostbares Gefühl.

Oft kommen solche Momente sehr unverhofft. Man kann sie nicht planen und denken: So, jetzt bin ich glücklich. Vor allem: Diese glücklichen Momente, so abgedroschen das auch klingt, haben nichts mit materiellen Werten zu tun.

Ich habe mal einen Song gehört, in dem es heißt, es sei besser, im Taxi zu weinen als in der U-Bahn. Ich habe es mir gemerkt, weil ich es für einen so großen Quatsch halte. Es gibt diesen Punkt, an dem einzig zählt, mit wem man zusammen ist, was man fühlt und dass man für die Menschen, die einen umgeben, richtig und wichtig ist. Und umgekehrt. Alles andere ist am Ende irrelevant. Ob ich einen Trabi, Lupo oder Mercedes fahre, ist am Ende genauso irrelevant wie die Frage, ob ich im Taxi weine oder in der U-Bahn. Ich kenne beide Situationen.

Die Äußerlichkeit kann nicht unser Leben bestimmen. Sonst entfernen wir uns von uns selbst. Von dem, was wir eigentlich wollen. Und was wir brauchen. Ich habe sehr wohl äußere, materielle Ansprüche, keine Frage, und manchmal sind sie nicht klein. Aber es gibt Momente, wenn ich zum Beispiel im Park laufen gehe und Menschen sehe, die Tai-Chi auf dem Rasen machen, Fußgänger sehe, die vertieft in ein Gespräch sind, oder Paare, die sich auf einer Bank küssen, oder wenn ich alte Herren übers Schachbrett gebeugt sehe: In diesen Momenten denke ich: Es ist doch eigentlich so einfach. Oder? Es braucht einen Park und eine Bank für das Glück, nicht mehr – und dann ist alles erst einmal gut, und man ist frei von all dem Druck: was wir anhaben, was wir noch brauchen, was wir noch kaufen müssen.

Eine naive Sicht? Manchmal habe ich sie.

Es geht aber nicht ausschließlich darum, glücklich zu sein. Glück ist erstrebenswert und wichtig, aber Glück kann nicht der alleinige Sinn des Lebens sein.

12

Das Vorbild:
»Sind Sie ein glücklicher Mensch, Leo Hickman?«

Ich habe erzählt, dass ich kein Aha- oder Erweckungserlebnis hatte im Sinne von: Ich sehe Eisbären auf einer Scholle treiben und von Stund an denke ich nur noch an den Klimawandel. Ich habe auch damals den Film von Al Gore nicht sofort gesehen, der eine ganze Reihe von Leuten dazu gebracht hat, bestimmte Dinge nicht mehr zu ignorieren. Es gibt aber ein Buch, das sehr wichtig für mich geworden ist. 2007 wurde in der *Süddeutschen Zeitung* das Buch eines *Guardian*-Journalisten rezensiert, der einen ökologischen Selbstversuch unternommen hat. Das Buch ist von Leo Hickman und heißt *Fast nackt*. Ich habe es sofort gekauft.

Hickman schildert darin seinen Versuch, ein Jahr lang »ethisch korrekt zu leben«. Es war meines Wissens das erste Buch, in dem ein »normaler« Mensch versucht, wegen des Klimawandels einen neuen und nun »ethischen Lebensstil« hinzubekommen. Es geht in *Fast nackt* um individuelle Veränderung und darum, herauszufinden, was man tun und was man schaffen kann und wo es wirklich hart wird. Etwa, als Leo sich Würmer anschafft, die seinen Müll kompostieren sollen. Und seine Frau Jane nur schwer mit den neuen Mitbewohnern zurechtkommt.

Ich las das Buch in einem Zug und habe nach der Lektüre erstmals angefangen, tiefgründig zu überdenken, was ich so mache: Welche Lebensmittel kaufe ich, kaufe ich jetzt Tomaten, wenn eigentlich keine Tomatenzeit ist, wo kommen die überhaupt her, wie viele Flugkilometer haben die hinter sich, wie oft fliege ich selbst? So fing es an. Leo Hickman hat in unserer Familie das neue Nachdenken ausgelöst, sodass wir angefangen haben, Dinge anders zu machen.

Hickman selbst hatte 2003 begonnen, sein Leben zu verändern, und war irgendwann auch nicht mehr in Urlaub geflogen, sondern mit dem Zug gefahren. Zum einen wollte ich den Mann kennenlernen, der mich so beeinflusst hatte. Zum anderen wollte ich wissen, wie es ihm mit seinem neuen Leben inzwischen ergangen war. Selbstverständlich auch, um eine Ahnung zu bekommen, worauf ich mich selbst einließ. Wo stand Hickman nach acht Jahren? Lief es gut oder lief es gar nicht mehr, bereute er, dass er sich auf so eine lebensverändernde Reise begeben hatte?

Wir treffen uns in London im Science Museum in der Nähe des Hyde Park, wo gerade eine Ausstellung läuft über die Klimaveränderung in der Geschichte der Erde.

Ich bin aufgeregt. Schließlich ist er eine Art Held für mich. Er hat mich inspiriert, zum Nachdenken und zum Lachen gebracht. Dass ich ihn jetzt in London wirklich treffe, finde ich großartig und wichtig für mich. Er ist sehr groß, sehr ruhig, er wirkt entspannt, offen, neugierig und interessiert.

Hickman ist Jahrgang 1972. Er arbeitet als Klima- und Lebensstilexperte für die Tageszeitung *The Guardian,* die eine der journalistisch besten Zeitungen der Welt sein dürfte. Er ist für ein Meeting bei seinem Arbeitgeber in die Hauptstadt gekommen. Hickman lebt seit einiger Zeit nicht mehr in London, sondern in Cornwall, im Süden der Insel. »In the countryside«, wie die Briten sagen, also auf dem Land. Was auch eine Folge seiner Beschäftigung mit der Frage war, wie er eigentlich leben will. Seine Frau und er fanden die Idee gut, dass ihre mittlerweile drei Kinder auf dem Land aufwachsen.

Wir verlassen das Museum und schlendern die Exhibition Road hoch, in den Hyde Park hinein, am Diana-Memorial-Brunnen vorbei zum Südufer des Sees, der den Namen The Serpentine trägt. Dort befindet sich ein Restaurant namens »The Lido«. Da gehen wir rein und trinken Cappuccino.

Ich stelle fest, dass es kein Klischee ist, dass Briten Fish & Chips lieben. An fast allen Nebentischen essen sie panierten Fisch mit fettigen Pommes frites.

Hickman, darauf angesprochen, nickt und erzählt umstandslos, dass er wegen seines Buches mal bei seinem deutschen Verlag in München eingeladen war.

Er kam morgens hin, und sie sagten: »Sind Sie hungrig, wollen Sie frühstücken?«

Und er sagte: »Oh ja, sehr gern.«

»Dann brachten sie mir diese weißen Würste mit dem süßen Senf.«

Er habe gedacht: Habt ihr mein Buch nicht gelesen? Aber die Würste hätten dann recht gut geschmeckt.

Damit sind wir quitt, was die Bestätigung von deutsch-englischen Ernährungsklischees angeht.

Ich frage ihn: »Wie geht es Ihnen nach acht Jahren gelebter Klimakultur, Leo? Sind Sie glücklich?«

Er überlegt. Mit der Frage hat er offenbar nicht gerechnet. Irgendwann sagt er: »Yes. I am very happy.« Ich bin sehr glücklich.

»Was ist es genau, was Sie glücklich macht?«

»Ich bin glücklich, damals dieses Experiment gemacht zu haben. Es hat mein privates und auch mein berufliches Leben fundamental verändert.«

»Zum Besseren?«

»Eindeutig. Das Wichtigste ist ein philosophischer Wechsel, wie ich die Welt und die Menschen sehe. Es geht da nicht nur um die Reduzierung von Kohlendioxid. Das ist wichtig, aber worum es vor allem auch geht: herauszufinden, ob man seine

Einstellung gegenüber bestimmten Dingen und Haltungen verändern kann. Die Antwort ist: Ja. Das ist mir passiert. Heute kann ich sagen: Es war einer der wichtigen Momente in meinem Leben, das gemacht zu haben.«

»Wie haben Sie die Welt früher gesehen?«

»Ich hatte einen zynischen Blick auf die Welt. Und habe ihn teilweise immer noch. Ich meine, hey, ich bin Journalist – und ich bin Engländer.«

»Da ist das so?«

»Da ist das so. Es hat mir aber auch eine neue Kraft gegeben. Ich glaube heute, dass wir mit der richtigen mentalen Haltung individuell und als Gesellschaft etwas erreichen können. Ich wäre sonst vielleicht heute jemand, der sagt: Ach, bringt ja eh nix, ich fahre mein Auto und den Rest kann ich nicht beeinflussen. Was ich habe, fühlt sich jetzt wie ein reicheres Leben an, und ich lebe lieber in dieser Weise als so, wie ich früher gelebt habe.«

»Nämlich wie?«

»Das war ein individualistischer Konsum-Lebensstil. Auf der einen Seite hat mir das Neue mehr Probleme gebracht, aber es wurde auch inhaltlicher. Wenn ich früher eine Geschichte gelesen habe, hatte ich sie nach 20 Minuten wieder vergessen. Heute habe ich das Gefühl, ich sauge Dinge und Informationen auf, und das bereichert mich.«

»Gibt es auch Rückschritte?«

»Es gibt eine fundamentale Veränderung. Selbst als ich noch einen zynischen Blick auf die Welt hatte, hatte ich immerhin kein Auto. In London geht das. Auf dem Land ist es praktisch unmöglich, kein Auto zu haben. Als ich nach Cornwall zog, war das mein großes Thema: Oh mein Gott, wir brauchen ein Auto. Ich will kein Auto. Es geht aber nicht ohne Auto. Was mache ich nur?«

Am Ende kam ein Kompromiss heraus: ein Biogas-Auto. Aber er hat jetzt nicht nur ein Auto, sondern auch einen großen

Garten, in dem sie Gemüse anbauen und in dem ihre eigenen Hühner scharren.

»Ernähren Sie sich komplett aus dem eigenen Garten?«

»Nein, dafür dürfte man keinen anderen Beruf haben.«

Hickman hatte beim *Guardian* Anfang des Jahrtausends eine konsumorientierte Kolumne mit dem Titel *How to buy*: Wie man einkauft. Im Januar 2003 kam der für das Verlegen von Büchern zuständige Kollege daher und wollte einen Führer über ethisches Leben herausbringen. Hickmans Chef sagte, er solle das mal machen. Das Buch sollte ein einjähriges journalistisches Experiment beschreiben von jemand, der ethisch leben will.

Hickman sagte: »Klingt interessant, aber ich weiß nichts darüber.« Er erzählte es seiner Frau Jane, und die sagte: »Klingt seltsam, aber so schlimm kann es ja nicht werden.« Man wollte »normale Mittelklassemenschen«. Er galt als normal. Und sie hatten gerade ein Baby gekriegt. Sein Chef dachte, das bringe »mehr Drama und mehr Human Interest«.

Ich frage ihn: »Sie waren nicht schon in Ihrer Kindheit ökologisch beeinflusst?«

»Nein, ich war überhaupt kein Umweltmensch. Ich war wie viele. Ich las etwas und dachte, oh, das ist ja traurig. Aber ich war nicht motiviert, etwas zu tun.«

Ich sage: »Manche Leute denken, dass Klimawandel und alles, was damit zusammenhängt, erst dann ein Problem für sie wird, wenn sie es an sich heranlassen.«

»Das ist menschliche Psychologie! Es ist anfangs auch sehr deprimierend, wenn man mehr liest und einem das Ausmaß des Problems klar wird. Am Anfang erscheint es auch fast unmöglich, anders zu leben. Man denkt: Das geht doch nie! Man muss lernen, nicht von allem gestresst zu sein.«

»Was ist das Schwerste?«

»Das Härteste ist, dass man das Gefühl hat, loslassen zu müssen von etwas, das zu den größten Vergnügen gezählt hat.«

»Was war das bei Ihnen?«

»In den Urlaub fliegen, zum Beispiel. Man denkt: Das alles aufgeben – was bleibt dann zum Genießen?«

»Okay, nicht fliegen ist eindeutig ein Verzicht, wenn man unbedingt an einen fernen Ort will«, sage ich. »Aber manch andere Umstellung kann doch auch eine Verbesserung sein?«

»Es wird als Verzicht verstanden, solange man die alte Kultur im Kopf hat. Erst wenn man sich die neue Kultur aneignet, wenn die Reise im Kopf begonnen hat, sieht man den Gewinn, wenn man etwas Bestimmtes anders macht als bisher.«

»Was ist mit Schuld? Das Schuldgefühl kommt in Ihrem Buch oft vor.«

Ständig fühlt er sich schuldig, wenn er etwas tut oder nicht tut. Ich kenne das.

»Ein Schuldgefühl hat einen motivierenden Faktor.«

»Wirklich?«

»Ja, kurzfristig. Es sorgt dafür, dass man schnell etwas tut oder nicht tut. Es hat mich am Anfang in die Gänge gebracht. Aber es ist kein nachhaltiges Gefühl.«

Ich sage: »Es wurde viele Jahre als Instrument bemüht, damit die Leute verantwortungsbewusster leben und konsumieren. Es hat nicht hingehauen.«

Hickman nickte. »Ich denke, es ist ein Fehler, auf Schuld zu setzen. Auch im Verlauf meiner Entwicklung ist die Rolle des Schuldgefühls schwächer geworden. Letztlich haben auch die Umweltschützer ein Produkt zu verkaufen, einen Lifestyle. Sie müssen sich um positive Argumente bemühen und um eine positive Botschaft. Sie müssen eine kohlenstoffarme und nachhaltige Zukunft glaubhaft als wunderbare Zukunft beschreiben können.«

»Können Sie das?«

»Ich kann zumindest sagen, dass bei mir ein kohlenstoffärmeres ein glücklicheres Leben ist. Ich arbeite in der Regel von zu

Hause, ich stehe nie mehr im Stau, ich habe weniger Büroärger und mehr Gemeinschaftsleben.«

Aus seiner Sicht ist es ein Privileg, dass ihn der *Guardian* von Cornwall aus arbeiten lässt. Andererseits hat Hickman dafür seine Festanstellung aufgegeben. Das finde ich mutig. Es ist für mich ein Indiz dafür, dass er eigenständig und aktiv Prioritäten in seinem Leben setzt und nicht passiv auf der »Ich würde ja gern, aber ...«-Ebene verharrt, die manchmal ja auch bequem sein kann. So etwas können allerdings nicht alle.

Hickmans jüngstes Buch ist ein wunderschönes Kinderbuch über Klimawandel. Darin diskutiert er die Frage, ob man den Esel mit »carrot or stick« antreiben soll, also mit Karotte oder Stockhieben. Aber er gibt keine klare Antwort. »Brauchen Menschen Belohnung oder Strafe, damit wir uns bewegen, Leo?«

»Manche sagen, das gehe nur mit dem Stock. Ich persönlich denke das nicht. Es ist wichtig, dass man beides hat, Karotte und Stock. Die Regierung treibt dich mit Vorschriften oder Verboten auf die andere Seite. Aber da stehen auch jede Menge Leute, die dir zurufen: Komm zu uns, es ist prima hier.«

Ich sage: »Bei dem Thema Vorschriften kriegen manche Leute gleich Angst vor Freiheitsberaubung und Ökostalinismus. Jedenfalls tun sie so.«

»Die Situation der Umwelt ist in bestimmten Bereichen so ernst, dass man Strafen braucht. Wenn du ständig deinen Müll auf die Straße wirfst, dann muss man dir 100 Pfund Strafe aufbrummen, damit du aufhörst. Es reicht aber auch nicht, wenn nur Vorschriften von der nationalen Regierung kommen oder gar von einer größeren Institution, die sagt: Was du machst, ist falsch. Du machst es jetzt anders oder du wirst bestraft. Da ist die Psychologie falsch.«

»Was kann die Karotte sein, die uns antreibt?«

»Es kann finanzielle Belohnung sein oder auch eine soziale Belohnung. In Großbritannien haben unterschiedliche Kommunen unterschiedliche Ansichten zu Recycling. Die einen Councils bestrafen dich, die anderen geben dir einen Barcode auf deinen Müll, scannen ihn, wiegen ihn, und wenn du wenig Müll hast, kriegst du Geld zurück in Form von niedrigerer Steuer.«

»Was ist mit Fliegen?«

»Meine generelle Haltung ist: Der Verschmutzer zahlt immer. Wer fliegen will, wer Ferrari fahren will, soll zahlen. Die Steuer wird immer höher, je weiter jemand fliegt, und dieses Geld kommt in einen Topf. Wer nicht fliegt und das grüne Leben lebt, wird aus diesem Topf mit Steuererleichterungen belohnt.«

»Was ist mit Leuten, die wenig verdienen?«

»In der Regel ist es so: Je weniger du verdienst, desto weniger schmutzig ist dein Lebensstil.«

»Was ist, wenn die hohen Steuern dazu führen, dass nur noch die Reichen fliegen?«

Er nickt. »Das ist ein schwieriges Thema«, sagt er dann. »Ich habe eine Lösung, aber nur in meiner Fantasiewelt: Jeder Bürger bekommt die gleiche Kohlendioxidration für ein Jahr. Wenn Sie, Christiane, einmal nach Australien fliegen, ist alles weg. Ich dagegen fliege nirgendwohin. Wenn Sie also noch mal fliegen wollen, müssen Sie mir meine Ration abkaufen.«

»Das werden die Lobbys der Fluggesellschaften zu verhindern wissen.«

»Ja, politisch ist das derzeit unmöglich, aber es wäre fair. Und man könnte immer noch nach Spanien fliegen in Urlaub. Vielleicht wird sich aber nach einigen echten Energie-Albträumen unsere Einstellung zu Energie verändern.«

»Was meinen Sie?«

»Ich denke, der Sturz des Regimes in Ägypten ist, zum Beispiel, zum Teil auf Klimawandel zurückzuführen. Schlechte Ernten hatten die Lebensmittelpreise hochgetrieben. Das war ein Auslöser des ägyptischen Aufstands. Viele Leute sehen die Verbindung noch nicht, aber das wird sich ändern, je schlimmer es wird. Dann werden wir über die Rationierung von Energie nachdenken müssen. Es ist genau das, was wir im Zweiten Weltkrieg gemacht haben.«

»Das ist für viele Menschen immer noch schwer vorstellbar.«

»Wir hatten jetzt 40 Jahre, in denen Benzin und Energie sehr billig waren, Nahrung auch, wir erleben die freieste Periode der Geschichte. Und nun gibt es ein großes Fragezeichen. Der Druck wird steigen, und irgendwann werden verschiedene Dinge uns erkennen lassen, dass wir nicht immer tun können, wonach uns gerade zumute ist. Es braucht noch etwas Zeit, aber es passiert.«

»Wir haben aber keine Zeit.«

»Stimmt. Unglücklicherweise haben wir keine Zeit. Auf der anderen Seite können sich soziale Haltungen auch sehr schnell ändern.«

Er nennt die kulturelle Veränderung beim Thema Rauchen. Dass heute viel weniger Leute rauchen und es viel kritischer betrachtet wird als vor zehn oder zwanzig Jahren.

Ich sage: »Aber dafür machen sie draußen die Heizpilze an, wenn sie vor der Tür rauchen.«

Er schaut mich fragend an. Kann ja nicht wissen, dass »Patio Heating« ein Reizthema für mich ist. Ich erzähle ihm mein Erlebnis mit dem Heizpilz-Kellner, der sagte, in 50 Jahren seien doch eh alle tot.

»Das Sprechen darüber ist schwierig«, sagt Hickman. »Zum einen darf man nicht rumrennen und sagen: Ich bin besser als du. Zum anderen hat jeder eine andere Realität und andere Umstände. Man kann dennoch für sich selbst denken, dass man glücklicher mit dem Leben ist, das man jetzt hat, und mit der Art, wie man die Welt sieht und mit ihr interagiert. Es geht nicht darum, ob ich in 50 Jahren tot bin. Es geht um das Heute:

Wofür bin ich hier? Worum geht es?

Bin ich hier als Konsummaschine, manipuliert von Firmen, Werbung und Regierung?

Bin ich auf der Welt, um Produkte zu kaufen, von denen Firmen wollen, dass ich sie kaufe, bis ich sterbe? Und dann sterbe ich?«

Ich denke, im Grunde sieht das die Wirtschaft genauso. Das sage ich ihm auch.

»Ja. Die Wirtschaft schon. Schon deshalb muss ich mich fragen, ob ich nicht aus anderen Gründen hier bin. Bin ich eine negative Kraft oder kann ich auch eine positive Kraft in dieser Welt sein?«

»Für mich ist es unmöglich, nicht zu fliegen«, sage ich.

»It's a trade-off«, sagt Hickman, »es ist eine Kosten-Nutzen-Frage. Dass Sie fliegen, ist notwendiger Teil Ihrer Karriere als Schauspielerin. Es führt zu Emissionen, aber es führt auch dazu, dass Sie einen großen Einfluss haben, weil viele Menschen Sie kennen.«

Danke, Leo, das ist schön gesagt.

»Oder nehmen Sie Al Gore.«

Lustigerweise kommt ein solches Gespräch irgendwann immer auf Al Gore.

»Er lebt nicht wie Milliarden anderer Menschen. Er fliegt viel und hat ein großes Haus in Tennessee. Also können Leute sagen, er sei ein Heuchler und lebe ja gar kein grünes Leben.«

»Tut er ja wohl auch nicht.«

»Aber er kann sagen, und ich denke, das kann er zu Recht: Ich bin Politiker, das ist die Realität. Das bringt mich nicht davon ab, das Thema zu propagieren.«

»Was ist mit dem Privatflugzeug?«

»Lustig, dass Sie das sagen. Ich habe ihn vor einiger Zeit interviewt, als er nach London kam.«

»Mit dem Privatflugzeug?«

»Vermutlich. Ich bekam 45 Minuten, was viel ist. Aber Themen wie Privatflugzeug und sein großes Haus waren tabu. Ich denke, das ist ein Fehler, weil das die Vorbehalte nur vergrößert. Er sollte offen darüber reden.«

Auf der einen Seite trösten sich die Leute mit der Einschätzung, dass Al Gore ein Heuchler ist, darüber hinweg, dass sie selbst nicht agieren. Auf der anderen Seite lähmt sie die Größe der Aufgabe und das im Verhältnis dazu vermeintlich Winzige, was sie selbst tun könnten. Wie kommt man aus dem Denken raus?

Hickman nickt. Das Problem kennt er. »Die Leute sagen: Was ist der Punkt, wenn ich mich ein Jahr auf den Boden lege und mich nicht bewege, wenn China jede Woche ein neues Kohlekraftwerk baut? Von Indien und Brasilien nicht zu sprechen. Das ist ein guter Punkt. Aber ich antworte: Wenn man eine defätistische Mentalität kultiviert, ist das eine leichte Entschuldigung dafür, gar nichts zu tun. Damit kommen wir nirgendwohin. Wir haben eine Verantwortung im Westen, wir haben 200 Jahre fossile Energie verbrannt und unsere Wirtschaft damit aufgebaut. Indien und China nicht.«

»Heißt das, wir müssen sie erst mal machen lassen?«

»Wir haben zwei Jahrhunderte Vorsprung. Vom Gerechtigkeitsstandpunkt aus sind wir diejenigen, die reduzieren müssen, und sie sind die, die eine gewisse Zeit noch mehr verbrauchen dürfen, sagen wir für zehn Jahre – auch um der Armut in bestimmten Regionen zu begegnen.«

»Es gibt Leute, die sagen: China interessiert eine internationale Vereinbarung doch gar nicht. Die Chinesen ziehen jetzt ihr Ding durch!«

»Ich denke, das ist eine Fehleinschätzung. China hat einen fast deutschen Pragmatismus. Sie haben klarer als die USA erkannt, dass sie ein großes Problem haben. Und sie versuchen, es zu lösen. Man kann auch sagen, dass China das grünste Land der Erde ist, wenn man die Art sieht, wie sie ihre Ökonomie grüner machen in bestimmten Regionen.«

Damit sind wir bei der unangenehmen Frage, ob es eben doch Diktaturen braucht, um effektive Maßnahmen gegen den

Klimawandel hinzukriegen, und ob moderne westliche Demokratien das überhaupt schaffen können.

Hickman erzählt von einem Interview, das er mit dem renommierten englischen Wissenschaftler James Lovelock geführt hat.

»Lovelock sagt: Wir als Menschen sind zu dumm für die Bewältigung der Klimakrise. Er glaubt, wir werden die Demokratie aufgeben müssen, um damit fertigzuwerden.«

»Das ist seine einzige Lösung?«

»Er sagt, wir müssen den Klimawandel wie einen Krieg sehen.«

»Was heißt das?«

»Wir haben einen Notfall. Die Regierung setzt Dinge durch, die sie in Friedenszeiten nicht durchsetzen könnte. Im Zweiten Weltkrieg wurde das Essen rationiert, die Männer mussten in die Army. Und so weiter.«

Ich erzähle Hickman von den deutschen Wissenschaftlern Claus Leggewie und Harald Welzer, die in ihrem Buch *Das Ende der Welt, wie wir sie kannten* den Klimawandel als Chance für eine Erneuerung unserer Demokratie sehen. Und dass ich daran zweifle.

»Viele glauben auch an die Lösung durch den Markt. Durch die richtigen Produkte«, sagt Hickman. »Das ist Teil der Lösung, aber nicht *die* Lösung.«

Ich stimme ihm zu.

Er sagt: »Es gibt eine entscheidende Frage: Was braucht es am Ende, um den Klimawandel ernsthaft angehen zu können?«

»Sie meinen jenseits der Systemfrage?«

»Ja. Und fast jeder antwortet auf diese Frage dasselbe und immer ›off the record‹, also nicht zum Zitieren: Das Einzige, was Bewegung brächte, sei ein großes, dramatisches Erlebnis, das viele Menschen schwer verletzt.«

»Wie Hurrikan Katrina?«

»Ja, aber eine Katastrophe, die nicht arme Schwarze in New Orleans erwischt. Wäre Hurrikan Katrina in der Upper Westside in New York passiert, dann hätte das die Klimapolitik komplett verändert. Das ist schrecklich, aber es ist so. Sonst wird die menschliche Rasse nichts beziehungsweise erst im letzten Moment etwas tun.«

Mehrfach im Verlauf unseres Gespräches kommt Hickman auf den Vergleich zwischen Kampf gegen die Erderwärmung und den Zweiten Weltkrieg zurück. So auch jetzt.

»Vor dem Zweiten Weltkrieg wussten wir auch, was passieren würde, aber wir taten so, als würde es nicht passieren. Es brauchte den deutschen Überfall auf Polen. Und für die Amerikaner, die weiter weg waren, brauchte es sogar noch zwei Jahre und den japanischen Überfall auf Pearl Harbor, also auf ihr eigenes Terrain, bis sie aufwachten. Pearl Harbor oder auch der 11. September zeigen: Du musst selbst verletzt werden, sonst wirst du nicht aktiv.«

Ich sage: »Was ist mit dem Hinweis des Weltökonomen Stern, dass die sofortige Bekämpfung des Klimawandels am Ende billiger ist, als weiterhin nichts zu tun? Wird uns das Geldargument nicht Beine machen?«

»Wir Menschen denken nicht so. Wir können glänzend mit aktuellen Problemen umgehen. Aber wir können überhaupt nicht mit Problemen umgehen, die in der Zukunft liegen oder zu liegen scheinen.«

Das Kinderbuch, das Hickman über den Klimawandel geschrieben hat, ist in Deutschland nicht erschienen. Der Titel lautet: *Will Jellyfish rule the World?* Wird die Qualle die Welt regieren? Darin erklärt er, wie die Welt entstand, was Klimawandel ist und worin das Problem besteht. Und am Ende sagt er, was Kinder dagegen tun können. Ich stelle mir auch die Frage, wie ich mit meinen Kindern über den Klimawandel sprechen soll und kann und ob und wie ich sie einbeziehe.

Das Buch ist zumindest für Erwachsene sehr verständlich und außerdem lustig.

Hickman lacht: »Viele Erwachsene sagten, sie verstünden nach der Lektüre den Klimaschutz viel besser als vorher. Es ist also nicht nur für Kinder.«

»Ich finde, es ist eine schwierige Balance, Kindern zu sagen, wie schlimm der Klimawandel ist und warum wir deshalb dringend handeln müssen, ohne ihnen Angst zu machen.«

»Stimmt«, sagt Hickman. »Wenn man Kindern sagt, dass das ein riesiges Problem für Erwachsene ist, dann fühlen sie sich hilflos und schwach und nutzlos und sie kriegen Angst. Daher ist es wichtig, dass die Kinder bei den Lösungen einbezogen werden. Dass man ihnen sagt, was sie tun können, zu Hause und in der Schule.«

Experten sagten ihm, mit fünf oder sechs Jahren könnten Kinder Konzepte verstehen, wie Menschen auf dem Planeten leben. Aber man solle mit ihnen nicht über Klimawandel und Kohlendioxid reden. CO_2 ist ein unsichtbares Gas, das sich nicht mal Erwachsene richtig vorstellen können. Damit solle man warten, bis sie elf sind.

Hickmans Buch richtet sich an Elf- und Zwölfjährige. Es steht auch in Schulbibliotheken. In England gehört der Klimawandel zum vorgeschriebenen Lehrplan.

Er sagt, es habe einige Schreibversuche gebraucht, um den richtigen Tonfall zu finden. »Man darf nicht wie ein Erwachsener klingen, der den Zeigefinger hebt. Das ist ja immer ein Problem bei Umweltthemen. Menschen hassen es, wenn man ihnen sagt, was sie tun sollen. Das gilt vor allem für Kinder. Räum dein Zimmer auf, räum dein Zimmer auf, räum dein Zimmer auf: Solche Ansagen hassen sie total.«

Er sagt, Lesungen vor Kindern seien komplett anders als Lesungen vor Erwachsenen.

»Was ist alles anders?«

»Man muss seine Sprache verändern, sich Einstiegspunkte überlegen. Kinder lieben Tiere. Sie mögen die Qualle auf dem

Buchcover. Ich gebe einem Kind einen Wasserball und dann einem anderen Kind einen Tennisball. Dieses Kind schicke ich an die andere Seite des Raums. Der Wasserball ist die Sonne, der Tennisball ist die Erde. Das zu sehen hilft ihnen, zu verstehen, wie die Erde um die Sonne kreist, warum wir Licht haben und Sommer und Winter.«

Ich stelle auch Hickman eine meiner Grundsatzfragen: Wie sinnvoll ist es, Kinder zu agitieren, wenn die entscheidenden Dinge bis 2020 vorangebracht oder verändert werden müssen?

»Es ist ein gutes Argument, zu sagen: Wir müssen das in unserer Generation erledigen. Also konzentrieren wir uns auf die Politiker und Macher von heute. Aber meine Haltung ist, dass Kinder ihre Eltern beeinflussen können. Sogar meine Kinder schimpfen mich, wenn ich ein Licht anlasse. Quengelmacht nennen wir das, was Kinder tun, wenn sie ihre Eltern am Rockzipfel packen und stundenlang quengeln: ›Ich will ein Spielzeug, Mami!‹ Kinder haben große Quengelmacht. Ich hoffe, sie wenden es auch bei diesem Thema an und beeinflussen ihre Eltern.«

»Dass Sie jetzt für Kinder schreiben, heißt aber nicht, dass Sie die Erwachsenen aufgegeben haben?«

»Nein. Ganz und gar nicht. Ich schreibe für Kinder, für Erwachsene, für jeden, der mir zuhört. Manche haben ein großes Publikum, andere ein kleineres. Der britische Premierminister hat eine riesige Zuhörerschaft, andere haben ihre Facebook-Freunde. Vielleicht auch nur die Eltern, die Freunde, die Lehrer. Aber jeder hat eine Einflusssphäre. Es geht darum, zu schauen, was die eigene Einflusssphäre ist, und dann darin zu arbeiten. Das ist meine philosophische Herangehensweise. Wenn also jemand sagt, es bringt nichts, ich allein kann nichts tun, dann sage ich ihm: Es gibt immer jemanden, der dir zuschaut.«

Wie sensibel ist Großbritannien, was den Klimawandel angeht?

»2005, als mein Buch rauskam, war das Jahr, in dem das zum

großen Thema wurde. David Cameron wurde Chef der Konservativen, wollte sich unterscheiden und redete viel über Klimawandel. Dann kam Katrina, und etwas veränderte sich. Auch der Tsunami davor – auch wenn er nichts mit Klimawandel zu tun hat – brachte verändertes Bewusstsein. Er zeigte die Verwundbarkeit der westlichen Welt. Es war ein Fernsehereignis und brachte eine emotionale Reaktion, gerade auch in der westlichen Welt. Alles zusammen hat uns sensibler gemacht für unseren Planeten.«

London kommt in Klimawandelszenarien regelmäßig vor. »Sind die Londoner nicht alarmiert, dass ihre Stadt wegen eines steigenden Meeresspiegels und zunehmender Naturkatastrophen Probleme bekommt?«

Hickman sagt: »Eher nicht. Vor dreißig Jahren haben wir die Themse-Barriere in Betrieb genommen, die London vor Sturmfluten schützen soll. Vermutlich denken wir daher fälschlicherweise, dass wir geschützt sind. Ich vermute, dass wir die Diskussion eher über die Hitze bekommen. London ist schrecklich bei Hitze, die U-Bahn ist dann die Hölle. Wenn wir eine solche Hitzewelle kriegen wie 2003, dann haben wir schnell die Wastun?-Diskussion. Ich glaube leider: Es braucht wirklich eine Katrina-artige Situation. Aber nicht in Bangladesch, sondern bei uns.«

Wie sieht man in Großbritannien Deutschlands Klimabemühungen?

»Wir halten Schweden für das grünste Land in Europa, dann kommt Deutschland. Das sind nationale Stereotypen, aber wir verbinden mit den Deutschen immer einen wirtschaftlichen und technologischen Ansatz – und Gesetze und Verbote. Die Italiener halten wir für leidenschaftlich.«

»Wir Deutschen sind auch leidenschaftlich«, sage ich leidenschaftlich.

Er lächelt milde. »Wir sehen eher eine ›Das kriegen wir schon hin‹-Haltung bei den Deutschen. Du findest eine Lösung, und dann geht es weiter: Das ist für uns deutsch.«

»Wie schnell kann der kulturelle Wandel kommen hin zu einem Lebensstil, der Klimasensibilität beinhaltet?«

Hickman antwortet: »Sagen wir so: Es ist in England innerhalb von zehn Jahren fast unmöglich geworden, betrunken Auto zu fahren. Vor 30 Jahren war es normal, besoffen aus dem Pub nach Hause zu fahren. Heute ist das sozial geächtet. Rauchen auch. Die Haltung hat sich komplett verändert.«

Was er sagen will: Es sind beides Dinge, bei denen früher die persönliche Freiheit im Vordergrund stand und heute mitgedacht wird, dass man andere Menschen damit gefährdet.

»Gibt es auch Fortschritt im echten Klimakulturbereich?«

»Vor ein paar Jahren hatte jede Mittelklassefamilie ein richtig großes Auto. Das war eine Übernahme aus der amerikanischen Kultur. Die Haltung hat sich innerhalb von zwei Jahren total verändert. Wenn du heute mit einem so großen Auto in der Schule ankommst, denken die Leute: Oh mein Gott! Spritfresser sind keine Statussymbole mehr.«

»Und wie sieht man Umweltaktivisten?«, frage ich.

Hickman grinst. »Wenn du Umweltaktivist bist, dann hast du keinen Spaß und bist total verkniffen. Das denken die Leute in England leider immer noch.«

Ich sage ihm, dass ich, um gegen dieses Vorurteil anzuarbeiten, massenhaft sein Buch verschenkt habe, weil ich seine Selbstironie angenehm und produktiv fand.

Er lächelt. »Das habe ich damals nicht bewusst gemacht. Ich bin so.«

»Ja«, sage ich, »es ist Ihre Persönlichkeit, die sich da ausdrückt. Ihr Buch hat mich inspiriert. Ich hatte das Gefühl: Ich kann etwas verändern in meinem Leben. Heute denke ich: Wir können zusammen etwas verändern. Deshalb wollte ich Sie unbedingt treffen.« Er lächelt. Scheint sich wirklich zu freuen. Er vermittelt mir den Eindruck, dass er wirklich daran interessiert ist, Gleichgesinnte zu treffen und sich mit ihnen auszutauschen und zu vernetzen.

Auch Leo Hickman hat »gute und schlechte Tage«. An schlechten denkt er schon mal: Was soll ich ausrichten bei sieben Milliarden Menschen?

Das ist ein verbreitetes Gefühl, meine Schwester hat es, und ich habe es auch manchmal.

»Aber«, sagt Hickman, »dann mache ich mir wieder klar, dass es umgekehrt ist: Wenn ich denke, ich kann nichts ausrichten, bin ich besiegt. Einzelne, die kollektiv handeln, können den Unterschied ausmachen. Unsere Tory-Regierung wollte die englischen Wälder verkaufen, also privatisieren. Ein Bürger wurde sauer, dann noch einer, dann hat eine Million Leute dagegen unterschrieben. Dann haben sie die Sache gestoppt.«

»Wie wichtig finden Sie es, den eigenen CO_2-Ausstoß auf das Gramm genau zu kennen?«

»Es ist wichtig, ihn zu kennen, um ihn reduzieren zu können. Aber unsere Kultur ist besessen von Zahlen, Ergebnissen und empirischen Daten. Ich halte die Fixierung auf Zahlen im Zusammenhang mit CO_2 für zu obsessiv. Weil man auf eine bestimmte Art das Thema verpasst.«

»Wie meinen Sie das?«

Er spricht über den New Yorker Autor Colin Beavan, der versucht hat, ein Jahr ganz ohne CO_2-Emissionen zu leben. Das Buch heißt *Barfuß in Manhattan*.

»Das ist ambitioniert, aber eben nicht realistisch, in Manhattan zu leben und überhaupt keine Auswirkungen auf die Umwelt zu haben. Es geht darum, zu zeigen, dass man einen emissionsarmen Lebensstil tatsächlich haben kann, und zwar innerhalb der Gesellschaft. Also wenn ich jetzt mit mir selbst sprechen würde, würde ich sagen: Kenne und verbessere deinen ökologischen Fußabdruck, aber mach ihn nicht zu einer

Obsession, sondern konzentriere dich auf die Bewusstseinsveränderung.«

»Wie machen Sie das?«, frage ich. »Ist Ihre Prämisse, möglichst wenig CO_2 auszustoßen oder möglichst viel zu tun, damit es vorangeht, auch wenn das heißt, dass man fliegen muss?«

»Es gibt einen Umweltaktivisten in Großbritannien, der inzwischen nirgendwo mehr hingeht, um kein Kohlendioxid auszustoßen.«

»Das ist konsequent.«

»Ja. Er hat Enkel in den USA, die er nie gesehen hat. Er sagt: Das muss ich in Kauf nehmen, weil ich nicht in die USA fliegen will.«

»Die Enkel könnten nach England fliegen?«

»Es geht ihm um den dramatischen Punkt. Es ist ein großes Opfer, seine Enkel niemals zu sehen. Er ist bereit zu opfern. Aber man muss mit der Gesellschaft arbeiten und nicht jenseits der Gesellschaft. Außerhalb der Gesellschaft wirkt man schnell als Freak, das ist nicht produktiv. Ich denke, es ist die falsche Botschaft, zu Hause zu bleiben. Denn das Ergebnis ist, dass sein Einfluss geringer geworden ist. Ich versuche daher, beides zu machen. Ich lebe auf dem Land, aber ich muss auch Entscheidungen treffen, ob ich irgendwo hinkomme, um mit Managern zu sprechen oder jetzt mit Ihnen für dieses Buch. Da hoffe ich einfach, dass es sich lohnt.«

Das geht mir genauso. Ich bin für das Treffen mit Leo Hickman zusammen mit meinem Koautor Peter Unfried von Berlin nach London-Heathrow geflogen. Dazu mit dem Taxi zum Flughafen hin und zurück. Und in London mit der U-Bahn von Heathrow nach South Kensington. Auch hin und zurück. Den Hin- und Rückflug taxiert der Emissionsrechner des Umweltschutzunternehmens atmosfair.de auf 540 Kilogramm. Bei zwei Personen also 1080 Kilogramm Kohlendioxid. Das ist mehr, als ein Mensch in Indien durchschnittlich im ganzen Jahr verursacht.

Wäre es nicht besser, zu Hause zu bleiben, sich nicht zu bewegen und kein CO_2 zu verursachen? Ich finde, man muss den Kohlendioxidausstoß in Relation setzen zur Relevanz des Termins. Ich bin ja nicht zum Shopping nach London geflogen. Ich fand es wichtig, dass wir uns auf den Weg gemacht und ihn getroffen haben – unabhängig vom CO_2-Ausstoß. Aber hätte man das Gespräch nicht auch am Telefon oder per E-Mail führen können? Hätte man. Aber ich kannte ihn nicht und halte es für wichtig, eine echte Vorstellung vom anderen zu bekommen. Dafür muss man ihn treffen. Es war wichtig für mich und für dieses Buch. Und ich habe mich wirklich gefreut wie eine Schneekönigin, Leo Hickman kennenzulernen.

Beim zweiten Mal kann man dann ja auch telefonieren.

13

Beruf:
Wie »öko« ist die Schauspielbranche?

Umweltbewusst leben und der Beruf einer Schauspielerin passen nicht zusammen. Das ist so. Die berufliche Mobilitätsgarantie, die ich geben muss, hat zum Beispiel keinen besonders guten Einfluss auf meine Energiebilanz.

Bei der Frage, welche Filme man dreht, spielen viele Faktoren eine Rolle. Aber ökologische Gesichtspunkte werden dabei kaum beachtet. Wenn ich mich entschieden habe, einen Film zu drehen, der in Namibia spielt, dann muss ich eben nach Afrika. Aber soll ich deswegen ganz aufhören, mich mit dem Thema zu beschäftigen? Das sehe ich nicht ein.

Ich habe mich für den Beruf der Schauspielerin entschieden und gegen eine Zukunft als Ärztin, weil ich die Schauspielerei liebe. Damit habe ich mich auch entschieden, in meinem Berufssystem zu funktionieren. Da gibt es Abhängigkeiten, in denen ich stecke. Und es gibt gewisse soziale Voraussetzungen, die ich erfüllen muss, damit das Ganze funktioniert.

Das bedeutet: Ich kann nur sehr bedingt Dinge verändern. Jedes Mal, wenn ich ans Set komme, mit dem Produktionsleiter zu diskutieren, ob er Pappbecher beim Catering einsetzt oder nicht – das wäre schwierig. Wenn man das auf die Spitze triebe, würden die sicher sagen: Was ist denn mit der los, spinnt die jetzt komplett? Oder wenn ich beim Kostüm sagen würde: Ich ziehe nur noch Sachen an, bei denen die Stoffe ökologisch angebaut sind. Das ginge nicht.

Wäre ich ein großer Hollywoodstar, könnte ich mit den Fingern schnipsen und knurren: Meine Fahrbereitschaft darf nur aus Hybridfahrzeugen bestehen. Basta. So wie Johnny Depp beim Dreh während einer Fußball-WM durchsetzte, dass überall Fernseher aufgestellt wurden. Aber ich bin kein Hollywoodstar. Ich kann nicht mit einem Fingerschnipsen den Fuhrpark bestimmen, vertraglich festlegen, dass die Fahrdienstautos unter 120g CO_2 pro Kilometer ausstoßen. Obwohl: Das müsste man mal probieren.

Ich höre sie schon tuscheln: »Weißt du, was die will? Ein Auto unter 120g.«

»Häh?«

Ich kann mit der Bahn zum Dreh fahren, das kann ich machen.

Die ganze Filmbranche ist nicht ökologisch. Würde man es unter rein ökologischen Gesichtspunkten sehen, könnte man Film abschaffen. Aber Film zählt für mich zur Kunst. Ein Film ist nicht gut oder wichtig, wenn er ökologischen Kriterien entspricht. Man kann Film nicht ökologisch hinterfragen. Das Gleiche gilt für Theater, Oper, bildende Kunst.

Es gibt allerdings sehr wohl Abläufe, die ökologisch reformierbar wären. Die muss man finden. Und dann ändern. Das fängt beim Ökopapier an und hört bei den Transportmitteln noch längst nicht auf. Wenn wir uns als Gesellschaft darauf geeinigt haben, dass Klimakultur eine Grundlage all dessen ist, was wir in dieser Gesellschaft tun, dann werden auch Filme so ökologisch wie möglich produziert werden. Das gilt aber auch für Autos, Zeitungen, für alles andere. Ich kann es nicht fingerschnipsend anordnen, aber ich möchte dazu beitragen, dass wir dahin kommen.

Mit Jörg, dem Caterer, diskutiere ich über vegetarisches Essen. Am Set esse ich praktisch nur vegetarisch, das habe ich mir angewöhnt. Oder ich frage ihn, warum es im März am Set plötzlich Spargel gibt. Meistens endet es in kleineren Auseinandersetzungen.

»Spargel im März, Jörg?«

Ja, sagt Jörg, tolle Sache. Der werde mit in der Erde verlegten Schläuchen gewärmt. Dadurch sei er bereits im März reif.

Hallooh?

»Ist dir denn klar, was das für Fauna und Flora bedeutet, wenn du diese Schläuche durch die Erde schiebst, nur damit wir Spargel im März haben? Ist das wirklich notwendig?«

Ist ihm das jetzt bewusst? Es ist ihm nicht bewusst.

Er antwortet: »Weißt du, was? Ich baue ein Solardach für dich auf meinen Cateringwagen. Dann gibt es aber nur noch Essen, wenn die Sonne scheint.«

Sie weichen immer in diese Art Humor aus. Das ist bei Jörg nicht anders als in Talkshows. Macht man eine entsprechende Bemerkung, ist man als Ökospinner abgespeichert und gleichzeitig haben die Leute das Gefühl, sie müssten ihr Handeln oder Nichthandeln rechtfertigen.

Ich denke, es ist ein Versuch, Distanz zwischen das Thema und sich zu bringen, es nicht allzu nah an sich heranzulassen.

Ich sage zu Jörg: »Kein Mensch braucht Spargel im März, der von Heizschläuchen aus Kraftwerken gewärmt worden ist.«

Er will es nicht einsehen. Aber unser Gespräch macht auch Spaß, und er hat bei mir immer einen Anknüpfungspunkt.

Das Catering am Set funktioniert vor allem mit Plastikflaschen und Plastikbechern, bestenfalls mit Pappbechern. Nach dem Trinken wird der Becher weggeschmissen oder weggeräumt. Selbst wenn man ihn noch mal nehmen will, findet man ihn meistens nicht mehr. Mit meinem Kollegen Hannes Jaenicke habe ich den RTL-Zweiteiler *Hindenburg* gedreht, einen Spielfilm über den Absturz des berühmten Zeppelins in der Nähe von New York im Jahr 1937. Er spielte einen Varietékünstler, der an den Broadway will, ich eine Jüdin, die vor den Nazis flieht.

Hannes hat ein ausgeprägtes Umweltbewusstsein und engagiert sich aktiv. Er hat mir erzählt, er beschrifte seinen Plastikbecher, sodass er ihn zumindest mal den ganzen Tag benutzen könne. Nach meiner Erfahrung funktioniert das nicht. Irgendwann ist er weg. Mit Hannes habe ich beim Drehen viel über den Klimawandel gesprochen und was wir tun können und tun müssen. Das ist allerdings nicht der Normalfall. Grundsätzlich wird beim Film immer noch wenig über das Thema gesprochen. Man spricht über das, worüber man vermutlich auch in anderen Berufen spricht: über sich, also über die eigene Branche. Ein bisschen Klatsch, wie es so läuft, wie die Auftragslage ist, ob die Wirtschaftslage der Filmbranche besser oder schlechter wird. Man redet auch über Fußball. Über Politik nur ganz am Rand. Hauptsächlich kreisen die Themen um die Branche selbst. Keiner würde zugeben, dass er Angst hat, dass es nicht mehr so weitergeht, wie es bisher ging. Keiner möchte sich diese Blöße geben. Aber das Geschäft ist nicht einfacher geworden, es ist weniger Geld da, es wird weniger produziert, es gibt weniger Aufträge, darüber wird gesprochen. Und das ist auch spürbar.

Ich muss gestehen, dass ich, nachdem ich mich bei Jörg, dem Caterer, lautstark über den Spargel im März beschwert hatte, am Ende den Spargel doch probiert habe. Ich wollte wissen, wie er schmeckt im März. Und? Ich kann in Zukunft ruhig wieder bis Mai warten.

14

Kleidung:
»Die sind doch aus Biobaumwolle, oder?«

Früher hat mich Mode nicht besonders interessiert. Stil schon, aber Fashion nicht. Heute hat es mich von Berufs wegen zu interessieren. Für bestimmte öffentliche Anlässe braucht man entsprechende Kleidung. Es wäre mutig, nur ein Kleid zu haben und es zu jeder Abendveranstaltung anzuziehen – oder es wäre beruflicher Selbstmord. Wahrscheinlich Letzteres. Zur Verleihung der »Goldenen Kamera« wird einfach ein tolles, neues Kleid erwartet. Und ja, ich kaufe zu oft und zu viel Kleidung. Und ich habe auch nicht nur eine Handtasche, ich habe fünfzehn Handtaschen. Auch das gehört dazu.

Einen Teil meiner Kleidung bekomme ich zur Verfügung gestellt. Ich erlebe das als Privileg. Es steht auch niemand mit der Pistole vor dem Spiegel und zwingt mich, schöne Kleider anzuziehen. Eher im Gegenteil. Ich muss gestehen, ich genieße das auch. Dennoch kriege ich manchmal eine Krise, wenn ich vor meinem Kleiderschrank stehe. Es gelingt mir einfach nicht, die Anforderungen eines ressourcenintensiven Berufes und meine privaten Überzeugungen in Übereinstimmung zu bringen.

Die Art, wie man ein T-Shirt sieht, hat sich in den letzten Jahren sehr verändert. Das T-Shirt von Massenlabeln stand für das Wohlstands-, Gleichheits- und Glücksversprechen durch Konsum. Es ist zu einem gewissen Grad chic und dabei so preisgünstig, dass sich in der westlichen Gesellschaft jeder ständig und nebenbei eins kaufen kann, auch Jugendliche. Das ist auch weiterhin so. Inzwischen hat sich das gute alte T-Shirt aber auch mit der ganzen Schlechtigkeit und Ungerechtigkeit der Welt aufgeladen: mit Kinderarbeit, Sweatshop, Pestiziden und anderen Giften, mit inakzeptablem Trinkwasserverbrauch bei der Produktion, tausenden Flugmeilen beim Transport und zu guter Letzt: ex und hopp und weg damit.

Kleidung gehört zu den Produkten, deren Produktionsbedingungen wir als Gesellschaft lange ignoriert haben. Unsere Kleidung wird heute zu 90 Prozent in Entwicklungsländern hergestellt, zu Niedriglöhnen und mit niedrigen Standards. Dort wird auch der Hauptanteil der dafür verwendeten Naturfasern angebaut, in der Regel ist das Baumwolle. Für die Weltjahresproduktion von 25 Millionen Tonnen Baumwolle werden 300 Billionen Liter Wasser gebraucht. Das ist das Vierfache des Wassergrundbedarfs aller Erdbewohner. Ein Viertel der weltweit eingesetzten Insektizide wird auf Baumwollfeldern versprüht. Dazu kommt Kunstdünger. Nicht nur die Umwelt, sondern etwa eine halbe Milliarde Menschen sind diesen Giften ausgesetzt.

Über 50 Prozent der Kleidung wird aus Kunstfasern hergestellt, kommt also aus der Chemiefabrik. Die Kunstfasern werden unter Einsatz des fossilen Energieträgers Öl hergestellt. Der Produktionsprozess konventionell produzierter Kleidung hinterlässt chemischen Dünger auf dem Acker, Schwermetalle in den Farben, Chlor beim Bleichen. Das alles lagert sich in den Fasern ab.

Die Textil- und Bekleidungsindustrie in Deutschland hat seit den 80ern eine halbe Million Arbeitsplätze verloren. Der deutsche Modeverband German Fashion sagt, dass noch etwa fünf Prozent der getragenen Kleidung in Deutschland hergestellt werden. Etwa im Erzgebirge. Klar: Heimische Produktion heißt halbwegs anständige Lohnkosten. Heißt, dass Stücke in der Produktion so teuer sind wie die aus Bangladesch im Endverkauf. Ein Beispiel: Von einem 100-Euro-Turnschuh bekommen Hersteller und Handel 50 Euro. Die Arbeiterin in Ostasien kriegt 40 Cent.

500 Millionen Kleidungsstücke werden allein in Deutschland jährlich weggeworfen und durch neue ersetzt. Nicht nur, weil sie billig, schlecht produziert und schnell kaputt sind, sondern weil sie »out« sind. »Out« sind sie dann, wenn man sich komplett der Mode unterwirft.

Die Frage hätte ich mir früher nie gestellt: Brauche ich ein neues T-Shirt? Die Frage war: Will ich ein neues T-Shirt? Heute stelle ich sie mir. Und noch andere: Wie viel Anziehsachen brauchen meine Kinder wirklich? Auch da muss ich mich permanent prüfen, weil ich unglaublich gern für meine Kinder Kleidung kaufe. Das ist auch bei Spielzeug so, aber speziell bei Kleidern. Warum kauft man so gerne für seine Kinder? Weil man es toll findet, sie schön angezogen zu sehen, weil man seine Liebe damit ausdrücken will? Puh, ich weiß es nicht.

Ich spüre das Verlangen und versuche inzwischen dennoch, weniger Kleidungsstücke zu kaufen, solche, die länger halten, weil sie sorgfältiger hergestellt sind und nicht jedem Modetrend hinterherlaufen. Die Idee ist zum einen, sich und seine Kinder mit kontrolliert biologisch angebauten Naturtextilien gesünder anzuziehen. Und zum anderen dazu beizutragen, dass sich bessere Gesundheitsbedingungen und soziale Standards bei der Produktion durchsetzen. Obwohl es viel mehr Marken und Läden gibt als noch vor wenigen Jahren, finde ich es gar nicht so einfach, Ökokleidung zu finden, die man auch tragen möchte. Bei seinem alten Lieblingsladen weiß man genau: Hier das, dort das. Im Naturtextilladen muss man sich erst mal wieder neu orientieren. Bei Kinderkleidung habe ich jedoch schon einige Marken entdeckt, die ich wirklich gut finde. Allerdings kostet dann ein Öko-T-Shirt für ein Kind schnell mal 30 Euro. Da kauft man maximal eines und nicht mehrere. Was ja Teil meiner neuen Strategie ist.

Aber wer nimmt schon gern Abstand von dem Prinzip »Chic, aber nicht teuer« und zahlt freiwillig einen Preis, der für einen fairen Umgang mit Arbeiterinnen und Umwelt nun einmal zu bezahlen ist? Das fällt mir auch schwer. Dennoch habe ich inzwischen zusätzlich auch angefangen, für die Kinder bei einem Naturtextilienversand zu bestellen, der für sich reklamiert, schadstofffrei und fair zu produzieren. Etwa Schlafanzüge und Bademäntel aus reiner und zertifizierter Biobaumwolle. Aber auch andere Sachen. Wir haben natürlich auch noch jede Menge konventionelle Kleidungsstücke. Das Verhältnis dürfte derzeit etwa eins zu vier sein. Dazu kommt aber auch noch Secondhand-Kleidung, die günstig und einfach dadurch ökologischer ist, dass sie länger in Verwendung bleibt und bei ihr fast alle Schadstoffe rausgewaschen sind.

In der Zwischenzeit haben aber auch große, günstige Modeketten den Ökotrend für sich entdeckt und bieten Produkte aus Biobaumwolle an, zum Beispiel Ökounterwäsche für Kinder, bei der ich dann auch zugegriffen habe. Hier stellt sich natürlich grundsätzlich die Frage – und speziell bei den großen Ketten –, wie öko oder bio das tatsächlich ist. Da muss man schon sehr genau hinschauen, ob es wirklich 100 Prozent kontrolliert angebaute Biobaumwolle ist oder nur ein bestimmter Anteil Biobaumwolle. Und ob es das mit der Biobaumwolle dann schon war oder ob der Hersteller weitere ökologische und soziale Standards beachtet.

Was bringt Biobaumwolle? Im Gegensatz zur normalen Baumwolle wird sie ohne Kunstdünger und chemische Pestizide nach den Vorschriften des ökologischen Landbaus hergestellt und von Hand geerntet. Es dürfen keine gentechnisch veränderten Pflanzen benutzt werden und keine Pflanzengifte. »Zertifiziert« bedeutet, dass die Standards kontrolliert werden. Dass keine Pestizide und Kunstdünger verwendet werden, wirkt sich auch auf den Boden, das Grundwasser und auf die Gesundheit der

Baumwollbauern und Arbeiterinnen positiv aus. Für jedes konventionelle Baumwoll-T-Shirt bekommt der Acker 150 Gramm Gift ab. Nach Schätzung der Weltgesundheitsorganisation WHO sterben in einem Jahr bis zu 40 000 Menschen an Vergiftungen durch den konventionellen Baumwollanbau, eine halbe bis zwei Millionen vergiften sich. Die Menschen diesen Giften nicht mehr auszusetzen, ist ein erster Schritt zu einem fairen Arbeitsverhältnis. Wichtig bei einem echten Biokleidungsstück ist auch die ökologische Verarbeitung: dass keine chlorhaltigen Chemikalien beim Bleichen eingesetzt werden und dass bei der Färbung keine gesundheitsgefährdenden Stoffe zum Einsatz kommen.

Stellt sich die Frage: Ist die Zeit nicht reif für den Einzug von Ökomode in die Massenproduktion der Modeindustrie? Wenn man die vielen Berichte über chice Ökolabels und grüne Mode liest, die die Laufstege der Fashion Weeks in den Metropolen und die Szeneläden erobern, könnte man denken, es gebe einen riesigen Boom. Gibt es auch. Es ist aber zunächst ein Medienboom. Quantitativ gesehen relativiert sich das: Es werden immer noch weniger als ein Prozent der Baumwolle und der Kleidung weltweit biologisch und agrargiftfrei produziert. Andererseits wenden sich immer mehr namhafte Designer ökologischem Denken und Konzepten zu und versuchen, dies in ihren Kollektionen umzusetzen.

Die britische Kleidungsdesignerin Stella McCartney, Jahrgang 1971 und Mutter von vier Kindern, ist schon immer Vegetarierin gewesen und benutzt in ihren Kollektionen weder Pelz noch Leder. Sie nennt diese Kollektionen »vegan«. »Keiner bei uns zu Hause aß je Fleisch«, sagte sie in einem *SZ*-Interview als Erklärung. Ihre verstorbene Mutter Linda McCartney war Vegetarierin und Tierschützerin, ihr Vater Paul McCartney wurde durch Linda zum Vegetarier. Stella McCartney sieht das grüne Bewusstsein wachsen, denkt aber, dass ihr Label kommerziell noch erfolgreicher wäre, wenn sie Leder benutzen würde.

Ein weiterer Designer, der den Begriff Glamour neu definieren will, ist der Mallorquiner Miguel Adrover. Er war Stardesigner in New York und ist heute Kreativdirektor eines deutschen Naturtextilienversandhauses. »Mode« ist für ihn »nur ein dummes Wort, das nichts beschreibt«. Er will sich kurzfristigen Trends verweigern, nur naturnahe Materialien verwenden und nur ökologisch und sozial verantwortlich hergestellte Kleidung produzieren. Er fordert die Modebranche auf, das auch zu tun. Seine Prämisse: »Es gibt keine Schönheit ohne Verantwortung.«
Parallel zu der Bewusstseinsveränderung bei einigen Stardesignern ist die Ökomode in einem Teil der Gesellschaft aus der Ecke langweiliger, eher von Überzeugung als von Attraktivität bestimmter Kleidung herausgekommen und präsentiert sich, zum Beispiel, als coole Jeans im Laden – etwa von Kuyichi – oder als innovatives Label in unzähligen Internetportalen für alle anderen Varianten und Formen von Kleidungsstücken.
Gleichzeitig muss der Begriff Öko aber auch für Dinge herhalten, die gar nicht öko sind: etwa, wenn man in einen Laden geht, der mit »fair« oder »grün« oder ähnlichen Begriffen wirbt, weil Öko jetzt »en vogue« ist. Da hat man dann Kindersachen in der Hand, die ganz nett sind für ihren Preis. Und dann geht man zu der Verkäuferin und fragt: »Die sind doch aus Biobaumwolle, oder?« Und sie sagt: »Nein, leider nicht.« Es gibt eine ganze Reihe Läden, die mit Öko werben, aber eben nur Teile des Sortiments in Öko anbieten. Der Rest sieht so aus, ist aber konventionell.
Natürlich wird auch im Bereich des Bio- und Ökokonsums mit Versprechen oder Emotionen gearbeitet, die manche Produkte dann eben doch nicht einlösen. Man kann zwar die Produktionskette im Laden nicht kontrollieren, aber man kann das Etikett lesen, und das hätte in dem oben erwähnten Laden auch schon gereicht. Da stand nämlich drauf, dass es normale Baumwolle war.
Was die Prioritäten eines klimabewussteren Lebens angeht,

so ist Kleidung allerdings wohl nicht das erste Projekt, das man angehen sollte. Zum einen ist es eine teure Umstellung, erst recht, wenn es sich zum Beispiel um einen Vier-Personen-Haushalt handelt, zum anderen ist das Verbesserungspotenzial bei CO_2-Emissionen von etwa 200 Kilogramm pro Mensch und Jahr deutlich geringer als das Potenzial bei Strom, Wärme, Mobilität und Fleischkonsum.

Aus meiner Sicht ist es etwas für Fortgeschrittene.

15

Der Politiker: »Sind Sie Teil einer neuen Öko-Generation, Boris Palmer?«

Am Tag nach einem Empfang für einen Prominentenfriseur aus Berlin komme ich zu Boris Palmer ins Tübinger Rathaus. Ich weiß das, weil die Lokalzeitung *Schwäbisches Tagblatt* aufgeregt auf der ersten Seite berichtet. Die Friseurinnung hatte um diesen Empfang gebeten. Palmer stimmte zu und hielt eine kleine Rede auf den »bundesweit bekannten Handwerksmeister«, obwohl das protokollarisch nicht vorgesehen ist. Mich empfängt der Oberbürgermeister ganz normal und sehr herzlich in seinem Amtszimmer im ehrwürdigen Rathaus im Zentrum der Altstadt. Mit Blick auf den Tübinger Marktplatz.

An Palmer interessiert mich nicht, dass er der vermutlich bekannteste Oberbürgermeister einer Stadt unter einer Million Einwohner in Deutschland ist. Auch nicht, dass er der Partei Die Grünen angehört. Mich interessiert er, weil er der erste Politiker war, der sein Amt mit einem Programm gewann, in dem er den Kampf gegen den Klimawandel in den Mittelpunkt stellte. Er wollte die Geistesmetropole Tübingen zur ökologischen Vorzeigestadt des 21. Jahrhunderts machen. Das war Ende 2006 und da war er 34 Jahre alt. Seit Januar 2007 ist er im Amt, seit 2008 läuft die Klimaschutzkampagne »Tübingen macht blau«. Das bezieht sich darauf, dass »Blau« inzwischen die Farbe des Klimaschutzes ist. Palmers Ziel ist es, dass jeder Tübinger bis 2020 im Vergleich zu heute minus 70 Prozent Energie verbraucht.

Unerreichbar!, würde ein Zyniker oder vielleicht auch nur ein Realist sagen. Palmers Erkenntnis ist: Man braucht weder Land, Bund oder EU noch Kyoto-Protokoll oder Weltregierung, um als Kommune 70 Prozent weniger Kohlendioxid auszustoßen. Man kann das als Stadt schaffen – mit der richtigen Kommunalpolitik. Die Leute müssen auch nicht verzichten, nur mitmachen.

Dafür aber braucht es eine Schnittstelle, eine Weiche zwischen den Bürgern und der Politik, die an einer entscheidenden Stelle sitzt und politisch umschaltet in eine »blaue« und grüne Zukunft. Ist der Oberbürgermeister Palmer so eine Weiche? Das will ich wissen. Auf Fotos sieht man Palmer häufig mit grünem Hemd oder blauem Anzug. Das ist offenbar sein symbolischer Dresscode für bestimmte politische Inhalte. Heute ist er ganz in Schwarz gekleidet.

»Sie wollen den Klimawandel mit neuen Technologien aufhalten und nicht damit, dass wir Menschen verzichten, Herr Palmer. Warum?«

Palmer lächelt: »Wenn man Verzicht predigt, ist man im Sektiererbereich. Man muss ziemlich ambitionierte Ziele verfolgen, aber dabei Rücksicht auf die Mentalität der Leute nehmen.«

Ich sage: »Warum glauben Sie so sehr an die Wirtschafts- und Wohlstandschance mit grünen Technologien und Produkten?«

»Das ist das Feld der ökologischen Politik, wo auch die größten Investitionen in den nächsten Jahren erforderlich sind. Es hört sich anders an, ob man sagt: Ihr müsst CO_2 einsparen, oder ob man sagt: Ihr müsst endlich auf die Baustelle und einen Auftrag ausführen. Wenn es gelingt, mit dem Retten der Welt reich zu werden, ist das die ideale Kombination.«

Jetzt bin ich doch etwas verblüfft. »Ist das in Ihrer Partei mehrheitsfähig?«

»Kann sein, dass man da aus protestantisch-pietistischer oder aus linker Sicht Bedenken hat, aber ich sehe das pragmatisch: Die Mehrheit der Leute strebt eher nach Reichtum als nach seelischer Erbauung oder Lektüre der *taz*. Es ist daher sogar die Idealvorstellung, das ganze Streben nach Reichtum, das so viele Menschen antreibt, im Sinne des Klimaschutzes nutzbar zu machen. Das ist die beste Garantie für den Erfolg.«

»Ich dachte, Kapitalismus funktioniert immer auf Kosten anderer, der Armen, der südlichen Länder, der Umwelt.«

»Schlimm ist es dann, wenn das gegeneinanderläuft: Wenn man nur in Armut das Klima schützen kann – was ja nicht so falsch ist, wie die soziologischen Untersuchungen zeigen. Ein umweltbewusster Mensch aus der Mittelschicht hat meist eine deutlich schlechtere Ökobilanz als eine Oma, die auf 20 Quadratmetern lebt. Ein Urlaubsflug in die USA produziert so viel CO_2, wie die Durchschnittsoma in zwei Jahren verursacht.«

»Das können Sie schnell ausrechnen. Sie sind Mathematiker.«

»Stimmt.«

»Wie beeinflusst Sie das? Es ist auffällig, dass Sie den Sachen auf den Grund gehen wollen, um dann aus Bausteinen Lösungen zu konstruieren.«

»Das ist sicher mathematisches Denken. Das heißt aber nicht, dass man nur als Mathematiker unterwegs ist.«

»Aber die naturwissenschaftliche Art zu denken hilft Ihnen?«

»Ja. Es gibt allerdings eine Einschränkung: Mathematik als reine Wissenschaft hat einen so hohen Abstraktionsgrad, dass man sich nicht mehr mit alltäglichen Dingen beschäftigt. Das in den Alltag zu übertragen erfordert eine Transformationsleistung, die nicht trivial ist. Im Studium sieht man davon nichts. Bei mir kommt das Interesse für Politik und das Konkrete, Praktische biografisch durch meinen Vater hinzu. Ich habe außerdem neben Mathematik Geschichte studiert und nicht Physik – wegen des kontextualisierten Denkens.«

Palmers große Stärke scheint es zu sein, komplizierte politische Inhalte in einfache Bilder fassen zu können, die viele Leute interessieren und bewegen. Sofort nach Amtsantritt tauschte er den Dienst-Mercedes seiner Vorgängerin gegen einen spritsparenderen Toyota Prius. Dann wechselte er den Prius gegen einen Smart aus, der noch weniger verbrauchen sollte. Als der Smart das Versprechen nicht in Realität umwandeln konnte, schaffte er den Dienstwagen komplett ab und stieg vollends auf das Fahrrad um. Alles unter großer Anteilnahme der Öffentlichkeit. Dabei war er ins Rathaus vom ersten Tag an geradelt. Die Sache mit dem Prius war Symbolpolitik gewesen und hatte tatsächlich zu einer bundesweiten Debatte geführt. Die einen fanden den Versuch großartig, das Statussymbol Dienstwagen von »groß« auf »ökologisch« umzudefinieren. Die anderen diskutierten die Frage, warum die deutschen Autokonzerne eigentlich keine Hybride hatten, also Autos, die teilweise elektrisch angetrieben werden können. Die Dritten, inklusive des damaligen baden-württembergischen Ministerpräsidenten Günther Oettinger, warfen Palmer »Landesverrat« vor – wegen der japanischen Marke. Was zu einer eigenen Diskussion führte darüber, welche Teile »deutscher« Autos denn tatsächlich in Deutschland hergestellt und eingebaut werden.

Inzwischen hat er Tübinger Autohäuser dazu gebracht, einen »Klimapass« an die Autos zu hängen, mit Farbbalken, die zeigen, wie umweltfreundlich das jeweilige Auto ist. Die Farbskala geht von Grün über Gelb bis Rot.

Ich wundere mich, dass die Autohäuser so etwas mitmachen.

Palmer sagt, das sei eine Serviceleistung, die bei der Kundschaft gut ankomme.

»Ist so ein Klimapass nicht ein bisschen wie ein ›Rauchen ist tödlich‹-Aufkleber für Käufer von großen, schnellen und schweren Autos?«

Palmer sagt: »Da lasse ich mich als Kunde solcher Autos sicher nicht abschrecken. Ich habe das nicht als absolute, sondern als relative Skala geliefert, für Geländewagen gibt es eine andere Klassifizierung. Da kann man als Autohaus sagen: Guck, ich habe einen gelben SUV, keinen roten.«

Also: Ich habe ein Auto, das viel CO_2 ausstößt, aber im Vergleich zu anderen Autos, die auch viel ausstoßen, ist es weniger.

Ich sage: »Man könnte doch sagen, man braucht keine Geländewagen, weil wir gut asphaltierte Straßen und Parkplätze haben.«

Palmer nickt. »Diese Meinung teile ich persönlich, aber ich bin kein Autokunde, ich hab ja keins. Ich muss zur Kenntnis nehmen, dass es Leute gibt, die diese Autos aus irgendwelchen Gründen kaufen. Dann ist mein Ansatz: Du wirst niemand, der nichts von Umweltschutz hält, durch ein Schild abhalten, so ein Auto zu kaufen. Aber für jemand, der schon über die Umwelt nachdenkt, ist das eine relativ einfach verfügbare Information, mit der man eine Kaufentscheidung in puncto CO_2 optimieren kann.«

Da kommt zum ersten Mal Palmers Denkansatz durch, der an diesem Tag leitmotivisch immer wieder auftaucht: Dass es nicht darum geht, was eigentlich das Beste wäre, sondern darum, was tatsächlich und jetzt zu verbessern ist.

Wird Palmer das alles schaffen, was er angekündigt hat, nämlich die Klimabilanz jedes Tübingers bis 2020 von neun auf unter drei Tonnen CO_2-Ausstoß zu bringen? Hat er die Zehn Prozent CO_2-Reduzierung geschafft, die er in den ersten beiden Jahren anstrebte?

Das ist nicht einfach zu verifizieren, weil manche Zahlen schwierig bis unmöglich zu ermitteln sind. Er weiß, wer alles bei den Tübinger Stadtwerken zu Ökostrom gewechselt hat, aber er hat keine Zahlen von denen, die bei anderen Stromversorgern kaufen. Es sei praktisch unmöglich, den Mobilitätsbereich zu erfassen, also etwa herauszufinden, wie viel Benzin eine Stadt mit ihren Autos verfährt.

Das Problem ist, sagt Palmer: »Noch nicht mal die Individuen haben die Information, die man kollektiv haben möchte.«

Wie löst man das Problem? »Wir interpolieren«, sagt er. Was für mich als Nichtmathematikerin so viel heißt wie: Wir nähern uns einem Ergebnis durch Ermittlung von Teilergebnissen und Schätzungen an. Demnach hat Tübingen zwischen 2004 und 2009 den CO_2-Ausstoß um 13 Prozent gesenkt.

Nun will er aber nicht 13 Prozent besser werden, sondern 70 Prozent. Die große, spannende und bis auf Weiteres offene Frage ist, ob selbst jemand wie Palmer eine Stadt annähernd da hinbewegen kann. »Es ist ehrgeizig, aber machbar«, sagt er, »vor allem durch Wärmedämmung und Umstellung auf erneuerbare Energien.«

»Das ist eine einschneidende Veränderung«, sage ich, »wissen Ihre Bürger, was für einen Schritt in die Zukunft sie da gehen?«

Zum einen gehe es nicht nur um engagierte Bürger, es gehe um Entscheidungen, die die Kommune hart treffen muss, um Energieeffizienz und Eigenproduktion von sauberem Strom voranzubringen. Das und das Bürgerengagement muss man miteinander kombinieren.

Klimakultur bedeutet, dass bestimmte Dinge selbstverständlich werden, dass die Veränderung positiv besetzt ist, dass man weniger Autoverkehr in der Stadt als Qualitätsgewinn sieht und nicht als Verzicht. Ist das in Tübingen so?

»Ich hoffe, dass die Leute Lust auf mehr haben«, sagt Palmer. »Aber ich muss schon zugeben, dass das ständige Betonen eines Themas für den Oberbürgermeister auch Friktionen verursacht. Dass manche auch fragen: Kann er sich nicht auch mal um was anderes kümmern?«

In der Gemeindeordnung steht Klimaschutz noch nicht mal drin.

Im Sommer 2010 wurde Palmers Tochter geboren. Seine Lebensgefährtin Franziska Brantner ist auch Politikerin und sitzt im EU-Parlament. Beide haben beruflich einen 16-Stunden-Tag, sagt Palmer. Keiner hat ein Auto. Sie erzählte mal, sie habe von ihren Eltern eines zum 18. Geburtstag bekommen. Und es dann wegen der Umwelt nicht benutzt. Er nahm zwei Monate Elternzeit, was auch Aufsehen erregte: Geht denn das? »Manche Leute haben sich mehr Gedanken über die Elternzeit des OB gemacht als über das Klima«, sagt Palmer.

Boris Palmer ist Jahrgang 1972. Er wuchs in Geradstetten auf, das ist eine 4000-Einwohner-Gemeinde östlich von Stuttgart. Er war Waldorfschüler. Palmers Vater Helmut war ein in Baden-Württemberg bekannter Bürgerrechtler. Der Sohn machte das Abitur mit 1,0 als Jahrgangsbester. Kam mit 28 in den Landtag von Baden-Württemberg. Kein abgebrochener Student und Taxifahrer wie Joschka Fischer aus der ersten Grünen-Generation, eher ein zielstrebiger Musterschüler.

»Haben Sie sich als Nerd gefühlt in der Schule?«

»Den Begriff gab es nicht. Da hieß es noch Streber.«

»Galten Sie als Streber?«

»Es gab eine kurze Phase, wo ich hätte abgleiten können, aber da hat die Schule gut interveniert und mich rausgenommen aus Unterrichtseinheiten, wo ich zu gut war. Ich ging dann in die nächsthöhere Klasse oder machte in der Zeit Defizitausgleich.«

»Wo mussten Sie Defizite ausgleichen?«

»In Sport.«

Das hätte ich nicht gedacht. Und schon gar nicht mehr, nachdem Palmer am Nachmittag zwei städtische Dienstfahrräder aus der Rathausgarage holt und mit mir quer durch Tübingen radelt – er vorneweg und ich hinterher.

Tübingen ist eine Universitätsstadt 40 Kilometer südlich von Stuttgart. Hat 87 000 Einwohner, darunter etwa 25 000 Studierende, was die Stadt jung macht und die Wähler auch. Palmer sagt mehrfach, dass Tübingen »anders« sei als andere Städte und er schon im benachbarten Reutlingen nicht gewählt worden wäre.

Ich frage ihn: »Wäre das Tübinger Modell dennoch auf andere und auch auf größere Städte zu übertragen?«

»Richtig ist, dass jede Stadt anders ist und andere Voraussetzungen hat. Wenn man ein Stadtwerk hat, das einem zu 100 Prozent gehört, kann man anders agieren, als wenn man es verkauft hat oder nie eins hatte.«

Eigene Stadtwerke braucht man?

»Es ist ein Riesenplus.«

Er erklärt es: Palmer ist Aufsichtsratsvorsitzender der Stadtwerke und der Südweststrom, das ist ein Verbund von 50 Stadtwerken und regionalen Stromversorgern. Kommunen, das ist seine Politik, sollten ihren Strom selbst produzieren, und das umweltfreundlich. Das soll die Stärke der Kommune erhöhen und die Abhängigkeit von den vier großen Energiekonzernen verringern, die den Strommarkt in Deutschland unter sich aufgeteilt haben. Mit einer Beteiligung an einem Windkraftpark in der Nordsee, zwei Wasserkraftwerken am Neckar, Fotovoltaikanlagen und einem schon vor Palmer vorhandenen Bestand an klimafreundlicher Stromproduktion will Tübingen schon 2011 über 40 Prozent des Strombedarfs der Stadt selbst produzieren.

»Welche Voraussetzungen hat Tübingen nicht?«

»Wir haben keine Straßenbahn in der Stadt. Und wenn Sie keine Windkraftstandorte in der Umgebung genehmigt bekommen wie wir, geraten Sie ins Hintertreffen gegenüber Kommunen, die sich zu 100 Prozent selbst versorgen, weil die Landesregierung anderswo ihnen das erlaubt. Andere haben den Vorteil, dass sie an der Küste sind, wo ständig Wind weht.«

Was tun, wenn der Wind nicht weht?

»Es gibt kürzere und längere Hebel. Manche Hebel hat man, andere hat man nicht. Man muss die finden, die für eine bestimmte Stadt passen.«

Wenn es also keinen Masterplan gibt, den man den Kommunen überreichen kann, wie kriegt man dann eine flächendeckende Struktur, sodass nicht nur Musterkommunen agieren, sondern alle?

Er nickt. »Die entscheidende Frage ist: Wie kriegt man es ins Zentrum des Handelns, ins Zentrum städtischer gemeinschaftlicher Diskussion? Ich habe es hier versucht, aber das hängt schon von persönlicher Schwerpunktsetzung ab. Und der Möglichkeit, das zu personifizieren.«

Ich sage: »Warum sollten nicht 100 andere Oberbürgermeister auch ihre Stadtwerke ausbauen und mit dem Fahrrad zur Arbeit kommen können? So ein Hexenwerk scheint mir das auch nicht zu sein.«

Jetzt verzieht er sein Gesicht.

»Damit Sie verstehen, warum ich mich damit schwertue, erzähle ich Ihnen eine Geschichte.«

Er war bei einem Termin in einem Tübinger Vorort mit dem EU-Energiekommissar und früheren Ministerpräsidenten Günther Oettinger.

»Der hat eine halbstündige Rede über Energieversorgung gehalten, die ich im Grundsatz unterschreiben konnte. Sehr vernünftig.«

»Wo ist dann das Problem?«

»Ja, warten Sie. Von den hundert geladenen Gästen, die zu dieser illustren Veranstaltung gekommen sind, war ausweislich des Parkplatzes ein Einziger mit dem Fahrrad da.«

»Der Oberbürgermeister Palmer?«

»Richtig. Aber 99 kamen mit dem Auto. In einem großen Teil der baden-württembergischen Gesellschaft gibt es die Verkörperung des Themas also nicht. Oettinger erzählte auch locker, dass er als Student immer mit dem Auto von seinem Wohnort Ditzingen nach Tübingen gefahren sei, obwohl es die Autobahn noch nicht so gegeben habe.«

Palmer macht eine dramaturgische Pause. »Die Eisenbahn gab es aber schon.«

Worauf er hinauswill: Bei der CDU komme keiner mit dem Fahrrad.

»Das ist nicht in der Lebenswelt, nicht in der eigenen Biografie, nicht in der Kultur. Solange es in Baden-Württemberg fast nur CDU-Bürgermeister gibt, die das Neue in ihrer eigenen Biografie und ihren eigenen Überzeugungen nicht verkörpern, bin ich ein Exot, aber kein Modell.«

»Wie kommt es eigentlich, dass Sie so autoresistent sind?«

»Mir gibt es nichts, mit einem Porsche mit 200 zu brettern.«

»Warum nicht, Sie sind doch ein Mann?«

Er lächelt dankbar. Sagt dann: »Das weiß ich nicht.«

»Uns wurde doch eingehämmert, dass ein schnelles Auto mit großem Motor Freiheit, Spaß, Luxus, Selbstverwirklichung oder sogar Glück bedeutet.«

»Mich erfüllt es mit innerem Glücksgefühl, sagen zu können: Wir haben gemeinsam den CO_2-Ausstoß reduziert.« So wie er dabei schaut, ist das offenbar tatsächlich so.

Palmer ist überzeugt, dass Glaubwürdigkeit und Identität in dieser Frage bei einem Politiker wichtig sind. Dass er nicht nur ökologische Politik macht, sondern sie lebt.

»Weil die Leute sagen: Er selber kommt mit S-Klasse und Fahrer und will mir erzählen, dass ich Fahrrad fahren soll. Das ist eine Dissonanz, die kann nicht funktionieren.«

Wo funktioniert es?

»Überall, wo es um Geld geht, um Investitionen, um Dinge, die sich rechnen, da sind die Ideologien vergangen, da wird sich das durchsetzen, was sich rechnet. Da kann man mit Information auch viel erreichen. Aber was Sie mit einer Ökocity im Kopf haben oder was ich mir darunter vorstelle, das geht einen Schritt weiter, das ist eine Bewusstseinsfrage: Die Vorstellung von Stadt, die Vorstellung von Zukunft. Solange diese neue Vorstellung in vielen Köpfen im Kontrast zu einer scheinbar bewährten, tradierten Vorstellung steht, kann man nicht einfach sagen, wir übertragen das jetzt mal auf 100 andere Bürgermeister.«

»Ich frage mich trotzdem, ob Sie nicht ein Prototyp eines neuen Politikers sind?«

Er sagt: »Das kann man nicht über sich selbst sagen.«

Also sage ich es. »Sie symbolisieren doch eine neue Kultur, wenn Sie aktiv die Sachen umsetzen, von denen Sie sprechen, und als Oberbürgermeister mit dem Fahrrad kommen?«

»Das stimmt. Es gibt einige Dinge, bei denen ich mich bewusst abgrenze von überkommenen Politikmodellen und Vorstellungen von Politikern. Das macht einem Ärger, weil die Träger des alten Paradigmas das kritisch sehen, wenn nicht gar bekämpfen. Oder es als Angriff auf ihre Lebensleistung verstehen, was das Schlimmste ist.«

»Was heißt das?«

»Das heißt, dass man sich als Oberbürgermeister einer Stadt aus allem anderen herauszuhalten und gefälligst nicht über seinen Sprengel hinauszuschauen hat.«

Ich sage: »Es gibt eine globale Verantwortung in Zeiten des Klimawandels. Der hört ja auch leider nicht an der Gemeindegemarkung auf.«

»Stimmt. Aber Einmischungen aller Art sind verpönt und führen bei Kollegen unter der Hand zu Ablehnung oder Skepsis.«

»Tenor: Muss der sich schon wieder einmischen?«

»Genau.«

»Hat der zu Hause nichts zu tun?«

»Genau so. Entweder der hat zu Hause nichts zu tun, im Sinne von: Der ist da überflüssig. Oder er hat zu Hause nichts zu sagen, weil er nichts kann, deshalb muss er sich woanders betätigen.«

Bei diesen Worten knarzt der ehrwürdige Boden des 1435 erbauten Rathauses. Während ich sitze, geht Palmer im Zimmer auf und ab. Er hat es im Rücken. Ich komme zu einer der grundsätzlichen Fragen, die mich zu diesem Buch bewegt haben: Soll man am kleinen Rad drehen, weil das sich tatsächlich bewegen lässt, oder muss man versuchen, am großen Rad zu drehen, auch auf die Gefahr hin, dass es sich nicht bewegen lässt? Oder wie kriegt man es hin, dass sich das große Rad auch bewegt? Wie werden Sie es machen? Wobei »kleines Rad« im Zusammenhang mit einer Stadt wie Tübingen fast schon wieder beleidigend ist. Als Chef von Stadt und Stadtwerken ist Palmer verantwortlich für über 1 400 Mitarbeiter. Dennoch wäre es ja nicht ehrenrührig, wenn er sich auch den Job des, sagen wir, Bundesumweltministers vorstellen kann. Das ist heikles Terrain für einen Politiker.

Palmer überlegt. »Wer irgendwann mal ein großes Rad drehen will, sollte vorher beweisen, dass das kleine, das er dreht, flutscht wie geölt. Wenn das kleine Rad stillsteht, braucht man sich ums große nicht zu bemühen. Wenn man aber nachweisen kann, dass eine bestimmte Vorgehensweise Bewegung ins kleine Rad gebracht hat, dann ist eine Partei möglicherweise eher bereit, dir Verantwortung zu übertragen, um ein größeres Rad anzuschubsen.«

Aha. Wir sind in einem sehr sensiblen Bereich.

Ich sage: »Davon dreht sich aber das große Rad noch nicht. Mein Eindruck ist, dass Sie jemand sind, der diese Sache wirklich angehen will. Angesichts der geringen Handlungsspielräume der Politik könnte man das auch für naiv halten. Sie wären ja nicht der Erste, der über die Klinge springt.«

Mal sehen, ob ihn das aus der Reserve lockt.

»Also, wenn das naiv ist, dann ist der Kern dessen, was ich politisch mache, mir diese Naivität zu bewahren. Ich habe immer die Entscheidung getroffen: Entweder geht es so, dann mache ich es. Oder es geht nicht, dann soll es bitte schön bleiben, wo der Pfeffer wächst. Ich werde nicht Spielregeln auf mich nehmen, um ein großes Rad zu drehen, das sich keinen Millimeter bewegt. Wenn ich nur bei dem kleinen Rad etwas erreichen kann, weil die großen Räder für mich von der Mechanik her unverträglich sind, dann ist es halt so.«

Soll heißen: Palmer verspricht, nicht um der Macht willen Posten anzustreben. An diesem Versprechen wird man ihn künftig messen. Palmer spricht gern und ausführlich über die Eigenproduktion von sauberer Energie durch Wind, Sonne oder Kraft-Wärme-Kopplung. Genauso gern über Energieeffizienz, also dass ein verbesserter Motor mit deutlich weniger Benzin 100 Kilometer weit kommt oder ein Haus mit weniger Strom- oder Ölverbrauch billiger und genauso gut beheizt werden kann. Kurz: Er redet gern über technologischen Fortschritt.

Das Wort »Suffizienz« benutzt er dagegen eher nicht. Das meint in der politischen Nachhaltigkeitsdiskussion einen geringeren Verbrauch im Sinne von: weniger Auto fahren, weniger fliegen, weniger konsumieren. Kurz: Palmer redet kaum von Verzicht. Warum nicht?

»Man wird den Leuten nicht zumuten können, zu verzichten, solange das System mit neunzigprozentiger Verschwendungsquote arbeitet. Wenn das System ausgepresst ist und immer noch Raubbau betrieben wird, dann müssen wir zwangsweise über die Suffizienzfrage reden.«

»Aber darauf läuft es doch hinaus?«

»Stimmt. Aber solange der erste Schritt nicht gemacht ist, kriegst du den zweiten bei den Leuten nicht platziert. Grüne Politik in den 80ern hatte den erhobenen Zeigefinger. Tenor: Wir machen den Planeten kaputt, also müssen wir uns beschränken.«

»Das stimmt doch!«

»Die Erfahrung ist: Selbst in katholischen Gemeinden wollen nicht mehr als fünf Prozent der Leute dauernd ein schlechtes Gewissen haben.«

Sollten sie aber?

»Ich sehe das nicht moralisch, sondern pragmatisch: Aus schlechtem Gewissen entsteht kein Handeln. Da entsteht nichts.«

»Es ist doch etwas daraus entstanden: die Ökobewegung.«

»Ja, das war auch wichtig. Aber wir brauchen jetzt eine Massenbewegung. Das nutzt nichts, wenn drei Prozent Ökoutopisten ihr CO_2 auf null bringen und der Rest der Welt lacht sich kaputt darüber. Eine Massenbewegung kann man nicht erzeugen, indem man sagt: Wir diätisieren uns hier weg, damit das Klima und die nachfolgenden Generationen was davon haben.«

»Sondern?«

»Es braucht eine Politik, die motiviert und sagt: Es gibt Möglichkeiten, es kann Spaß machen, es spart auch noch, am liebsten Geld und nebenbei auch CO_2.«

»Kann man überhaupt eine Massenbewegung hinbekommen?«

»Es ist schon eine, wenn man die gesellschaftliche Aufmerksamkeit vor fünfzehn Jahren vergleicht mit der heutigen Debattenlage. Damals musste man sich als Ökospinner bezeichnen lassen, wenn man auch nur geglaubt hat, dass man mit erneuerbarer Energie ein Industrieland versorgen kann. Das bestreitet heute niemand mehr. Heute ist es eher so, dass die Leute glauben, sie müssten sich rechtfertigen, wenn sie sich nicht ökologisch verhalten. Die handeln zwar noch nicht, aber sie rechtfertigen sich, das ist neu.«

»Das Rechtfertigen bremst aber den Klimawandel nicht.«

»Ja, es ist alles zu langsam und zu wenig, aber es gibt eine Massenbewegung. Und wenn man vom Erfolg her denkt, kann man nur den Effizienzweg beschreiten.«

»Obwohl die Lage todernst ist?«

»Suffizienz ist für mich: Man fliegt nicht mehr in den Urlaub. Da hilft es nichts, wenn man sagt: Dann radel halt auf der Schwäbischen Alb. Fakt ist: Du siehst die Seychellen nicht mehr. Du müsstest den ökologischen Imperativ gegen die massiven Wünsche der Leute durchsetzen. Das funktioniert nicht als Kampagnenbaustein. Noch nicht.«

Ich frage: »Wie soll sich das ändern?«

Er antwortet blitzschnell: »Wenn in zehn Jahren tatsächlich

Knappheit beim Öl herrscht, echte Knappheit, nicht Spekulantenknappheit, dann ist die Frage: Was ist noch verantwortbar, wofür verfeuert man das Öl? Für Medikamente oder für Flugreisen – dann hat man eine andere moralische Diskussion. Dann wird man über Verzicht anders und intensiv reden.«

»Ist es dann nicht schon zu spät?«

»Die entscheidende Frage ist, wie viel unangenehmer wir es für uns als Spezies machen, wie teuer es wird und wie viel Leben das kostet. Es gibt keinen Punkt, ab dem alles furchtbar wird. Es wird halt immer schlimmer. Es gibt halt mehr Hungertote und mehr Katastrophen. Wenn wir nicht die Kraft haben, aus Selbstbeschränkung auf das Verbrennen von Öl und Kohle zu verzichten, kann man nur versuchen, den Ausstieg möglichst schnell hinzukriegen. Jedes weitere Jahr ist eine Verschlechterung.«

Ich habe gelesen, dass Palmer sich als Jugendlicher entschied, Politiker zu werden, weil er die Bekämpfung des Klimawandels als Aufgabe seiner Generation betrachtet. Was treibt ihn heute an?

»Ich will wenigstens nicht Teil des Problems, sondern Teil der Lösung sein, das ist für mein ethisches Grundverständnis und die eigene Zufriedenheit schöner.«

»Ist die Generation, von der Sie sprechen, eine neue Ökogeneration von in den 70ern Geborenen, die anders denkt und anders leben will und daher so etwas wie Klimakultur hat?«

»Ich glaube, dass es die eigentliche Ökogeneration aus den 70er-Jahren nicht noch mal gibt. Die hat sich explizit durch Abgrenzung definiert und war dadurch identifizierbar. Das fing mit dem Dresscode an. Jeder wusste: Das ist der Öko. In den 90ern folgte die Gegenbewegung, weil die immer das gleiche Schlabberzeug getragen haben.«

»Und heute?«

»Heute haben wir keine klar abgrenzbare und gegen das System gerichtete Ökobewegung. Sondern: Der Ökogedanke infiltriert alles.«

»Das ist jetzt grüne Parteipropaganda?«

»Nein, wir erleben eine allmähliche Hegemonie des ökologischen Gedankens. Aber es gibt keine Generation. Und viele würden sich auch nicht so beschreiben, die jetzt auf einem Posten oder in einem Amt sind, obwohl sie meilenweit ökologischer sind als ihre Vorgänger.«

»Die neuen Ökos sind keine Ökos?«

»Die sind nicht nur Öko und sonst nichts. Der Ö-Gedanke spielt eine wesentliche Rolle, aber er ist nicht alles. Wenn das Verbindende ist, dass der Ö-Gedanke eine wichtige Rolle spielt, dann könnte man von einer Generation sprechen. Aber das Verbindende ist mir dafür nicht stark genug.«

»Öko war früher politisch links, die Grünen waren links, die Wirtschaft war rechts oder jedenfalls woanders. Dem haben Sie sich schon immer entzogen?«

»Die Links-Rechts-Diskussion hat mich immer abgestoßen. Ich habe nichts gegen Linke und auch nichts gegen Rechte, ich finde nur diese strikten Positionierungen für die heutige Zeit untauglich. Das sind Begriffe aus einer formierten Gesellschaft, in der es nur zwei Richtungen gibt und jeder weiß, wo er hingehört. Wir sind heute eine extrem aufgefächerte, pluralistische Gesellschaft. Weder die Gewerkschaften sind definierend noch die Kirchen.«

»Wie sieht für Sie die Gegenwart jenseits von links und rechts aus?«

»Ökologie und Grün sind fast identische Begriffe, etwas verengt auf Klimaschutz. Das ist hegemonial, das steht nicht mehr links, sondern in der Mitte oder überall. Es beinhaltet den stockkonservativen CDU-Wähler, der seine Produktion auf ökologisch umstellt, wie den Linksalternativen, der immer schon der Meinung war, dass der Staat ein Spitzelstaat sei und die Medien rechtsdominiert.«

Wir gehen durch die autofreie Altstadt zu einem Restaurant,

um dort Mittag zu essen. Palmer nimmt Linsen und Spätzle mit zwei kleinen Saitenwürstchen und versucht, mir die Vorzüge eines E-Bikes zu erklären. Ein E-Bike ist ein Fahrrad, das zusätzlich einen Elektromotor hat, der das Treten unterstützt. Dieser Motor hat einen Akku, den man abnehmen und in der Wohnung aufladen kann.

»Ein Fahrrad mit Motor ist doch Unsinn«, sage ich.

Palmer erklärt mir, warum das für ihn kein Unsinn ist. Zielgruppe seien nicht Fahrradfahrer, sondern Autofahrer, die bisher aus den verschiedensten Gründen – es findet sich immer einer – das Gefühl haben, mit dem Auto fahren zu müssen. Etwa die »Anzugträger«, die es sich nicht leisten können, verschwitzt im Büro anzukommen. Die auf der Strecke einen Berg haben. Denen sonst der Weg zu lange dauert. Der Motor schiebt sie den Berg rauf, macht sie schneller und verhindert Transpiration. Er verbraucht das Äquivalent von 0,1 Litern auf 100 Kilometer, »98 Prozent besser als ein Auto«, sagt Palmer.

Ich fürchte, es ist ein weiter Weg, einen auf das Auto konditionierten Menschen auf ein Fahrrad mit Motor zu bekommen. Palmer hält es für möglich.

Auch das belegt seinen Denk- und Arbeitsansatz: Nicht von dem ausgehen, was ideal wäre, und es einfordern. Sondern von dem ausgehen, was real passiert, und jemanden dort abholen mit einem Angebot, das er annehmen kann und will.

Was die Würstchen auf den Linsen angeht: Palmer ist kein Vegetarier. Er ernährt sich »fleischarm und nach Möglichkeit bio«.

Später lädt er mich zu einer Rundfahrt durch die Stadt ein. Er nimmt sein Dienstfahrrad, ich kriege ein E-Mobil aus dem Fuhrpark des Rathauses.

Das E-Mobil fährt sich wirklich lustig. Wenn man den Motor einschaltet, bekommt man einen Schub, der einen nach vorn schnellen lässt. Man kommt damit problemlos einen Berg hoch, ohne aus dem Sattel zu müssen.

Wir schauen uns energetisch sanierte Schulen an, Bauten, die unter energetischen Gesichtspunkten neu entstehen oder umgebaut werden. Wir halten an einer Straße, die temporär für Autos gesperrt ist. Ein Auto kommt und fährt durch. Es blitzt. »150 Euro für die Stadtkasse«, sagt Palmer zufrieden. Da blitzt es erneut. Man sieht ihm richtig an, wie er sich freut. Wahrscheinlich rechnet er die Einnahmen bereits in Dämmmaßnahmen um.

Wir radeln in die Südstadt ins Französische Viertel, wo auf dem Gelände der früheren französischen Garnison ein moderner Stadtteil entstanden ist, eine Mischung aus sanierten und neuen Häusern, Wohnen und Arbeiten, verkehrsberuhigt und doch lebendig, mit Studierenden, jungen Familien, Künstlern. Kindergärten, Pizzerien, Bäckereien, alles da – und doch nur fünf Minuten von der Innenstadt entfernt. Vor allem: Gebaut wird hauptsächlich von Baugemeinschaften, nicht von Investoren. Im Gegensatz zur Freiburger Ökomustersiedlung Vauban hat man nicht so viel Solar auf dem Dach, aber Blockheizkraftwerke und autofreie Zonen sind Standard. Vor allem hat man durch Gewerbeverpflichtung im Erdgeschoss der Häuser 800 Arbeitsplätze im Viertel und eine »lebendige Stadt der kurzen Wege«, wie Palmer sagt. »Vauban mag energetisch etwas besser sein, aber städtebaulich ist das Französische Viertel vorn.«

Palmer radelt übrigens mit Fahrradhelm und mit beträchtlichem Tempo durch seine Stadt. Ich muss trotz Elektromotors sehen, dass ich hinterherkomme.

»Fühlen Sie sich komplett akzeptiert als Autorität, wenn Sie so mit dem Fahrrad daherkommen?«

»Bei mir funktioniert es. Wahrscheinlich, weil man eh schon weiß, dass ich ein bunter Vogel bin. Mir würden sie die S-Klasse nicht abnehmen.«

Bunter Vogel? So bunt kommt er mir gar nicht vor.

»Wo sind Sie denn ein bunter Vogel, Herr Palmer?«

»Das verstehen Sie, wenn Sie mal auf der Jahrestagung des Deutschen Städtetags waren.«

»Was würde ich da sehen?«

»Eine Masse von Bürgermeistern, alle zwischen 50 und 60, alle mit dem gleichen Sakko und alle mit einer bestimmten Art Krawatte. Die kann man nicht bestimmten Städten zuordnen, das ist einfach der Phänotyp. Im Vergleich dazu ist einer wie ich ein bunter Vogel. Wenn ich bei solchen Besprechungen sitze, ist kein Einziger, der ungefähr meine Wertvorstellungen teilt, meine Rangehensweise, meine Art, Politik zu machen.«

Inzwischen ist es mittlerer Nachmittag. Boris Palmer hat mir viel mehr von seiner Zeit geschenkt, als ausgemacht war und ich erwartet habe. Er hat mir den Eindruck vermittelt, dass er nicht nur Werte und Ziele hat, sondern viel dafür tut, sie auch umzusetzen.

Wir passieren eine Stelle, unter der ein Abwasserkanal liegt und wo die Abwasserwärme inzwischen für die Heizung einer Schule genutzt wird. Vor uns fährt ein Stadtbus, auf dem hinten Werbung für den neuen Ökostrom der Stadtwerke prangt. Boris Palmer ist gut beschäftigt damit, Leuten auf dem Gehsteig ein »Grüß Gott« entgegenzurufen. Wenn sie schnell genug für ihn sind, dann grüßen sie zurück.

16

Blockaden und Selbstblockaden: »Schalten Sie den Heizpilz aus!«

Ich hatte mich in einem Restaurant im Berliner Stadtteil Charlottenburg verabredet. Als ich hinkam, waren draußen Heizpilze aufgestellt. Dabei war es ein richtig warmer Abend. Als der Kellner kam, fragte ich ihn: »Ich dachte, Heizpilze sind verboten?«

Er schaute mich streng an und hat sich wahrscheinlich gefragt, ob ich vom Hygieneamt oder von der Stadtverwaltung bin.

Dann sagte er: »Nein, meine Dame. Das hier ist ein privater Platz. Und auf privaten Plätzen ist das erlaubt. Nur öffentlich ist es verboten.«

Tatsächlich hatten die fünf Berliner Innenstadtbezirke das Aufstellen von Heizpilzen untersagt; aber nur im öffentlichen Bereich. Da können sie das.

»Aha«, sagte ich und habe mich daraufhin reingesetzt. Aus Protest gegen die Heizpilze. Ich sagte zu dem Kellner: »Ich möchte nicht hier draußen sitzen, ich gehe rein.«

Er nuschelte irgendetwas.

Ich war ärgerlich, innerlich noch nicht fertig mit der Situation und sagte: »Es ist total abstrus: Wenn die Erde sich schon aufheizt, heizt man sie mit diesen Heizpilzen noch weiter auf, nur weil alle Leute plötzlich draußen sitzen wollen.«

Der Kellner schien jetzt auch aufgebracht und brummte, das liege alles an dem komischen Nichtrauchergesetz.

Ich ahnte, dass es wohl nichts bringt, aber ich konnte mich nicht mehr bremsen und habe ihn gefragt: »Und wie sehen Sie die Klimaveränderung?«

Er sagte: »Ach, da sind wir doch alle längst tot.«

Das also war seine Argumentation. Daraufhin hat er mich mit Missachtung gestraft, so gut ihm das als Kellner möglich war. Ich war bei ihm unten durch. Aus und vorbei.

Heizpilze werden mit Flüssiggas betrieben. Sie verursachen bis zu 3,5 Kilogramm Kohlendioxid pro Stunde. Die Berliner Grünen haben mal behauptet, ein Heizpilz verursache im Jahr so viel CO_2 wie ein Auto, das 12 000 Kilometer fährt. Ob das hinhaut, weiß ich nicht. Die Freunde des Heizpilzes bestreiten es vehement. Jedenfalls hat Berlin inzwischen über 5 000 Heizpilze. Da kommt ganz schön was zusammen. Selbst wenn es für die Gesamtemission einer Großstadt nur Bruchteile ausmacht: Das Beheizen der Bürgersteige ist meiner Ansicht nach kein zivilisatorischer Fortschritt, sondern kulturelle Barbarei.

Selbstverständlich habe ich mich gefragt, ob es überhaupt etwas bringt, wenn man es anspricht, um dann als Antwort eine Mischung aus Unverständnis und Barschheit zu bekommen. Ich habe mich entschieden, trotzdem weiterzumachen. Mich interessieren genau diese Antwort, die Meinung, die Gedanken der Leute. Außerdem hoffe ich, dass eine Diskussion ein Anstoß zum Umdenken und damit zum Handeln ist.

Im Restaurant Borchardt in Berlin-Mitte kann man im Sommer im Hof sitzen. Eines Tages glühten auch da die Heizpilze. Ich habe diesmal den Besitzer Roland Mary angesprochen, den ich schon seit Langem kenne.

Er sagte: »Was soll ich machen? Wenn ich die nicht habe, gehen die Leute woandershin. Dann fällt der Umsatz, und Arbeitsplätze gehen damit auch verloren.« Das ist leider eine nur zu verständliche Argumentation. Und die gilt natürlich genauso für den Kellner in Charlottenburg.

Da bleibt einem nur die individuelle Demonstration. Ich sagte:«Dann stell doch den Pilz bei mir bitte aus.«

Er schaute mich an und sagte nichts mehr. Man sah, was er dachte: Die hat einen Knall. Wahrscheinlich muss man es denken oder aber die Intervention für ziemlich naiv und selbstüberschätzt halten. Als würde es etwas ändern, den einen Heizpilz abzuschalten, unter dem man gerade sitzt.

Aber vielleicht tut es das ja doch.

Die Aber-du-musst-erst-mal-Argumentation

Als ich den Kellner in Berlin-Charlottenburg gebeten habe, er solle die Heizpilze ausschalten, sagte er: »Dann müssen Sie erst mal das Autofahren sein lassen.«

Ich antwortete spontan: »Das kann doch nicht das Argument sein, es gibt Prioritäten und unterschiedliche Gewichtungen.«

Aber genau das ist oft das Argument. Und prinzipiell hat der Kellner damit nicht unrecht. Es gibt natürlich Alternativen zum Auto: öffentliche Verkehrsmittel, das Fahrrad, Carsharing. Ich habe in den letzten Jahren gelernt, umzudenken. Wenn's irgend geht, nehme ich das Fahrrad oder gehe zu Fuß. Aber ich fahre auch Auto und an diesem Tag war ich mit dem Auto da.

Die Aber-Sie-müssen-erst-mal-Argumentation wird ständig eingesetzt. Das macht nicht nur der Kellner. Das macht auch meine Schwester.

Ich sage: »Du hast ja recht, ich fliege zum Dreh – wenigstens fahre ich mit der Bahn zum Theaterspielen –, ich habe viel mehr Kleider, als ich wahrscheinlich jemals auftragen kann, ich habe einen viel schlechteren ökologischen Fußabdruck als du, weil mein Leben sehr aufwendig ist und ich hochmobil bin und sein muss.«

Letztlich ist es auch bei Weltklimakonferenzen nicht anders. Da läuft es in großem Stil: »Wenn du nicht erst mal das machst, brauchst du von mir überhaupt nichts zu erwarten.«

Damit es vorangeht, muss einer sagen: Gut, dann mache ich das jetzt. Auch wenn du das noch nicht machst.

Die, die das sagen müssten, sind wir, die westlichen Industrienationen.

Innerhalb dieser Gesellschaften besteht nun einmal der erste Schritt darin, dass möglichst viele im Rahmen ihrer Möglichkeiten ihr Leben energetisch optimieren. Wie gesagt: Ich komme derzeit noch nicht ohne Auto aus, aber das heißt nicht, dass ich dadurch bezüglich aller anderen Verbesserungen diskreditiert bin und meinen Kaffee unter einem Heizpilz trinken muss. Wie der Schriftsteller Jonathan Safran Foer mir sagte: Wenn ich gerade Fleisch gegessen habe, habe ich die Chance, es bei der nächsten Mahlzeit anders zu machen.

Da Menschen sich ungern etwas sagen lassen, ist gerade global gesehen von uns Vorleben und nicht Vorschreiben angesagt. Wir haben den Indern Fleischkonsum vorgelebt, und inzwischen halten das Teile der wachsenden indischen Mittelschicht für nötigen Prestigekonsum, um zu zeigen, dass sie teilhaben am begehrenswerten westlichen Lebensstil. Sie essen jetzt auch Fleisch, um dazuzugehören. Obwohl es ihnen möglicherweise gar nicht schmeckt und obwohl es ihr Körper definitiv nicht braucht. Das zeigt, wie gut es funktioniert, wenn wir einen Lebensstil vorleben. Nur sollte es jetzt darum gehen, ihn aus der falschen in die richtige Richtung zu bekommen und neue positive Standards zu setzen.

Im Kleinen ist das Vorleben allerdings oft ungenügend. Da muss man hin und wieder auch sprechen. Und es ist nun mal das Schwierigste in jeder Art von menschlicher Beziehung, jemandem zu sagen, dass er etwas anders machen kann und soll – und damit Erfolg zu haben. Wenn es nicht über Hierarchie und

Befehlsgewalt läuft. Auch da ist die »Aber du …«-Argumentation hartnäckig etabliert. Ich kenne dieses Verhalten von meinen Kindern und habe den Eindruck, viele lassen auch als Erwachsene ungern davon ab.

Ein gutes Beispiel dafür ist die Gewohnheit von Autofahrern, irgendwo mit laufendem Motor zu stehen. Man kann mit guten Gründen der Meinung sein, dass es dringlichere Probleme gibt. Aber falls man die Sache angehen will, kann man das nicht nonverbal lösen. Wer selbst bei Stillstand des Wagens immer schön den Motor ausschaltet, hat damit keinerlei Einfluss auf das Verhalten des Motoranlassers. Man muss schon hingehen, an die Scheibe klopfen und freundlich sagen: »Darf ich fragen, warum Sie den Motor laufen lassen?«

Grundsätzlich und primär geht es aber nicht darum, andere zu belehren, sondern darum, das eigene Potenzial auszuschöpfen und dort Einfluss zu nehmen, wo es nicht um Rechthaberei geht oder darum, den anderen moralisch herabzusetzen, sondern wo es tatsächlich etwas bringt.

Was den Heizpilz angeht, so glaube ich, steht die Sache stellvertretend für ein grundsätzlich falsches Denken: Die Vorstellung nämlich, dass es unsere Wahlmöglichkeit, unser Wohlbefinden und damit letztlich auch unser Glück erhöht, wenn wir unseren Kaffee draußen trinken können, unbhängig von Jahreszeit oder Wetter. Es soll sogar Leute geben, die greifen zur Verteidigung von Heizpilzen ganz hoch und behaupten, da ginge es um Freiheit.

Ich muss aber den Kaffee im Winter nicht draußen im Warmen trinken. Das hat keine Priorität für mich. Mir genügt die Freiheit, dass ich ihn draußen trinken kann im Kalten oder drinnen im Warmen. Ich muss nicht künstlich die Außentemperatur dramatisch erhöhen, nur damit ich da meinen Kaffee im Warmen trinken kann. Das habe ich dem Kellner damals gesagt, und danach war er noch verärgerter als ohnehin schon.

Als ich das nächste Mal vorbeikam, hatte er die Heizpilze nicht mehr. Ich fürchte allerdings, nicht aus Einsicht in ökologische Zusammenhänge, sondern weil das eben doch ein öffentlicher Gehsteig ist und damit verboten. Das zeigt: Es braucht politische Regulierung, und dazu braucht es eine gesellschaftliche Kultur, die Heizpilze nicht als »Fortschritt« empfindet, sondern als Unsinn, den wir uns nicht mehr leisten wollen. Auch hier muss man persönliches und öffentliches Wohl gegeneinander abwägen. Etwa wenn der Kellner entlassen werden muss, weil die Geschäfte ohne Heizpilze zurückgehen und daraufhin seine Kinder …, oder wenn die Heizpilzfirma Bankrott macht, weil kein Mensch mehr Heizpilze kauft und daraufhin zwanzig Leute neue Jobs brauchen und deren Kinder … und so weiter. Häufig entsteht durch eine Verbesserung an einer anderen Stelle ein Problem. Da muss man abwägen, was wichtiger ist.

Grundsätzlich aber bin ich der Meinung, dass die Welt wirklich keine Heizpilze braucht.

Warum machen wir es nicht einfach?

Wenn ein Kellner seinen Heizpilz verteidigt, verteidigt er aus seiner Sicht Teile seines Umsatzes und Geschäftsmodells und damit womöglich seinen Arbeitsplatz. Wenn der Fahrer eines stehenden Autos sein Recht auf laufenden Motor verteidigt, so verteidigt er aus seiner Sicht seine Freiheit gegen die Zumutungen einer heraufziehenden Ökodiktatur. Wenn jemand Energiesparlampen eingeschraubt hat, so kann sich ein anderer davon angegriffen fühlen, weil er selbst es nicht getan hat und sich dadurch unter Druck gesetzt fühlt. Viele Dinge tun wir, weil wir an sie gewöhnt sind, weil sie bequem sind und weil es generell ab einem bestimmten Alter schwierig wird, sich und seine Gewohnheiten zu ändern.

Der britische Umweltvordenker James Lovelock sieht die Menschheit bis 2100 unter anderem deshalb auf ein Fünftel schrumpfen, weil eine demokratische Gesellschaft zu wirklich relevantem Klimaschutz, wie z. B. fleischfreier Ernährung, nicht in der Lage sei. Ich bin selbst keine Vegetarierin. Trotzdem kann man ja hier noch mal stellvertretend für anderes fragen: Warum machen wir das nicht einfach? Die Antwort ist ganz schön komplex, das habe ich versucht zu beschreiben.

Die Frage, wie und wo wir künftig »genug« Fleisch herkriegen, ist definitiv nicht die richtige. Auch von der Ankündigung, Fleisch könnte demnächst künstlich im Labor produziert werden, lassen wir uns nicht irritieren oder zum Abwarten verleiten und kommen auf das Nächstbeste nach ›Kein Fleisch essen‹ zurück: wenig Fleisch essen. Weniger Fleisch essen hat ungleich mehr Vorteile als Nachteile. Pathetisch gesprochen: Es ist gut für mich, für andere Menschen und zur Bekämpfung des Klimawandels.

Es gehört seit einiger Zeit zum guten Ton, dass man nachdenklich ist, was die Industriefleischproduktion und den eigenen Tierkonsum angeht. Wir reden inzwischen darüber, gern auch beim Tiere essen. Das ist gut und notwendig. Erst wenn man etwas ausspricht, kann der Gedanke wachsen und irgendwann Realität werden. In diesem Fall bin ich für deutliche Beschleunigung. Wenig Fleisch essen ist ein kultureller Wandel, der sehr schnell zur Gewohnheit werden sollte. Dafür ist es wichtig, dass man das nicht nur als neuesten, hippen Trend von besser verdienenden Bildungsbürgern denunziert, sondern als das begreift, was es ist: eine wichtige und notwendige Errungenschaft des 21. Jahrhunderts.

Überhaupt erscheint mir die bisweilen geäußerte Kritik, das neue Ökobewusstsein sei nur eine Modeerscheinung einer bestimmten Schicht, die sich damit wohlfühlen oder von anderen abgrenzen wolle, zu kurz gegriffen, zu einfach gedacht. Vor einiger Zeit wurden die Lohas populär, das sind Menschen, die »lifestyles of health and sustainability« anstreben, gesunde und nachhaltige Lebensstile. Dann wurde die Kritik an Lohas populär. Weil sie angeblich nur Bio kaufen, weil es gerade chic ist, und das sofort aufgeben, wenn es anstrengend wird. Zum einen kann man es doch erst mal gut finden, wenn jemand überhaupt irgendetwas macht, statt ihn sofort zu verdammen, weil er nicht mehr macht. Zum anderen ist es aber sicher richtig, dass wir Menschen brauchen, die ihre Konsumveränderung auf einem festen und politisch-gesellschaftlichen Fundament vollziehen.

Das Missverständnis besteht darin, dass man Lohas mit allen gleichsetzt, die nicht schon vor 30 Jahren in Birkenstock rumgelaufen sind, sondern sich erst vor Kurzem in Bewegung gesetzt haben. Ich denke, das Zeitalter der Verallgemeinerungen ist definitiv vorbei. Und das Problem besteht darin, dass diese Menschen dafür kritisiert werden, was sie alles nicht oder noch nicht machen – weil sie anfangen, überhaupt etwas zu machen. Das ist ein unangenehmes Überbleibsel aus den 90ern, als immer die fein raus waren, die nichts machten. Weil sich zu engagieren als uncool galt. Manche haben immer noch nicht gemerkt, dass diese Zeiten aus verschiedenen Gründen unwiderruflich vorbei sind und sein müssen.

Die eigene Gesundheit als Ausgangspunkt für Nachhaltigkeit interessiert mich eher weniger und ist nicht das, was mich umtreibt. Aber wenn wir in der »Fleischfrage« die quantitative Radikalität erreichen wollen, von der Jonathan Safran Foer spricht, brauchen wir Verknüpfung mit möglichst vielen. Ob die das dann machen, weil sie die Dimension des Problems akzeptiert haben oder weil es gesünder ist oder weil sie hip oder cool sein wollen, ist mir vollkommen egal. Hauptsache, wir sind viele.

Die Schauspielerin und Oscar-Preisträgerin Natalie Portman

beschreibt in einem Essay, was nach ihrer Entwicklung von der Vegetarierin zur Veganerin passierte, die sie vollzog, motiviert durch Foers Buch und die Erkenntnis, wie sehr Tiere auch für unsere Frühstückseier und den Liter Milch in unserem Kühlschrank leiden und sterben müssen.

Manche Zeitgenossen hätten sie gefragt: »Was machst du, wenn sich herausstellt, dass Karotten auch Schmerz empfinden?«

Früher hätte ich gedacht: interessante Frage. Heute weiß ich, dass solche Fragen in der Regel dazu dienen, die Entwicklung zur Veganerin als überzogen und »spinnert« darzustellen. Die Botschaft hinter der Frage heißt: Das bringt doch alles nichts. Andere kommentierten bereits Portmans Vegetarierinnentum mit dem Satz: »Hitler war ja auch Vegetarier.« Das ist gedankenlos, kann sein in ironischer Absicht, aber infam ist es jedenfalls, weil es das unbeschreiblich Schreckliche, das mit Hitler verbunden ist, mit fleischfreier Ernährung in Zusammenhang bringt.

Meine Schwester Simone hat auch eine Ökophobie. Ihr sind die sogenannten Ökos und generell die Umweltaktivisten immer fremd geblieben.

»Was stört dich denn an ihnen, Simone?«

»Weißt du, irgendwie stört mich schon ihr äußeres Erscheinungsbild. Und wer bezahlt die eigentlich, dass die da auf den Bäumen hängen? Das regt mich auf.«

»Aber es muss doch Leute geben, die von außerhalb dieses Gesellschaftssystems das System selbst hinterfragen?«

»Ja, schon.«

»Ohne Menschen, die sich gegen die herrschenden Umstände wehren, gäbe es keine Demokratie. Denk an den Osten.«

»Klar, das stimmt schon, aber weißt du, ich zahl Steuern, nicht zu knapp, und die hängen an Bäumen. Das ärgert mich!«

Es gibt unglaublich viele individuelle und gesellschaftliche Blockaden gegenüber einer Entwicklung hin zur Nachhaltigkeit. Und eine der größten ist die des Kellners: der Hinweis darauf, dass wir alle ja tot seien, bevor es richtig schlimm werde. Das kann man so sehen. Mir gefällt aber viel besser, was Leo Hickman gesagt hat: »Es geht nicht darum, ob ich in 50 Jahren tot bin. Es geht um das Heute: Bin ich eine negative Kraft oder kann ich eine positive Kraft sein?«

Immer wieder sorgen sich Leute außerdem, dass umweltbewusst zu leben keinen Spaß macht und überhaupt ziemlich humorlos sei, etwas für Leute, die nicht genießen können. So ein Quatsch! Die Schauspielerin und Ökoaktivistin Darryl Hannah (*Kill Bill*) hat dazu einen sehr schönen Satz gesagt: »Wenn du das Leben nicht genießt, was bringt es dann, es retten zu wollen?«

Ich sehe das genauso.

17

Der Sozialpsychologe:
»Ist Öko nur für Reiche,
Harald Welzer?«

Ist ein ökologisch verantwortungsvolleres Leben nur etwas für Menschen mit Geld? Muss man es sich leisten können? Kauft man sich ein gutes Gewissen mit einem klimafreundlichen Auto und im Bioladen und zeigt auch noch mit dem Finger auf die Mitmenschen, die sich das nicht leisten können? Das sind einige der Vorwürfe gegen Menschen, die angefangen haben, ihr Leben und ihren Konsum zu ökologisieren.

In meinem Freundeskreis hatte ich in den letzten Monaten regelmäßig darüber diskutiert. Einerseits habe ich die feste Überzeugung, dass es jetzt darum geht, dass diejenigen anfangen, die dazu in der Lage sind. Andererseits konnte ich die These nicht vollständig widerlegen, dass die ernsthafte Bekämpfung des Klimawandels soziale Ungerechtigkeit nicht verringern, sondern vergrößern würde.

Ich beschloss, mich mit dem Sozialpsychologen Harald Welzer darüber auszutauschen. Als Mitinitiator des Forschungsschwerpunkts KlimaKultur am Kulturwissenschaftlichen Institut in Essen avancierte er zu einem der ersten Intellektuellen, der sich nachhaltig mit dem Problem des Klimawandels beschäftigte und dabei über die klimawissenschaftliche und politische Betrachtung hinaus eine neue Dimension beschrieb. Seine Bücher *Klimakriege* und *Das Ende der Welt, wie wir sie kannten* – mit dem Essener Kollegen Claus Leggewie verfasst – haben mich sehr beeindruckt. Er beschreibt darin den Klimawandel nicht nur als ökologische, sondern vor allem als soziale Bedrohung. Gleichzeitig sieht Welzer einen ökologisch orientierten Veränderungsprozess aber auch als Hebel, um soziale und ökonomische Ungerechtigkeiten zu verringern und nicht zu vertiefen, und zwar nicht nur innerhalb nationaler Grenzen, sondern global und in die Zukunft gerichtet. Ich möchte seine Argumente prüfen und fahre an einem Montag mit dem ICE nach Essen. Welzer empfängt mich in einem nüchtern-funktionalen Zimmer im Kulturwissenschaftlichen Institut. Der Tisch und auch der Boden sind vollgestapelt mit Büchern und Papieren. Es sieht nach Arbeit aus, und Welzer ist offenbar prächtig gelaunt. Mal sehen, ob das so bleibt.

»Ist Öko nur etwas für Reiche, Herr Welzer?«

Er grinst: »Ich verstehe die Frage nicht.«

Ich versuche es anders: »Muss man sich die normative Einstellung leisten können, ökologische Gerechtigkeit zu unterstützen?«

Jaja, er weiß selbstverständlich, was gemeint ist. Er hört die Frage ständig.

»Die Frage hat ja so etwas komisch Paternalistisches. Sie unterstellt, dass Menschen mit weniger Einkommen sich keine Gedanken machen können.«

Ich sage: »Wenn wir Ernst machen und die sozialen und die Umweltkosten eingerechnet werden, besteht die Sorge, dass die Hartz-IV-Empfänger vollends abgehängt werden. Und dass sich ein größerer Personenkreis Fliegen nicht mehr leisten kann, weil es dann keine Billigflüge mehr gibt. Und Biofleisch sowieso nicht.«

»Aber die Welt ist ja im Moment schon total ungerecht. Ich diskutiere öffentlich sehr viel, und bei fast allem, was uns unter den Nägeln brennt – Bildung, Staatsverschuldung, Rente, Europa und so weiter –, kommt der Hartz-IV-Empfänger nicht vor. Der wird immer dann aus dem Zylinder geholt, wenn es um Gegenargumente gegen notwendige Veränderungen geht.«

»Das Argument ist: Ihr seid ja nur in der Lage, etwas zu ändern, weil ihr das Geld habt. Und Fragen der sozialen Ungerechtigkeit werden kaum beachtet.«

Welzer lächelt. »Erstens: Warum soll es ausgeschlossen sein, dass auch Hartz IV-Empfänger ihr Leben verändern, wenn auch in materiell begrenzterem Umfang? Zweitens: Wieso soll das ein Argument dafür sein, dass die Bessergestellten alles so lassen, wie es ist? Drittens: Was hat die Höhe des Einkommens mit der Qualität von Argumenten zu tun?«

»Der nächste Vorwurf lautet, dass sich die Bemühungen der angeblichen Wohlfühl-Ökos auf das Private und das Konsumistische beschränken.«

»Das ist Unsinn. Nichts zu tun ist ja noch viel privatistischer.«

Ich sage: »Die Projektion geht so, dass der gut verdienende Grünen-Wähler sich das Biobaumwollhemd kauft und sich damit über den erhebt, der es sich nicht leisten kann – also abgrenzender Prestigekonsum.«

Welzer: »Aber das hebelt das Ungerechtigkeitsargument doch sofort aus, weil der angebliche Luxusgrüne durch seine Kaufentscheidung – etwa cotton made in Africa – Ungleichheiten immerhin etwas abmildert. Elke Heidenreich hat mal gesagt: Man darf nie etwas zu Billiges kaufen, weil da immer irgendjemand betrogen wurde.«

Hätte ich nicht gedacht, dass Professoren Elke Heidenreich zitieren.

Welzer kommt zu seinem Punkt: »Das Argument mit dem Hartz-IV-Empfänger wird in Wahrheit nicht zu dessen Gunsten eingesetzt, sondern richtet sich gegen die Leute, die nun sagen, man müsse sein Leben verändern. Dann wird gesagt: Aber der Hartz-IV-Empfänger ... Sonst kommt er nirgendwo vor.«

Ich sage: »Das ist ja das Schlimme.«

Welzer nickt. »Aber genau das entlarvt das Argument an dieser Stelle, an der es um Veränderung von Lebenswirklichkeit geht. Das Soziale ist vom Ökologischen nicht zu trennen. Wenn ich Lebensverhältnisse in eine ökologische Richtung verändere, profitieren die unten am meisten davon.«

Es gibt aber nun Menschen, die sich unter anderem darum sorgen, dass sie sich Flüge nicht mehr leisten können, wenn die Umweltkosten im Ticketpreis enthalten sind. Und dass die Besserverdienenden jetzt groß daherreden und dann diejenigen sind, die weiterfliegen. Wäre das ungerecht?

»Wir müssen uns fragen: Was sind Menschenrechte? Vernünftig wohnen, vernünftige Bildung, ein vernünftiges Gesundheitssystem: Das sind Menschenrechte. Aber Fliegen ist kein Menschenrecht.«

»Aber früher flogen nur wenige, heute fliegen viele. Das hat für viele auch etwas mit Demokratie zu tun.«

»Wir haben es hier mit einer Selbstüberforderung zu tun. Wenn wir sagen, dass wir radikal umsteuern müssen, weil wir so nicht weitermachen können, dann haben wir nicht den Anspruch, die perfekte Welt zu bekommen und alle existierenden sozialen Ungleichheiten im selben Moment auch noch zu beheben. Was Ihr Beispiel angeht: Es werden in Zukunft ohnehin deutlich weniger Leute fliegen, weil die Energiepreise deutlich steigen werden. Das Niveau der Ungleichheit wird dadurch sogar absinken, weil es sich auch der Mittelstand nicht mehr in der Form leisten kann.«

Ich muss an meine Schwester Simone denken und ihren Satz, dass »der Chinese« ja jetzt erst mal Wohlstand nachholen müsse und ihr Engagement daher nichts bringe. Was hält Welzer von dieser Argumentation?

Er lächelt. »Der Chinese ist neben dem Hartz-IV-Empfänger die zweite Voodoo-Figur, die gern rausgeholt wird, wenn es um

Veränderung geht. Der Chinese steht zum einen für plötzlich legitime Modernisierungs- und Wohlstandsbedürfnisse der Zweit- und Drittweltländer, die man nicht abschlagen könne. Dabei basiert unser ganzer Reichtum darauf, dass wir bislang alle Weltgegenden ausgeplündert haben. Nun gilt plötzlich Nord-Süd-Gerechtigkeit als Argument für weiteres Wachstum. Zum anderen steht der Chinese dafür, dass er die Umwelt so sehr versaut, dass unsere armen kleinen Bemühungen eh vergebens sind, sodass wir sie gleich bleiben lassen können und ihm lieber möglichst viele unserer Autos verkaufen.«

»Und wofür steht der Chinese für Sie, Herr Welzer?«

»Für gar nichts: Der Chinese spielt für mich weder bei der Arbeit eine Rolle noch beim Kauf eines Konsumartikels oder bei der Frage, welchen Film ich abends anschaue. Wieso also soll er eine Rolle spielen, wenn ich mir überlege, wie das Leben besser aussehen könnte? Außerdem macht er so oder so, was er will.«

Aha. »Wieso soll ich dann nicht mehr fliegen oder kein Fleisch mehr essen?«

»Das ist die falsche Frage. Die richtige Frage wäre, ob die Chinesen nicht hier und da intelligentere Sachen machen als unsereiner.«

»Was ist mit der These, dass der Chinese so werden will, wie wir sind?«

»Das ist Unfug. Er will sein wie ein Chinese, nur wohlhabender. Alle Menschen haben ein nationales Selbstbild. Kein Mensch will werden wie wir.«

»Aber konsumieren wie wir?«

»Ja, die Konsummuster globalisieren sich. Aber das heißt nicht, dass alle so sein wollen wie wir.«

Welzers Erkenntnis ist: »Wenn wir ernsthaft über soziale Ungleichheit und ökologische Standards diskutieren wollen, müssen wir solche Spiegelfechtereien bleiben lassen.« Das meint sowohl »den« Chinesen als auch »den« Hartz-IV-Empfänger.

Was ist mit der ästhetischen Abwehr eines Veränderungsprozesses, also der Sorge, dass eine Welt mit Windrädern, Solardächern und Energiesparlampen furchtbar aussehe und furchtbar sei?

»Strukturell erfüllt das dieselbe Funktion wie der Chinese und der Hartz-IV-Empfänger«, sagt Welzer. »So etwas wird nur dann gefragt, wenn es um Veränderung geht, aber nicht beim Status quo. Keiner fragt, ob ich heute durch den Lärm der Sechs-Uhr-Maschine aufwachen will. Oder eine vierspurige Straße vor dem Haus haben. Oder diese ästhetisch grausamen Lidl- und Aldi-Buden.«

Es fragte viele Jahrzehnte auch keiner, ob man ein Atomkraftwerk vor der Tür wollte.

Ich sage: »Ein weiteres Argument ist, dass man für die individuelle Ökobewegung neben Geld auch Bildung braucht.«

»Auch da widerspreche ich vehement«, sagt Welzer. »Ich habe viele Bekannte, die ein extrem hohes Bildungsniveau haben, aber nicht das geringste Bewusstsein vom Klimawandel. Und ich kenne alleinerziehende Mütter ohne Geld, die sich viele Gedanken machen, was sie ihren Kindern zu essen geben.«

Welzer erzählt, dass auch er bei Vorträgen gern gefragt werde, ob der Konsum ökologischer Produkte sich nicht nur »auf dem Rücken von Hartz-IV-Empfängern oder in vollkommener Ignoranz sozialer Probleme« vollziehe. Er pflege dann zu antworten: »Haben Sie bei Ihrem letzten Autokauf an den Hartz-IV-Empfänger gedacht?« Dann werde der Frager ein bisschen rot, und die Frage sei erledigt. Es stimmt: Kein Mensch würde den Kauf eines Nobelautos im Zusammenhang mit Wenigverdienern diskutieren. Aber bei einem viel günstigeren klimafreundlichen Hybrid heißt es, dass man ihn sich leisten können müsse.

Ein weiterer Vorwurf lautet, und den höre ich auch öfter: Weil nur noch über Öko geredet wird, redet keiner mehr über soziale Ungerechtigkeit.

»Der Fehler besteht darin, dass ökologische und soziale Ungleichheitslagen nicht in einem Zusammenhang diskutiert werden«, sagt Welzer. »Wenn man das macht, hat man eine ganz andere Diskussion: Wie verbessert man Lebensbedingungen – und da ist der Hartz-IV-Empfänger plötzlich erkennbar drin.«

»Was heißt das konkret?«

Welzer grinst: »Wenn wir die Autobahnen abschaffen, müssen die sozial Schwachen nicht mehr an der Autobahn wohnen.«

Autobahnen abschaffen? »Der Anspruch an unsere Gesellschaft ist doch, hochmobil und flexibel zu sein.«

»Das ist nicht gottgegeben. Diese Welt wird in ein paar Jahrzehnten sowieso nicht mehr so aussehen wie heute. Ob gewollt oder ungewollt: Wir werden weniger Mobilität haben. Diese Form der globalen Warenströme und Bewegungen wird es in der Zukunft nicht mehr geben. Das sehe ich wie Anders Levermann: Das System wird vorher zusammenbrechen. Wir sind jetzt in der Situation, wo wir entweder versuchen können, andere Zukünfte zu denken und den Prozess damit proaktiv zu gestalten – oder das ganze Ding implodiert. In beiden Fällen gibt es weniger Mobilität.«

Was ich aus Welzers Schriften kenne, erlebe ich nun direkt: Es geht ihm nicht darum, jede Argumentation zu widerlegen. Es geht ihm darum, die richtige Perspektive und die richtigen neuen Fragen zu finden.

»Der Grundfehler dieser Art Klimadiskussion liegt darin, nicht über das Problem im Gegebenen zu sprechen. Veränderung wird immer mit Verzicht gleichgesetzt und damit wird das Gegebene automatisch als etwas Gutes betrachtet. Es ist aber nichts Gutes. Gerade auch die soziale Ungleichheit ist in den letzten zwanzig Jahren gewachsen und nicht gesunken.«

Die Frage, ob Öko nur etwas für Reiche sei, ist für ihn eine von vielen »Argumentationsfallen«. Das zentrale Thema für ihn ist nicht, ob künftig nur noch Reiche fliegen, und noch nicht einmal, was aus den Arbeitsplätzen der Autoindustrie wird, wenn wir künftiger weniger Autos bauen. Sondern: »Wir stehen vor einem gigantischen Problem: Sicherung der Überlebensbedingungen der Menschheit. Wer das thematisiert und versucht, Handlungsräume zu schaffen, an den muss man weder den Anspruch stellen, dass er alle Probleme auf einmal löst. Noch muss er selbst diesen Anspruch haben.«

»Gut, aber lassen Sie uns überlegen, was es heißt, wenn wir weniger Autos bauen und haben.«

»Weniger Autoverkehr heißt weniger Schadstoffemissionen, weniger Lärm, weniger Gefährdung für die Leute, die in schlechten Vierteln wohnen«, sagt Welzer.

»Und wo kommen die neuen Arbeitsplätze her, wenn die Automobilindustrie kleiner wird?«

»Wir kennen die Arbeitsplätze der Zukunft nicht. Warum können wir uns keine Mobilitätsperspektiven vorstellen, die beide Probleme im selben Frame bearbeiten?«

Ich sage: »Weil wir damit außerhalb unseres Wirtschaftssystems sind? Und weil es keine Alternatividee mehr zum Kapitalismus gibt.«

»Da würde ich zustimmen«, sagt Welzer. »Wir haben keine gesamtgesellschaftliche Alternative vor Augen. Das ist auch ganz schön, weil die sozialistischen Menschheitsbeglückungsversuche alle gegen die Wand gefahren sind. Aber das ist auch das stärkste Argument der Gegner von Veränderung, dass es keine Alternative gibt. Und das stimmt eben nicht, weil wir gerade in einem Land mit so hohem materiellem Reichtum auf individueller Ebene, auf Gruppenebene und auf wirtschaftlicher Ebene Alternativen herstellen können.«

Welzer sieht eine Ursache für das Beharren auf dem Status quo, dass die deutsche Gesellschaft nach der »Epochenschwelle von 1989« sehr unpolitisch geworden sei, auch weil das Modell

Konsum- und Wachstumsgesellschaft nach dem Ende des Sozialismus absolut dominant wurde.

Ich erwähne den grünen baden-württembergischen Ministerpräsidenten Kretschmann, der zum Amtsantritt den Satz sagte: »Weniger Autos sind besser als mehr«, und dass die Zukunft Mobilitätskonzepte seien. Ein Aufschrei! Selbst und gerade beim Koalitionspartner SPD. Warum?

»Vielleicht, weil die Leute nur Plan A kennen und keine Ahnung haben, was Plan B sein könnte, geschweige denn Plan C.«

Plan A heißt: wirtschaften und alles andere genau wie bisher. Ich frage Welzer: »Wie kommen wir zu einem Plan B, einem Wirtschaftssystem ohne das bisherige Verständnis von Wachstum?«

»Es geht auf jeden Fall nicht, wenn man sagt: Wir haben das Gegenmodell zum Kapitalismus. Man muss die Frage formulieren: Worauf kommt es an?«

»Worauf kommt es an?«

»Es gibt viele Aspekte an Plan A, die zu zivilisatorischen Fortschritten geführt haben: vor allem das hohe Bildungs- und Gesundheitsniveau und die Rechtsstaatlichkeit. Das ist enorm wichtig und darauf will man nicht verzichten. Das hat aber nichts mit Wohlstand und Konsum zu tun, sondern mit gesellschaftlichem Reichtum. Es kommt darauf an, eine gesellschaftliche Praxis zu entwickeln, die diesen Fortschritt aufrechterhält und gleichzeitig die fatale Ressourcenübernutzung vermeidet oder erheblich reduziert.«

Verstehe: Man starrt nicht dauernd auf das, was heute ist, sondern schaut auf das, was man morgen wirklich braucht.

»Man kann also sagen: Wir wollen auch in Zukunft Gesundheit und Bildung, wir wollen kein Willkürstaat sein, wie können wir das realisieren? Braucht man dafür SUVs, braucht man dafür Billigflüge, braucht man dafür eine Autoindustrie, die so funktioniert wie die heutige, braucht man dafür eine planierte

Welt? Die Antwort ist einfach: Nein. Was man braucht, ist eine dezentrale Energieversorgung mit entsprechenden Strukturen. Et cetera. Wenn man so rangeht, kommt man zu einzelnen Schritten. Und dann sucht man sich Labore zum Ausprobieren dieser Schritte.«

Ich muss an Boris Palmer und Tübingen denken, seinen Umbau der Energieversorgung, den neuen Stadtteil mit den Kiezstrukturen, der Bedürfnisse von Kindern berücksichtigt und nicht nur von Autos. Ich erzähle Welzer, dass ich davon sehr angetan war und mir erst mal auffiel, was unserer Familie in Berlin alles abgeht.

Welzer nickt. »Eine Diskussion ist fehlgeleitet, in der es immer nur heißt: Wir müssen! Spannend wird es, wenn wir sagen: Wir haben gute Ideen und wollen sie diskutieren, weil wir – unabhängig vom Klimawandel – lieber ohne Autos leben wollen als mit. Die Sache bekommt ein Momentum, sobald durch Leute und Städte öffentlich sichtbar wird, dass es geht.«

Harald Welzer ist Jahrgang 1958, hat einen fast erwachsenen Sohn und ist von seiner Erscheinung her das glatte Gegenteil von dem, was man sich früher unter einem Öko vorgestellt hätte. Er ist braun gebrannt, scheint einen Schlag ins Hedonistische zu haben, ist witzig und sprüht vor Lebenslust. Zumindest ist das der Eindruck, den er an diesem Tag macht.

Und er ist auch kein Öko. Oder er ist ein weiterer Beleg, dass man »Öko« im 21. Jahrhundert anders definieren muss. »Man muss nicht zum Mönch werden, und wir leben auch nicht in Verhältnissen, in denen das sinnvoll wäre«, sagt er. »Wir müssen die Sache lustvoll und unter Einbeziehung unserer emotionalen Potenziale angehen.«

Er hat vor einigen Monaten seinen letzten Langstreckenflug gemacht.

Eine bewusste Entscheidung. Er war noch mal in New York, ging den Broadway runter, fand ihn ab Times Square und bis

Union Square als Fußgängerzone vor und war begeistert, dass so etwas eben doch geht. Einfach so.

Der New-York-Flug war der Höhepunkt unseres Lebensstilmodells im 20. Jahrhundert. Zum Shoppen nach New York. Und wenn man sogar Freunde dort hatte, besser ging's nicht! Oder doch: Welzer hatte zeitweise eine Lebenspartnerin in New York. »Superfernbeziehung«, sagt er. Dafür wurde er sicher beneidet.

»Und nun geben Sie den New-York-Flug auf«, sage ich. »Ist das nicht hart?«

»Im Gegenteil. Es ist entlastend. Man könnte sagen, dass ich oft genug da war, aber es gibt auch viele andere Teile der Welt, in denen ich nie war und in die ich jetzt nie mehr kommen werde.«

»Was hat Sie zu der Entscheidung veranlasst?«

»Ich finde, es geht nicht mehr, grundsätzlich. Gründe für Ausnahmen finden wir ja immer, also muss man einen grundsätzlichen Schnitt machen.«

»Was heißt das?«

»Ich könnte natürlich sagen, ich muss ausnahmsweise zu wichtigen Kollegen im Bereich Klimaforschung in die USA oder nach Argentinien fliegen. Diese Partikularargumentationen funktionieren immer. Aber jetzt habe ich den Eindruck, dass man auch mal sagen muss: Nein, das Große und Ganze funktioniert eben nicht so. Ich kann es vor mir selber nicht vertreten, das Falsche immer weiterzutun, also lasse ich es sein.«

Grundsätzlich beschwört Welzer ja immer die Vorteile des neuen Denkens und Handelns. Aber was ist hier der Vorteil?

»Der Vorteil ist: Ich habe keinen Begründungszwang mehr, dass ich irgendwo nicht hinkomme.«

»Sie sagen einfach: Ich fliege nicht?«

»Ja. Fall erledigt. Das macht mir das Leben viel leichter. Ich habe einen echten Gewinn an Lebensqualität.«

»Ist das Außenseitertum, wenn man nicht mehr fliegt, oder

wird das schnell ›normal‹ in einer neuen Erzählung unserer Gesellschaft?«

»Bisher war es so, dass man Status gewann, wenn man zu Konferenzen fliegen durfte. Man kann sich vorstellen, dass man Status gewinnen kann in einer Teilkultur, in der Menschen Sachen anders machen. So haben alle sozialen Bewegungen funktioniert: Sich einschreiben können in etwas und sich dafür auch etwas für sich abholen. In unserem Fall ist das eine andere Form des Lebens, Konsumierens und Sichbewegens, die Attraktivität bereitstellt, sodass man dazugehören will.«

»Kann man ›Weniger‹ glaubhaft begehrenswert machen?«

»Den Lebenszustand Hartz IV sexy zu machen, das geht nicht. Aber ein Leben mit relativ hohen Ansprüchen, das aus freien Stücken auf das Weniger setzt, das kann man sexy machen.«

Eine zentrale These von Welzer und Claus Leggewie ist das Entstehen einer »APO 2.0«, einer großen Bürgerbewegung zur Meisterung der Krisen des 21. Jahrhunderts.

Wie und wodurch formt sich diese Bewegung?

»Ich glaube, dass die Bewegung von unten kommt. Aber es braucht auch eine Elite, um sie zu befördern. Diese Bewegung muss sich durch alle Schichten organisieren. Wir haben jetzt ein Flämmchen von Protestbewegung, aber noch zu wenig Diskussion in den relevanten Kommunikationssegmenten der Gesellschaft.«

»Elitenversagen?«

»Ja, es gibt zum Beispiel extrem wenige Professoren, die sich als politisch verstehen und Farbe bekennen. Oder Unternehmer. Auch das ist übrigens ein Argument gegen den Hartz-IV-Vorwurf.«

»Erst mal soll die Elite sich formieren?«

»Die Bestverdienenden und diejenigen, die die größten Handlungschancen haben, müssen auf die Bildfläche. Man braucht Eliten aus dem Kulturbereich, man braucht Intellektuelle und auch die Eliten aus der Administration, die das Wissen darüber haben, wie man das umsetzt. Und davon sehen wir in diesem Land fast überhaupt nichts. Das ist das vorrangige Problem.«

Aus dieser Perspektive ist es also andersherum: Reiche müssen öko werden.

18
Lösungen: Anfangen!

In den letzten Jahren habe ich versucht, mein Leben nach ökologischen Gesichtspunkten zu verändern, Dinge anders zu machen, innere Blockaden aufzubrechen und neue Denkansätze zu finden. Und ich habe mit Menschen gesprochen, die für mich das neue Denken verkörpern und ihr Leben danach ausrichten, Dinge anders machen.

Ich bin eine Schauspielerin mit zwei Kindern. Nicht mehr, aber auch nicht weniger. Dieses Buch ist nicht entstanden, um zu belehren oder zu bekehren. Ich möchte noch nicht mal aufklären, nicht mit wissenschaftlichen Fakten versorgen, nicht vorschreiben oder verbieten und auch niemandem etwas aufschwatzen. Aber vielleicht gelingt es mir, einen Anstoß zu geben, eine Inspiration, vielleicht zum Nachdenken, vielleicht zum Handeln. Was dann letztendlich entsteht, kann individuell ganz verschieden sein.

Dabei geht es nicht nur um die Frage, wie wir den Klimawandel meistern können. Es geht um die grundsätzliche Frage, wie wir miteinander leben wollen.

Für mich heißt das: anders als bisher. Dabei genügt es leider nicht, wenn einer allein sein Handeln ändert. Es müssen viele sein, die bereit sind, die Dinge anders zu machen, damit die Veränderung nicht im persönlichen Bereich bleibt, sondern auch quantitative und politische Wirkung hat.

Es geht um Handlungen, die zielführend und effektiv sind.

Es geht nicht darum, sich gut zu fühlen, so wie der T-Shirt-

Träger mit der Aufschrift »Fleischessen ist Mord«. Es geht nicht darum, recht zu haben, sondern es geht darum, eine Kommunikation zu schaffen, die bei den Adressaten zu etwas führt.

Jonathan Safran Foer hat gesagt: Vegetarier zu werden ist eine radikale Veränderung, aber nur eine individuelle. 100 Millionen, die einmal pro Woche das Steak auslassen, das sie sonst immer gegessen haben, sind 100 Millionen Fleischmahlzeiten weniger. Das kann man auf vieles übertragen. Was nützt es, wenn eine Veränderung einem Einzelnen richtig wehtut und der Gesellschaft nichts bringt? Nichts.

Es ist einerseits ganz und gar nicht verwerflich, wenn die Veränderung nicht schmerzt oder sogar angenehm ist – und eine große positive Auswirkung hat.

Andererseits werden wir Veränderungen eingehen müssen, die uns schmerzen. Wir werden langfristig den Energieverbrauch nur reduzieren können, wenn wir neben dem Konzept der Effizienz auch die Suffizienz, d.h. das Konzept von Verzicht, in unseren Alltag einziehen lassen. Das bedeutet Verzicht auf das, was wir glauben zu brauchen, auch auf das, was wir kennen und lieben und von dem wir meinen, dass es uns zusteht. Verzicht auf das, was wir jetzt als unseren Lebensstil bezeichnen, der auf einer Ausbeutung der Gemeingüter basiert, auf einer »Ökonomie der Verschwendung« – so der Mobilitätsforscher Stephan Rammler –, die zu einem Ressourcenverbrauch geführt hat, den wir in keiner Weise jemals ausgeglichen haben. Auch wenn Boris Palmer sagt, dass man mit dem unvermeidlichen Thema Suffizienz die Menschen derzeit nicht erreichen, sondern nur abschrecken kann, müssen wir uns diesem Gedanken und den daraus folgenden Konsequenzen stellen.

Ganz offensichtlich ist es, dass es für das neue Denken und das neue Handeln eine kritische Masse braucht, um Politikern und Regierungen zeigen und sagen zu können: »Schaut, wir machen jetzt das und das. Und wir wollen, dass ihr das und das macht.« Wir müssen diese unsere Interessen mindestens genauso laut und einflussreich vertreten, wie das die Lobbyisten der Wirtschaft tun. Pathetisch gesprochen sind wir die Lobbyisten unserer Kinder und Enkel und des Planeten.

Was ich von meinen Gesprächspartnern gelernt habe

Als ich anfing, mich mit Klimawandel zu beschäftigen, hatte ich zwischendurch das Gefühl, es wäre am besten, wenn ich schrumpfen würde oder im Wald in einer Höhle lebte oder gar nicht mehr da wäre. Aber viel wichtiger ist es, das Maximum aus der uns zur Verfügung stehenden Energie herauszuholen, den Verbrauch von Energie drastisch zu reduzieren und möglichst nur erneuerbare Energie zu verbrauchen – und am besten, sie selbst zu produzieren. Diese Erkenntnis gewinnen seit einiger Zeit immer mehr Menschen. Von vielen ist das aber noch sehr, sehr weit weg.

Von einer Höhle im Wald aus kann man wenig dazu beitragen, dass sich etwas verändert. Im übertragenen Sinne habe ich sogar lange in so einer Höhle gelebt, zurückgezogen in mich selbst, entweder gleichgültig oder bestenfalls hadernd mit dem Ungenügen der Welt, ihrer Politiker und überhaupt. Das führt zu nichts außer zu Frust. Der bessere Weg ist, präsent, sichtbar in der Welt zu sein, um dem Problem, vor dem wir stehen, eine öffentliche Plattform zu schaffen. Und damit der Erkenntnis von der Effizienz- und Suffizienznotwendigkeit in unserem Leben schneller zum Durchbruch und zur Umsetzung zu verhelfen.

Dabei gibt es eine ganze Reihe von Diskussionen, die zwar berechtigt sind, aber am Problem vorbeigehen. Zum Beispiel, ob die Glühbirne nicht schöneres Licht gibt als die Energiesparleuchte. Aus meiner Sicht geht es vielmehr um ein grundsätzliches Nachdenken, ob wir so weiterleben wollen, wie wir es derzeit tun. Oder nicht doch lieber in bestimmten und auch in entscheidenden Bereichen anders leben wollen und auch können. Wie der Wissenschaftler Anders Levermann sagt: Wenn ein Hurrikan New Orleans zerstört, steigt das Wirtschaftswachstum. Also ist es gut, wenn New Orleans überschwemmt wird? Das kann es ja wohl nicht sein.

Levermann ist auch der Auffassung, dass es eine Grenze der Anpassung für Industriestaaten gibt. Wo und bei welcher Erwärmungsgradzahl sie genau liegt, kann man nicht vorhersagen. Wenn sie überschritten ist, potenzieren sich die negativen Auswirkungen so, dass man nicht mehr mit ihnen klarkommt.

Überschwemmte Städte können nicht mehr aufgebaut werden, weil öffentliche Haushalte oder Rückversicherungen pleite sind oder das Wirtschafts-, Finanz-, Rechts- oder politische System kollabiert, je nach Region und Situation.

Selbstverständlich muss man mit Katastrophenszenarien vorsichtig sein. Sie wurden zu allen Zeiten von Apokalyptikern der Politik genutzt, um Menschen Angst zu machen. Das gilt auch für Religionen und ihre postmortalen Versprechen auf Fegefeuer und Höllen. Dennoch ist es wichtig, sich neben dem sogenannten Best Case auch den Worst Case, also das schlimmstmögliche Szenario zu vergegenwärtigen, um entsprechende Maßnahmen ergreifen zu können.

Im Prinzip ist die Antwort zwar nicht einfach, aber klar:

Wir müssen lernen, auf dem Planeten zu leben und nicht über den Planeten hinaus.

Wir werden nicht alle plötzlich zu Ökos. Müssen wir auch nicht. Wir integrieren das Thema in unser Leben. Es ist kein 24-Stunden-Job, aber auch kein Hobby, es ist eines von wenigen zentralen Themen, die ganz oben auf der Tafel stehen. Andere Themen sind auch wichtig, aber fast alle lassen sich als Unterproblem dieses zentralen Themas einordnen.

Was wir denken, ist wichtig. 2009 ist eine Partei, die FDP, komplett ohne Profil beim Thema Klimawandel in die Regierung gekommen. Es sollte das letzte Mal gewesen sein, dass so etwas möglich war. Wenn ich für eine Allianz von der Fulltime-Familienarbeiterin bis zu den Künstlern plädiere, so heißt das nicht, dass klassische Umweltaktivisten obsolet wären. Im Gegenteil: Wir brauchen die NGOs, um wirklich schlagkräftig sein zu können. Umwälzungen werden im Internet vorbereitet und möglich, aber faktisch benötigen sie den öffentlichen Raum, um sie vollziehen zu können, also die Innenstädte, die Marktplätze, leider auch die Nähe zu Wasserwerfern. Andererseits können die anstehenden Veränderungen nicht durch Spezial- oder Wochenendaktivisten herbeigerufen werden. Dafür ist eine breite und tiefe Unterstützung in der Gesellschaft nötig, damit eine sichtbare Bewegung entsteht. Bewegung auch im Wortsinn. Bewegung ist die Voraussetzung für ein gesundes Leben des Individuums, und Bewegung brauchen wir in einem Kollektiv, das gezielt agiert und damit gesellschaftlichen Wandel fordert und voranbringt. Diese Bewegung beginnt in den Köpfen und Seelen; sie braucht dann Strukturen, um wirksam werden zu können. Sie entsteht aus überarbeiteten Werten und einem veränderten Lebensstil zur Verbesserung globaler und individueller Lebensqualität. Sie ist damit keine Umweltbewegung im klassischen Sinne, und es geht ihr nicht nur um Klimaschutz. Eine erfolgreiche Klimabewegung mit einem vollzogenen kulturellen Wandel, nachhaltig orientierter Wirtschaft und Entwicklung wird alle Bereiche der Gesellschaft verändern. Deshalb geht es um alles.

Der neue Öko-Prototyp

Wenn ich mir die Menschen ansehe, mit denen ich für dieses Buch gesprochen habe, so sind eine ganze Reihe wie ich zwischen 30 und 40. Mein Gefühl ist, dass jeder etwas Besonderes einbringt, aber dass uns etwas Grundsätzliches eint: das Wissen, dass wir jetzt handeln müssen und dass es tatsächlich unsere Aufgabe ist und nicht die unserer Kinder oder von irgendjemand anderem.

Das Besondere, das jeder hat, ist das je eigene Konzept für ein sinnvolles Sicheinbringen. Keiner meiner Gesprächspartner entspricht dem alten Bild von einem Öko.

Jonathan Safran Foer ist in der Frage der Aktion der Zurückhaltendste. Er sagt, sein Beitrag sei sein Buch *Tiere essen*. Doch mit seinem Konzept hat er einen Weg gezeigt: die Auflösung der Konfrontation zwischen Vegetariern hier und Fleischessern dort, die Abwendung vom Entweder-oder. Die Fokussierung auf das bestmögliche Ergebnis im echten Leben, nicht die bestmögliche Moral im Off der Gesellschaft. Es geht ihm darum, dass möglichst viele Menschen möglichst wenig Fleisch essen. Das ermöglicht es vielen, mitzumachen, die aufgeben müssten, wenn radikales Vegetariertum von ihnen verlangt würde.

Diese Haltung kann man ebenso übertragen auf andere Bereiche.

Foer ist für mich ein neuer Prototyp des Intellektuellen und Künstlers, wie wir ihn brauchen. Es ist wichtig, dass intellektuelle Debatten sich des Themas auch kontrovers und radikal zweifelnd annehmen und damit zurück ins Zentrum der Gesellschaft gelangen. Dabei ist es besonders von Bedeutung, dass Intellektuelle auch Lösungen einbringen, und das nicht nur an ihrem Schreibtisch. Sondern dass sie das Neue auch selbst leben, so wie Foer. Er hat sich inzwischen wieder seiner literarischen Themen angenommen. Das bedeutet aber nicht, dass Tiere essen oder Tiere nicht essen damit für ihn abgehakt ist. Sein Vegetariertum und seine Klimakultur sind selbstverständlicher Bestandteil seines Lebens geworden. Er muss nicht mehr ständig darüber reden.

Anders Levermann ist aus meiner Sicht ein neuer Typ Wissenschaftler, dem es nicht nur um den Fortschritt der Wissenschaft allein geht. Er weiß, dass das nicht mehr genügt, dass er sich darauf nicht zurückziehen darf. Er weiß, dass er sein Thema dringend in die Öffentlichkeit und an bestimmte Orte dieser Öffentlichkeit tragen muss. Levermann meint, dass wir aus verschiedenen Gründen »praktisch alles unterschätzen«. Weil wir nicht hören wollen, soll die Wissenschaft nur über gesicherte Erkenntnisse reden. Das hat zwar gute Tradition, aber in unserer Realität ist es ungenügend, weil es das, was wir möglicherweise durch unser Handeln heraufbeschwören, nicht angemessen erfassen kann.

Levermanns Konzept des Raumeinnehmens ist für mich deshalb von Bedeutung, weil es uns an einer entscheidenden Stelle weiterbringt. Es klärt den Unterschied zwischen dem privaten Engagement und dem öffentlichen Engagement. Natürlich ist es wichtig und richtig, einen möglichst geringen ökologischen Rucksack zu haben, also möglichst nicht zu fliegen. Aber das heißt nicht, dass es besser ist, wenn sich alle ins Private zurückziehen. Wenn jemand sich entschieden hat, an den großen Schrauben der ökologischen Transformation zu drehen, dann muss er auch fliegen, um dort zu sein, wo es gilt, möglichst viele Menschen auf dem Globus zu erreichen. Ich gehe fest davon aus, dass sein Know-how und sein Engagement den Flug mehr als wert sind. Raum einzunehmen heißt für Levermann auch, eine Führungsposition zu übernehmen – um über das Private hinaus wirken zu können. Raum einnehmen heißt reden, statt nur zuzuhören, anleiten, statt nur mitzumachen, machen, statt abzuwarten.

Ich schätze es sehr, wenn Leute sich nicht unnötig aufspielen, sich nicht in den Vordergrund drängen, nicht zu allem das letzte Wort haben müssen, rücksichtsvoll, zurückhaltend sind und die Bedürfnisse der anderen im Auge haben. Aber jetzt und in dieser entscheidenden Frage brauchen wir kompetente Menschen, die nicht aus falsch verstandener Bescheidenheit oder Rücksicht in der letzten Reihe sitzen, sich die Sache anschauen oder gar mit den Köpfen schütteln, aber alles weiterlaufen lassen, wie es ist. Wir brauchen kompetente Menschen, die sich nach vorn stellen und ihre Kompetenz und Kraft einbringen.

Dies hat mich auch an Boris Palmer beeindruckt. Er ist für meine Begriffe ein neuer Typus Politiker. Einer, der sich als Jugendlicher entschied, Politiker zu werden, um die politischen Grundlagen für eine ökologische Transformation zu schaffen und diese dann voranzubringen. Und der nun an einer entscheidenden Schnittstelle agiert und als eine Art Vorstandsvorsitzender einer Kommune das Private und das Öffentliche und die Wirtschaft zusammenbringt, vom Autohaus bis zum Windpark in der Nordsee. Er ist am richtigen Ort. Da, wo auch ein Einzelner einen großen Unterschied bewirken kann. Wenn es ihm gelingt, andere, also Wirtschaft und Gesellschaft, mitzunehmen. Palmer ist dabei extrem pragmatisch. Er hat gelernt, dass die Gesellschaft eine radikale Konsumverzicht-Debatte nicht führen will, und sucht nach den Schrauben, die er vorerst drehen kann, ohne das Askese- und Verzichtgefühl auszulösen. Und damit hat er schon vieles bewegt; etwa den Umbau seiner Stadtwerke. Es geht ihm nicht um das Wünschbare, sondern immer um das Machbare. Palmer hat 2011 einen Ministerposten in Baden-Württemberg abgelehnt, weil er den Eindruck hat, in Tübingen noch nicht fertig zu sein; und wohl auch, weil er dort mehr bewegen kann.

Veränderungen sind für ihn nach Kosten-Nutzen-Abwägung zu entscheiden und nicht nach grundsätzlicher Moral, zum Beispiel die negativen Folgen von Windenergie aus der Nordsee für das Meer und die Meerestiere sowie die dafür nötigen und umstrittenen Energietrassen über Land. Die Frage muss sein, ob der Nutzen von Windenergie trotzdem entscheidend größer ist, als wenn man bei Kohle- oder Atomkraftwerken bleibt. Laut Palmer kann jede Stadt klimabewusst werden, aber nicht nach Masterplan, sondern nach ihren eigenen Gegebenheiten.

Er ist aber auch der Meinung, dass es dafür Politiker und Mandatsträger braucht, die die neue Kultur wirklich leben und somit verkörpern, weil sich sonst nicht genügend Bürger mitnehmen lassen.

Sowohl Palmer als auch Anders Levermann sind der Ansicht, dass die nötige Dynamik für den Schritt in eine klimafreundliche Weltgesellschaft nur mit »grüner Wirtschaft« erreicht wird. Ohne dass bald sehr viel Geld damit verdient wird, gibt es den nötigen schnellen Umschwung nicht. Auch hier müssen sich Gesellschaft und Politik gegenseitig anschieben. Der Wirtschaft muss deutlich gemacht werden, dass man mit diesen Produkten Geld verdienen kann. Gleichzeitig braucht es klare politische Leitlinien.

Das Gespräch mit dem Air-Berlin-Fluglinien-Gründer Achim Hunold war für mich sehr wichtig, weil es mir ermöglicht hat, die Sache mit den Augen eines Unternehmers zu sehen, der Verantwortung für 9000 Arbeitsplätze hat. Hunold sieht den Kapitalismus nicht als Problem bei der Bewältigung des Klimawandels, sondern glaubt, dass dort eher ein ökologisches Bewusstsein entsteht als in einem nicht kapitalistischen System. Eine »Ökodiktatur« hält er für einen Widerspruch in sich, weil es der herrschenden Klasse in einer Diktatur eben nur um sich gehe und nicht um das Gemeinwohl. Er glaubt nicht, dass Unternehmer das Klimaproblem lösen können, sondern dass ein politischer Rahmen nötig ist, in den sie sich einbringen.

Der englische Autor Leo Hickman hat in gewissem Sinn mein

Leben verändert. Mit seinem Buch *Fast nackt* hat er meine persönliche Entwicklung entscheidend angestoßen. Er ist für mich ein Vorbild, wie man den bürgerlichen Lebensentwurf einer klassischen Familie mit auf sich orientiertem Konsumstil weiterentwickeln kann, mit dem Ziel, klima- und umweltfreundlicher zu leben. Hickman ist damit glücklich geworden. Statt in der Einflugschneise von Heathrow lebt er jetzt auf dem Land. Damit ist er aber nicht aus der Gesellschaft ausgestiegen, im Gegenteil. Es geht, sagt er, nicht um ein Sonderleben. Es geht darum, zu zeigen, dass man einen emissionsarmen Lebensstil tatsächlich haben kann, und zwar innerhalb der Gesellschaft. Die Reduzierung des eigenen CO_2-Ausstoßes hält er für eine wichtige Grundlage. Man solle aber keine Obsession daraus machen. Priorität habe die Bewusstseinsveränderung, erst die eigene, dann die gesellschaftliche. »Man muss mit der Gesellschaft arbeiten und darf nicht außerhalb sein« ist seine eine Maxime. Die andere: Man muss den Einfluss nutzen, den man hat.

Leo Hickman spricht mit Kindern, mit Managern, mit seinen Lesern, mit allen, die er erreichen kann. Er spricht auch viel mit Umweltexperten. Von denen hört er immer wieder, aber erst, wenn das Mikrofon aus ist, dass es letztlich eine Ökokatastrophe in einem westlichen Industrieland brauche, vermutlich sogar in den USA, damit Regierungen und Gesellschaften wirklich aufwachten. Hickman hat auch seine pessimistischen Tage, an denen er dazu neigt, das ebenso zu sehen: Wir warten erst mal, bis die Katastrophe kommt. Klimawandel, sagt er, sei kein wissenschaftliches Problem. »Es ist ein psychologisches Problem.« Und dass die Leute gerade erst anfingen, das zu verstehen. Diese Analyse teile ich.

Harald Welzer hat der öffentlichen Klimadiskussion neue Dimensionen eröffnet, weil er aus anderen Blickwinkeln auf das Problem blickt und damit bestimmte Denkblockaden außer Kraft setzt. Er sieht eine neue Form von Bürgerbewegung kommen, um die Krisen des 21. Jahrhunderts zu bewältigen. Teil dieser Bewegung müssen auch die Eliten aus Kultur, Administration, Wirtschaft und die Intellektuellen sein. Die Frage, ob »Öko nur etwas für Reiche« sei, hält er für eine der vielen unsinnigen Spiegelfechtereien, ebenso wie die Sorge, dass unser Einsatz nichts bringe, weil »der Chinese« ja eh mache, was er wolle. Einer solchen Argumentation gehe es gar nicht um die Integration des materiell Schlechtergestellten, sondern um dessen Instrumentalisierung zum Zwecke des Verhinderns von Veränderung. Für Welzer ist es andersherum: Die Reichen müssen als Erstes ran.

Foer, Levermann, Palmer, Hickman, Welzer – der Künstler, der Wissenschaftler, der Politiker, der Medienschaffende, der Intellektuelle. Sie sind Bürger, Menschen des 21. Jahrhunderts. Sie alle wollen etwas verändern. Sie alle tasten sich an das Neue heran. Sie alle entsprechen nicht dem Bild von einem klassischen »Öko«. Dieses Bild ist längst völlig überholt.

Der seit den 70ern gewachsene Ökogedanke ist inzwischen weit über das politisch linke Milieu hinaus in breite Teile der Gesellschaft gewachsen. Der Ökoaktivist des 21. Jahrhunderts ist nicht nur ein radikaler Baumbesetzer oder ein Kröten-über-die-Straße-Träger, sondern vor allem auch ein verantwortungsbewusster Bürger und Mensch. Das Bewusstsein für das Klimaproblem und die Bereitschaft, sich dafür zu engagieren, ist auch nicht der einzige wichtige Wert für diese Leute, aber ein elementarer, existenzieller.

Wir brauchen keine Weltrekorde an individueller CO_2-Einsparung und keine Menschen, die bravourös und frierend in Höhlen leben. Wir brauchen viele Leute, die sich in der Gesellschaft maximal für diese Sache einsetzen. Das alles ist in alten Denkkategorien nicht zu fassen. Sicher muss man mit dem Begriff »Revolution« sehr vorsichtig sein, aber gebraucht man ihn als Synonym für Umwälzung, Veränderung, dann steht er schon für das, was wir jetzt benötigen: eine Revolution in unser aller Denken, eine Revolution in unserem Handeln, eine Revolution in unserer Kultur.

Wichtig ist zu verstehen, dass die Leute, die Umweltpolitik fordern, die klare Regeln und durchaus auch Verbote beinhaltet, nicht die Freiheit beschränken wollen, wie das Vorurteil lautet, sie wollen vielmehr die Freiheit erhalten.

Wenn Hans Joachim Schellnhuber, der bekannteste deutsche Klimawissenschaftler, mit Politikern spricht, dann sagen sie ihm oft: »Es gibt eine politische Realität, ich muss sie zur Kenntnis nehmen.« Heißt: Ich kann nichts machen, die politischen Verhältnisse lassen es nicht zu.

Schellnhuber pflegt dann zu antworten: »Aber es gibt auch eine physikalische Realität. Gegen sie kann man nicht Politik machen.«

Das ist der Punkt. Wer das einmal verstanden hat, für den ist nichts mehr wie zuvor.

Einfach anfangen!

Mein Fazit: bei sich selbst anfangen, andere mitnehmen und so eine umweltverantwortliche Politik möglich machen. Nicht das Ideale beschwören, sondern das Mögliche tun.

Versucht man, sich mal für einen Moment gedanklich in die Zukunft zu versetzen, bemerkt man, dass das gar nicht so einfach ist: Zu sehr sind wir doch den Gegebenheiten des Heute verhaftet. Wenn es uns doch für einen Augenblick gelingt, müssen wir dann nicht kopfschüttelnd auf das vergangene Heute blicken? Wie konnte es sein, dass wir in den Städten keine großen Fahrradstraßen hatten, auf denen man in kurzer Zeit durch die Stadt fahren kann – und ohne ständige Angst, totgefahren zu werden? Wie konnte es sein, dass wir es zu Nuklearverseuchungen ganzer Landstriche kommen ließen, obwohl jeder wusste, dass das Risiko der Atomenergie von Menschen nicht beherrschbar war? Wie konnte es sein, dass wir unsere Autos immer weiter mit wertvollem Öl antrieben, obwohl das Bohren danach so riskant geworden war, wie spätestens 2010 die Ölpest im Golf von Mexiko zeigte? Warum mussten wir immer noch Ski fahren, obwohl doch längst klar war, mit welch enormem Energieaufwand das »Winterparadies« künstlich am Leben erhalten wurde? Warum konnten wir unser ausferndes Konsumverhalten nicht einschränken, wo sich doch schon ganze Müllberge im Meer sammelten und vor sich hintrieben? Wie konnte es sein, dass wir unseren globalen Fleischkonsum ausdehnten, obwohl dadurch die Welt zerstört wurde und Millionen Menschen verhungerten? Warum hatten wir das Gefühl, darauf nicht verzichten zu wollen?

Harald Welzer sagt: Die Sorge, man müsste für ein umweltfreundlicheres Leben auf so vieles »verzichten«, sei letztlich eine Frage der Perspektive. Wir machen uns zu wenig klar, worauf wir derzeit alles verzichten: etwa auf Städte, die sich an den Bedürfnissen von Menschen orientieren. Dafür orientieren sie sich an den Bedürfnissen von Autos. Überspitzt gesagt: Wir verzichten generell auf Teile unserer Zukunft und der unserer Kinder – und haben Angst, auf diesen Verzicht verzichten zu müssen.

Warum tun wir das? Unser Leben ist geprägt von Gewohnheiten und Werten, die aus einem bestimmten Denken entstanden sind und sich verfestigt haben. Und diese funktionieren teilweise automatisch weiter, auch wenn sich das Denken jetzt ändert. Das habe ich auch erfahren müssen. Insofern ist es nicht verwunderlich, wenn sich auch Gutwillige fragen, wie die Veränderung kommen soll, wenn selbst wir, die wir sie wollen, sie teilweise blockieren.

Es ist wichtig, die jeweilige Blockade nicht als Niederlage oder als Sündenfall zu betrachten. Es geht nicht darum, nach jedem Steak beichten zu gehen. Die Integration eines ökologischen Faktors in den eigenen Wertekanon ist keine neue Weltreligion für Menschen im Zeitalter von Säkularisierung und nach dem Ende der Ideologien, wie gerne behauptet wird. Es ist eine zivilisatorische Selbstverständlichkeit. Ich glaube nicht an Öko. Ich glaube, dass wir einen historischen Bruch erleben, an dem ein gesellschaftliches Modell an seine absoluten Grenzen gerät und nur durch einen kulturellen Wandel verändert werden kann. Das entscheidend Neue besteht darin, dass wir die großen Themen der Gegenwart und Zukunft – das ist nicht nur Klimawandel, aber in diesem Thema sind alle anderen sozialen und ökologischen Probleme enthalten – nicht mehr ignorieren, sondern uns ihnen stellen. Hierbei braucht es ein Bündnis zwischen Bürgern und Politik. Es ist an der Zeit, Verantwortung zu übernehmen und die richtigen, erforderlichen Schritte einzuleiten.

In der ersten Phase meines Lebens ist mein Bewusstsein geprägt worden. Das war vorrangig politisches Bewusstsein, bestimmt durch das Land, in dem ich aufgewachsen bin. Engagement und Verantwortung für das Ganze war eines der wesentlichen Prinzipien, auch wenn sie, wie ich heute weiß, eher uns Kinder gelehrt wurden, als sie von den Leuten in den oberen Rängen der Hierarchie praktiziert wurden. Dann kamen der Mauerfall, die Wiedervereinigung, die 90er und damit andere Themen. Auf der Grundlage des Alten und der Verarbeitung des Neuen hatte ich als Studentin den Traum, Aktivistin bei Greenpeace zu werden oder wenigstens Ärztin auf einem Greenpeace-Schiff. Diesen Traum habe ich nie in die Tat umsetzen können. Aber es gab ein Gefühl, noch nicht basierend auf konkretem Wissen, aus dem irgendwann die Einsicht wuchs, dass es notwendig ist, ein ökologisches Bewusstsein zu entwickeln. Seit ein paar Jahren habe ich dieses konkrete Wissen, und mir wurde klar: So können wir nicht weitermachen. Jetzt bin ich erwachsen, habe zwei Kinder und habe mich auf den Weg gemacht. Auch wegen dieser Kinder, aber nicht nur deshalb.

Ich sehe mich nicht als Vorbild für einen ökologisch bewussten Lebensstil, das dürfte nach Lektüre dieses Buches klar sein. Ich habe mehrere Identitäten. Die der ressourcenaufwendig agierenden Schauspielerin, die der sorgenden und besorgten Mutter meiner Kinder, die einer Frau, die im Leben steht und daran teilnehmen und sich damit auseinandersetzen will – und die dabei Erkenntnisse gewonnen hat.

Die wichtigste Erkenntnis betrifft die Frage meiner Schwester, was der Einzelne tun kann. Meine Antwort lautet: anfangen. Einfach anfangen. Sich auf den Weg machen. Andere ermutigen oder überzeugen, sich auch auf den Weg zu machen.

Das heißt nicht, dass man nie mehr fliegt und Vegetarier wird, sondern dass man da Prioritäten setzt, wo es wichtig ist und auch etwas bringt. Sich auf den Weg machen beinhaltet, dass es keine privatistische Sache ist. So kann ich zwar den ökologischen Einsiedler respektieren, sehe ihn aber nicht als Teil der Lösung.

Der Klimawissenschaftler Anders Levermann hat aufgezeigt, dass es wichtig sein kann zu fliegen, wenn man dadurch etwas bewirkt. Und dass es falsch sein kann, nicht zu fliegen, wenn man dadurch die Chance verpasst, andere zu erreichen. Ich folge dem Politiker Boris Palmer in seiner lebensnahen Erkenntnis, dass es nicht darum geht, zu verlangen, was eigentlich gut wäre. Sondern anzubieten, was tatsächlich und jetzt zu verbessern ist. Vegetarismus hat nicht die Kraft für eine Massenbewegung von der Größe, wie wir sie brauchen. Es kann und wird diese Bewegung aber geben können, wenn wir uns in dieser Gesellschaft auf eine fleischarme Ernährung einigen, weniger Milch trinken, weniger Eier essen. Weniger Fleisch heißt, dass mehr Menschen weltweit satt werden. Seit ich das verstanden habe, erscheint mir das wie eine einfache, aber geniale Zukunftsformel.

Für mich persönlich heißt das nach dem Rat der Ernährungsberaterin Ute Gola: 500 Gramm die Woche, maximal 25 Kilo im Jahr, das ist weniger als ein Drittel des derzeitigen deutschen Durchschnitts. Kriegen wir das hin, so reduziert dies auch den Kohlendioxidausstoß von 1,8 Tonnen pro Fleischesser auf unter eine Tonne, das sind über 50 Prozent weniger, die man im ersten Schritt anstreben kann. Das rettet die Welt nicht, aber es ist ein Anfangspunkt, den man für sich setzen kann.

Kritiker sagen: Nicht alle Menschen haben die gleichen Möglichkeiten! Sorgt erst mal dafür, dass die sozialen Ungerechtigkeiten überwunden werden, denn die sind massiv. Das ist richtig. Deshalb sollten die anfangen, die dazu qua Einkommen und anderen Faktoren in der Lage sind. Die Entwicklung beinhaltet auch, die globale Gerechtigkeit zu befördern – und nicht, sie zu verringern. Umweltgerechtigkeit bedeutet nicht nur, die Natur und die Nachgeborenen zu schützen, sondern auch die Schwachen. Es geht nicht darum, dass nur noch die Reichen fliegen. Das ist eine zynische Verkennung des Problems, dem wir uns stellen müssen. Es geht darum, sich jetzt zu engagieren, um zu verhindern, dass in naher Zukunft nur noch die Reichen Zugang haben – zu Wasser, zu gesunder Nahrung, zu Entscheidungsprozessen.

Viele Sätze, die man im Zusammenhang mit dem Klimawandel liest, sind richtig, aber abgenutzt. Etwa, dass wir die Welt von unseren Kindern nur geliehen haben. Dass die Erde Fieber hat. Und so weiter. Aber ein kluger Satz ist noch längst nicht oft genug gesagt worden: Alles, was man tut, hat einen Effekt, aber noch viel mehr hat alles, was man nicht tut, einen Effekt.

Wer nichts macht, macht eben doch etwas.

Wir entscheiden uns für eine bestimmte Erderwärmung, das ist mir im Gespräch mit Anders Levermann klar geworden. Wir entscheiden uns auch und gerade, wenn wir uns nicht entscheiden. Es geht nicht darum, dass ich eine Zwei-Grad-Erwärmung nicht will. Es geht nur noch darum, ob ich eine Zwei-Grad-Erwärmung will oder eine höhere. Wenn ich zwei Grad will, dann muss ich für zwei Grad kämpfen. Tue ich gar nichts, entscheide ich mich für eine weit höhere Erwärmung.

Es ist eine zentrale Entscheidung unseres Lebens.

Diese Verantwortung empfinde ich mittlerweile und ich kann sie auch nicht mehr abwälzen, indem ich mich darauf zurückziehe, dass die EU oder andere Staaten ja nicht zu den entscheidenden erwarteten Beschlüssen auf den Klimakonferenzen kommen und es versäumen, die notwendigen politischen Schritte einzuleiten. Nach den Reaktorzwischenfällen im japanischen Fukushima Anfang 2011 hat man das Gefühl, dass etwas Bewegung in die deutsche Politiklandschaft gekommen ist. So geht die Regierung offensichtlich neue Wege, um den weiteren Ausbau und die Nutzung erneuerbarer Energien zu beschleunigen. Der Ausstieg aus der Atomenergie wird nun offenbar vorangetrieben. Und auch in Fragen der Mobilität, der Entwicklung neuer Antriebe beim Auto gibt es mehr staatliche Unterstützung.

Offen bleibt für mich dennoch die Frage, ob die Demokratie als politisches System, in dem wir leben, die Herausforderungen, vor denen wir stehen, wirklich erkennt und in der Lage ist, jetzt schnell und konsequent zu handeln, im Interesse aller. Die Zeit für endlose Debatten und sinnlose Scheinkämpfe zwischen den Parteien innerhalb eines Landes oder auf internationalen Klimakonferenzen ist aus meiner Sicht längst abgelaufen. Es gilt eine gemeinsame Lösung zu erarbeiten, um das Fortbestehen dieses Planeten zu gewährleisten. Die Handlungsunfähigkeit von Regierungen aufgrund ihrer Abhängigkeiten von der Wirtschaft muss einem gemeinsamen Bündnis mit gemeinsamen Interessen weichen.

Die Wirtschaftsform des Kapitalismus, die Basis unseres Gesellschaftssystems, mit der Maxime des ständigen Wachstums, des stetigen Strebens nach Gewinn und Kapitalvermehrung unter Ausbeutung aller Ressourcen, steht dabei den sozial-ökologischen Notwendigkeiten entgegen und wird damit an ihre Grenzen kommen. So bleibt für mich die Frage offen, wie flexibel das Prinzip Kapitalismus sich auf die Probleme einer globalisierten Wirklichkeit mit Klimawandel einstellen kann. Es ist für mich klar, dass der Staat endlich seine Verantwortung gegenüber seinen Bürgern wahrnehmen muss. Und wir Bürger müssen ihn dazu ermutigen oder am Ende zwingen.

Ich bin vor einiger Zeit in mein neues, ökologisches Leben hineingetreten.

Ich weiß nicht, was herauskommen wird. Aber ich habe nur dieses eine kurze Leben. Ich will es jetzt wissen. Mitte der 90er und mit Anfang 20 war mein Leben tatsächlich eine Baustelle, so wie es in dem gleichnamigen Film beschrieben wird. Heute ist mein Leben eine Öko-Baustelle. Und das ist gut so.

Es fühlt sich richtig an.

Literatur

Boorman, Neil: Good bye, Logo: Wie ich lernte, ohne Marken zu leben, Berlin 2007.

co₂online (Hrsg.): Pendos CO_2-Zähler. Die CO_2-Tabelle für ein klimafreundliches Leben. München und Zürich 2007.

Core Writing Team, Pachauri, R. K., and Reisinger, A. (Hrsg.): IPCC Fourth Assessment Report: Climate Change 2007. Synthesis Report. Genf, 2007. Zu finden unter: ipcc.ch

Ditfurth, Hoimar von: Im Anfang war der Wasserstoff. München 1997.

Duve, Karen: Anständig Essen. Berlin 2010.

Flannery, Tim: Wir Wettermacher. Frankfurt/Main 2006.

Foer, Jonathan Safran: Tiere essen. Köln 2010.

Hickman, Leo: Will Jellyfish rule the World? London 2009.

Hickman, Leo: Fast Nackt: Mein abenteuerlicher Versuch ethisch korrekt zu leben. München und Zürich 2006.

Jäger, Jill: Was verträgt unsere Erde noch? Wege in die Nachhaltigkeit. Frankfurt/Main 2006.

Leggewie, Claus, und Harald Welzer: Das Ende der Welt, wie wir sie kannten. Frankfurt/Main 2009.

Le Monde diplomatique (Hrsg.): Atlas der Globalisierung. Berlin 2009.

Lovelock, James: Gaias Rache. Warum die Erde sich wehrt. Berlin 2006.

National Geographic Deutschland: 7 Milliarden Menschen. Januar-Ausgabe 2011.

Palmer, Boris: Eine Stadt macht blau. Politik im Klimawandel: Das Tübinger Modell. Köln 2009.

Petermann, Jürgen (Hrsg.): Sichere Energie im 21. Jahrhundert. Hamburg 2008.
Pollan, Michael: Lebensmittel. München 2009.
Radkau, Joachim: Die Ära der Ökologie. München 2011.
Schätzing, Frank: Der Schwarm. Köln 2004.
Schätzing, Frank: Nachrichten aus einem unbekannten Universum: Eine Zeitreise durch die Meere. Köln 2006.
Sinclair, Upton: Der Dschungel. Hamburg 1993.
Spektrum der Wissenschaft Dossier: Erde 3.0 – Wie wir eine lebenswerte Welt erhalten. Heft 01/2010.
Spektrum der Wissenschaft Spezial: Energie und Klima. Lässt sich der Klimawandel stoppen? Heft 01/2007.
Spiegel Special: Neue Energien. Wege aus der Klimakatastrophe. 1/2007.
Stern, Nicolas: The Economics of Climate Change: The Stern Review. Cambridge 2007.
Unfried, Peter: Öko. Lebe wild und emissionsfrei. Köln 2011.
Welzer, Harald: Klimakriege. Wofür im 21. Jahrhundert getötet wird. Frankfurt/Main 2008.
Welzer, Harald, und Klaus Wiegand (Hrsg): Perspektiven einer nachhaltigen Entwicklung. Frankfurt/Main 2011.
Wuppertal Institut (Hrsg.): Fair Future. Begrenzte Ressourcen und globale Gerechtigkeit. Ein Report des Wuppertal Instituts. München 2005.

Artikel und Studien

Adrover, Miguel: »Mode ist ein dummes Wort«. Interview mit Peter Unfried in *taz, die tageszeitung* vom 29. Mai 2010.
»Bio – eine Geldfrage?«. Titelgeschichte der Ausgabe 49 von bioboom.de

Demeter: »Mehr als der kleine Unterschied im Vergleich zu EU-Bio«. Auf: demeter.de

Dietrich, Andreas: »Wir fliegen um die Welt und tun gerne Buße«. In: fr-online.de vom 5. Juli 2007.

Doering, Axel, und Sylvia Hamberger: »Der künstliche Winter. Mit Schneekanonen gegen den Klimawandel: Salto Mortale in die Vergangenheit«. München 2007. http://werdenfels.eu/BN_Hintergrund_Schneekanonen_0702.htm

Esser, Sebastian: »Der neue Joschka«. In: vanityfair.de vom 25. Juni 2008.

Europäische Union: Verordnung (EWG) Nr. 834/2007 des Rates vom 28. Juni 2007 über die ökologische/biologische Produktion und die Kennzeichnung von ökologischen/biologischen Erzeugnissen. Amtsblatt L 189/1 vom 20. Juli 2007.

Foer, Jonathan Safran: »Donnerstags kein Fleisch«. Interview mit Hilal Sezgin. In: *Die Zeit* 33/2010 vom 16. August 2010.

Förster, Michaela: Moral von der Stange. In: *Pure. Das Magazin*. 04.10, S. 52–59.

Fraser, Gary E.: »Vegetarians diets: what do we know of their effect on common chronic diseases?«. In: *The American Journal of Clinical Nutrition*, May 2009 89: 1607S-1612S; erste Onlineveröffentlichung am 25. März 2009.

Hannemann, Matthias: »Angst, Schweiß und Dänen. (...) Peter Sloterdijk predigt einen ›ökologischen Calvinismus‹«. In: *Frankfurter Allgemeine Zeitung* vom 14. Dezember 2009.

Hickman, Leo: »This population explosion«. In: *The Guardian* vom 14. Januar 2011.

Hickman, Leo: »Grün und gut: Ehtischer Konsum leicht gemacht«. Interview mit Dirk von Gehlen. In: Jetzt.de vom 6. September 2006.

Holm, Carsten: »Eine Welt ohne Wurst«. In: *Der Spiegel* 08/2011 vom 21. Februar 2011.

Hucklenbroich, Christina: »Sie haben es satt. Der Protest gegen Massentierhaltung ist das Thema einer Generation geworden, die sich abgrenzen will: Karen Duve und Jonathan Safran Foer in Berlin«. In: *Frankfurter Allgemeine Zeitung* vom 21. Januar 2011.

Hübner, Karl: »Es ist zu spät. James Lovelock maß als Erster Ozonkiller in der Atmosphäre. (...) Heute hält er die ohnehin düsteren Klimaprognosen für zu optimistisch«. In: *Frankfurter Allgemeine Sonntagszeitung* vom 7. Juni 2009.

Hunold, Joachim: »Der Spaß wird weniger«. Interview mit Dinah Deckstein und Thomas Tuma in: *Der Spiegel* 38/2007 vom 17. September 2007.

Janzing, Bernward: »Sparen mit Nebenwirkungen. Leuchtstoffröhren und Energiesparlampen haben ein Problem, zumal neun von zehn falsch entsorgt werden: giftiges Quecksilber«. *taz, die tageszeitung* vom 12. November 2009.

Kammertöns, Hans-Bruno: »Vom Packer ganz nach oben. In Kneipen fürs Leben lernen: Joachim Hunold ist ein Antityp«. In: *Die Zeit* 08/2010 vom 18. Februar 2010.

Lenzer, Anna: »Fiji Water: Spin the Bottle«. *Mother Jones*, Ausgabe Sept./Okt. 2009.

Leggewie, Claus: »Von der Katastrophe zur Transformation«. In: *Blätter für deutsche und internationale Politik*. Mai 2011.

Leggewie, Claus: »Wir haben nicht mehr beliebig Zeit«. Interview mit Hannes Koch. In: *taz, die tageszeitung* vom 3. Mai 2011.

Leggewie, Claus, und Harald Welzer: »Ja, wir wollen die Welt verbessern«. taz-Gespräch mit Jan Feddersen. In: *taz, die tageszeitung* vom 19. September 2010.

Levermann, Anders: »Unsere Systeme sind erschreckend verwundbar«. In: *Frankfurter Allgemeine Zeitung* vom 30. Dezember 2010.

Levermann, Anders: »Blinde Zahlen dürfen den Blick für die

Katastrophe nicht verstellen«. In: *Frankfurter Allgemeine Zeitung* vom 13. April 2011.

Levermann, Anders: »Die Klima-Extreme werden stärker«. Interview mit Lothar Schröder. In: RP-Online vom 23. Januar 2011.

Levermann, Anders: »Wir müssen auf null Emissionen kommen«. Interview mit Bettina Klein. In: dradio.de vom 8. Dezember 2009.

McCartney, Stella: »Ich bin nicht besessen«. Interview mit Jina Khayyer. In: *Süddeutschen Zeitung* vom 15. Februar 2009.

Meissner, Vincent: »Star-Friseur scherzt im Rathaus und in der Tagblatt-Redaktion. Promi-Glanz in Tübingen: Star-Friseur Udo Walz hat bei einer Veranstaltung gestern Abend Werbung für seinen Berufsstand gemacht«. In: *Schwäbisches Tagblatt* vom 15. Februar 2011.

Portman, Natalie: »Jonathan Safran Foer's Eating Animals Turned Me Vegan«. Veröffentlicht am 27. Oktober 2009 in Huffingtonpost.com.

Rahmstorf, Stefan: »Ökostrom, EU und Du. Was tun nach Cancun?«. In *zeozwei* 02.11

Rammler, Stephan: »Die Geschichte der Zukunft unserer Mobilität. Festrede zum 40-jährigen Jubiläum der VW-Mobility-AG am 30. November 2050«. In: Welzer, Harald und Klaus Wiegandt (Hrsg.): Perspektiven einer nachhaltigen Entwicklung. Frankfurt/Main 2011, S. 15–39.

Rat für Nachhaltige Entwicklung: Der Nachhaltige Warenkorb. Berlin 2009

Romberg, Johanna, und Thomas Ramge: »Kluger Konsum. Was wirklich zählt«. In: *Geo* 12/2008.

Sabersky, Annette: »Wie gut ist Billig-Bio?«. In: *Greenpeace Magazin* 6/2010.

Samulat, Gerhard: »Solarstrom zwischen Nordkap und Tschad«. In: *Spektrum der Wissenschaft*, März 2008.

Schaefer, Jürgen, und Malte Henk: »Emissionshandel: Die Luftnummer«. In: *Geo* 12/2010.

Schellnhuber, Hans-Joachim: »Diktatur des Jetzt«. Interview mit Katrin Elger und Christian Schwägerl. In: *Der Spiegel* 12/2011.

Shickle, D., and P.A. Lewis, M. Charny, S. Farrow: »Differences in health, knowledge and attitudes between vegetarians and meat eaters in a random population sample«. *Journal of the Royal Society of Medicine*, Volume 82, Januar 1989.

Schubert, Christian: »Die Zahl der Flugzeuge wird sich verdoppeln«. In: *Frankfurter Allgemeine Zeitung* vom 14. Dezember 2010.

Soldt, Rüdiger: »Boris Palmer: Rebellensohn«. In: *Frankfurter Allgemeine Zeitung* vom 20. August 2010.

Streck Michael, und Stephan Draf: »Der Preis ist billig, aber das Fleisch ist schwach«. In: *Der Stern* 22/2010 vom 27. Mai 2010.

Teuteberg, Hans-Jürgen: »Der Mensch – ein Allesfresser.« In: *Das Magazin für moderne Landwirtschaft*, S. 8–10. Münster 1992.

Theobald, Steffen: »Vegetarische Ernährung – Ideologie oder ›evidence-based health benefit‹?«. *Medizinische Monatszeitschrift für Pharmazeuten* (MMP), 24. Jahrgang, Heft 2/2001.

Umweltbundesamt: »Klimawirksamkeit des Flugverkehrs. Aktueller wissenschaftlicher Kenntnisstand über die Effekte des Flugverkehrs«. Berlin 2008.

umweltinstitut.org: »Fragen und Antworten – Bekleidung – Biobaumwollbekleidung«.

Unfried, Peter: »Wo, wenn nicht in Tübingen?«. In: *taz, die tageszeitung* vom 15. Januar 2007.

Unfried, Peter: »Veganer bis 17 Uhr. Zum großen Wandel in kleinen Schritten: Ein Gespräch mit Jonathan Safran Foer über ›Tiere essen‹«. In: *taz, die tageszeitung* vom 13. August 2010.

UPI Umwelt-und Prognose-Institut e.V.: »Klimabericht der Ver-

einten Nationen 2007«. www.upi-institut.de/klima-bericht_des_ipcc.htm
Vereinte Nationen: »Millenium Ecosystem Assessment«. New York 2005. www.maweb.org/en/index.aspx
Viering, Jonas: »Der Himmel gehört allen«. In: *Das Parlament,* Nr. 24/2007 vom 11. Juni 2007.
Weltagrarrat IAASTD: »Weltagrarbericht. Wege aus der Hungerkrise. Die Erkenntnisse des Weltagrarberichts und seine Vorschläge für eine Landwirtschaft von morgen«. Zusammenfassung. 2009.
Welternährungsorganisation FAO: »The State of Food and Agriculture – Livestock in the balance«. Welternährungsbericht 2009. Auf: fao.org.
Welzer, Harald: »Was Sie sofort tun können: Zehn Empfehlungen«. In: *Frankfurter Allgemeine Sonntagszeitung* vom 28. Oktober 2010.
Welzer, Harald: »Die Zukunft wird sehr kleinteilig sein«. Interview mit Ingo Arzt und Jan Feddersen. In: *taz, die tageszeitung* vom 23. Oktober 2010.
Welzer, Harald: »Ein schlechtes Gewissen reicht nicht«. Interview mit Jan Feddersen und Reiner Metzger. In: *taz, die tageszeitung* vom 18. April 2008.
Welzer, Harald: »Die Kultur der Achtsamkeit«. In: *taz, die tageszeitung* vom 5./6. September 2009.
Welzer, Harald: »Wegmarken 2010: Wohlstand ohne Wachstum (Teil 1), Perspektiven der Überflussgesellschaft«. d.radio.de vom 1. Januar 2010.
Welzer, Harald: »Nölen vor dem Fernseher«. Interview mit C. Weber. In: Süddeutsche.de vom 18. September 2009.
World Cancer Report Fund (WCRF)/American Institute for Cancer Research (AICR): »Expert Report, Food, Nutrition, Physical Activity and the Prevention of Cancer: a Global Perspective«. London 2007, S. 382

Wood, Gaby: »›I'm a little bit of a nerd‹. Mermaid, android, one-eyed psychopathic killer ... Daryl Hannah«. In: *The Observer Magazine*, 7. Juni 2009.

WWF: »Fisch in Teufels Küche«: WWF-Bericht über die weniger schmackhaften Nebenwirkungen der Fischerei. 2008. Auf: wwf.de

Zweibel, Ken, James Mason, und Vasilis Fthenakis: »Amerikas Weg ins solare Zeitalter«. In: *Spektrum der Wissenschaft*, März 2008.

Webseiten

www.atmosfair.de – Website der gemeinnützigen Organisation atmosfair mit Emissionsrechner für die Berechnung der Schädlichkeit von Flugreisen und der Möglichkeit, sie dort zu kompensieren

www.atomausstieg-selber-machen.de – Ratgeberplattform von Umwelt- und Verbraucherschutzorganisationen für den einfachen und richtigen Ökostromwechsel

www.co$_2$online.de – gemeinnütziges Energiesparberatungsportal

www.demeter.de – Homepage des Demeter-Verbandes für ökologischen Anbau

www. duh.de – Homepage der Deutschen Umwelt-Hilfe

www.ecotopten.de – Homepage mit ökologischen Kaufempfehlungen vom Öko-Institut

www.fao.org – Homepage der Food and Agriculture Organization of the United Nations

www.farmforward.com – Organisation für nachhaltige Landwirtschaft, die von Jonathan Safran Foer unterstützt wird

www.oekosex.eu – Homepage der solaren Effizienzrevolution

www.oekotest.de – Homepage des Verbrauchermagazins *Ökotest*

www.wwf.de Homepage der Umweltstiftung World Wide Fund For Nature

Danksagung

Viele Menschen waren Inspiration und Informationsquelle für dieses Buch, das Gleiche gilt für viele Bücher, Magazine, Zeitungsartikel. Dafür sagen wir Dank.

Besonderer Dank geht an unsere Interviewpartner Jonathan Safran Foer, Ute Gola, Achim Hunold, Heidrun Jablonka, Anders Levermann, Boris Palmer, Simone Schütz und Harald Welzer. Danke auch an Dietrich Brockhagen, Gudrun Fähndrich, Christian Ulmen, Johannes Hengstenberg, Herbert Schütz, Annette Weber und an Christian Schneider für psychologische Beratung.

Danke an den Ludwig Verlag, besonders an unsere Lektorin Annette Seybold-Krüger, die mit liebevoller Hingabe und fachlicher Kompetenz die letzten Phasen des Buches begleitet hat. Unser Dank gilt aber auch Andrea Kunstmann, die an dieses Buch geglaubt hat. Und ohne Barbara Wenner wäre es nie entstanden. Danke dafür.

Ein spezielles Dankeschön geht an Wolfgang Becker, der den Filmtitel »Das Leben ist eine Baustelle« erfunden und ihn diesem Buch großzügig überlassen hat.

Christiane dankt vor allem Madeleine Girke von Girke Management für all ihre unermüdliche Kraft, ihre kreativen Ideen und ihre Geduld, mit der sie dieses Projekt begleitet hat. Außerdem dankt sie Katja Szigat von players und Sabine Wilski, die ihr so treu den Rücken freihält.

Peter dankt Martin. Der *taz* für die Zeit, dieses Buch zu schreiben.

Und Ute, Paulina und Kalle.